孩子好奇，父母都难以回答的问题

姜蒙 著

1

成都地图出版社

图书在版编目（CIP）数据

孩子好奇，父母却难以回答的问题 . 1 / 姜蒙著 .
成都 : 成都地图出版社有限公司 , 2025. 2. –– ISBN
978–7–5557–2737–8

Ⅰ . Z228.1

中国国家版本馆 CIP 数据核字第 2025CW 6254 号

孩子好奇，父母却难以回答的问题1

HAIZI HAOQI, FUMU QUE NANYI HUIDA DE WENTI 1

著　　者	姜　蒙
策划编辑	郭　靖
责任编辑	陈　红
封面设计	丫丫书装·张亚群
内文排版	小蘑菇
出版发行	成都地图出版社有限公司
印　　刷	运河（唐山）印务有限公司
经　　销	全国各地新华书店
开　　本	880 毫米 x1230 毫米　1/32
总 印 张	21.75
总 字 数	380 千字
版　　次	2025 年 2 月第 1 版
印　　次	2025 年 2 月第 1 次印刷
书　　号	ISBN 978–7–5557–2737–8
定　　价	152.00 元（全 4 册）

目录

CONTENTS

为什么古代不说"几间"院落而说"几进"?

在古装影视剧中,我们经常听到"三进的院子""四进的院子",难道主人很抠门,只允许进三次或者四次?其实,"进"在这里是一个量词,用来描述院子的大小。

古代描述院落的"进"是什么意思?

如果你穿越到了古代,想要租一个院子居住,千万不要说几居室,古人听不懂。几"居"听不懂,那么,说几"间"可以吗?抱歉,几"间"也容易产生歧义。

应该怎么说呢?很简单,说几"进"。

在古代,院子的"进"和"间"有不同的含义。以四合院为例,"间"指的是两个柱子之间空出的部分,而"进"则是由大厅和两间厢房组成的"套房"。

明白了这两个概念，再来看"几间"，很明显指的是在一座大房子里，有几段被柱子隔开的空间，就叫作几间，类似我们现在说的一座房子有几居室。

而整个院子里有几个纵向的"套房"，就叫作几进，相当于有几排房子。

由于"进"的数量不等，四合院呈现出不同的形状。一进院落的造型类似"口"字形，二进院落类似"日"字形，而三进院落则类似"目"字形。

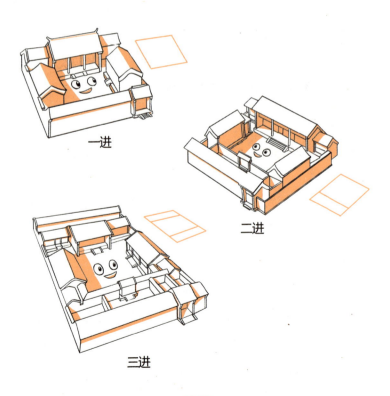

一进

二进

三进

一座完整的三进院落长什么样？

常见的四合院大都是三进院落。

第一进院子叫门屋，也叫前院，主要是招呼客人，或者举办宴会使用。

穿过第一进院子，在进入第二进院子之前会看到一个刻着莲花的小门，这便是垂花门。垂花门是内院和前院的分界线，古代有"大门不出，二门不迈"的说法，二门说的就是垂花门。在规矩森严的古代，女子在出嫁之前，是不允许走出垂花门的。

第二进院子主要包括厢房和正房，房外有游廊。这里是主人家休息和生活的地方。其中，正房是家里最德高望重的长辈居住的。有些厢房和正房旁边还有耳房。耳房一般是仆人居住的。

第三进是正房后边的后罩房，通过耳房和前面第二进院落相连。

古代没有快递，想要邮寄东西怎么办？

现代社会，网购打破了购物的距离，人们坐在家里就能够买到千里之外的东西。那么在没有快递的古代，古人想要给远方的亲人寄东西，怎么办呢？

古代的"快递"不是为人民服务的吗？

其实，古代也有"快递"，只不过是皇帝专用的。

有明确文字记载的"快递"出现在殷商时期。商朝的"快递"主要是天子为了"监视"各国诸侯、传递情报用的。周朝"快递"有专用道路，叫作"周行"或者"周道"。专门负责维护道路畅通的人，叫作"野庐氏"。他们的主要职责是在"周道"两侧定期植树，隔一段距离还要挖井，在井旁边建"宿息"——专供"快递员"休息的场所。

到了西周后期，由于天子成了"吉祥物"，对各诸侯没有了约束力，诸侯也开始建设"快递"系统。比如，齐国叫"遽"，晋国叫"驲"，还有一些国家叫"传"，它们的职能都是快速传递军事情报和物资。

秦朝时更新了"快递"高速路，并将其称为"驰道"和"直道"。据说秦驰道宽接近七十米，最快运输速度能达到每小时四十五千米。秦始皇就是靠着驰道和直道，把秦朝大军快速输送到北方对抗匈奴的。

后来，"快递"的方式变得多种多样，形成了"传、邮、驿"体系。传，专指用车送；邮，指的是步行送；驿，是骑马送。

古代最快的"快递"有多快？

南宋时，岳飞北伐，试图收复中原。然而宋高宗受到秦桧蛊惑，连发十二道金牌将岳飞从前线召回，最终以莫须有的罪名把他处死。当时传递金牌的就是古代最快的"快递"之一——"金字牌急脚递"。

宋朝的"快递"分为三个等级，分别是步递、马递和急脚递。顾名思义，步递就是跑着送，马递就是骑马送，而急脚递就是骑最快的马送。急脚递速度最快，一天能跑四百多里地。后来宋神宗还嫌慢，又设置了"金字牌急脚递"。

"金字牌急脚递"的"快递员"手拿"金字牌"，这是一块一尺多长的红漆木牌，上面写着"御前文字，不得入铺"。送这种"快递"的"快递员"并不是每一个驿站都停留，因此节省了中转时间。

据《梦溪笔谈》记载，"金字牌急脚递"每天能跑五百多里。

普通人能用政府的"快递"送东西吗？

呵呵，想什么好事儿呢？皇帝可没这么大方！

从商周到宋元的两千多年间，"快递"系统都是为皇帝和朝廷服务的。

到了宋朝时，宋太宗实行人性化办公，允许官员之间往来的书信同官府文书一起"快递"，但只能用最慢的步递。元朝更加开放，当时无论是政府文书，还是民间商人的物资，都可以用国家"快递"，以至于当时的驿站里堆满了各种货物，什么花鸟鱼虫、骨灰、葡萄酒，只有你想不到的，没有这里不能送的。

明朝永乐年间，由于沿海一带商业发达，商人寄送信件需求旺盛，民间出现了专门为老百姓送"快递"的机构——"民信局"。

到了晚清时，大清邮政官局成立了，这是清朝政府官营的邮政局。老百姓也可以通过它寄信、寄包裹了。

古代什么人才能做"快递小哥"？

古代的老百姓不能使用皇家"快递"，但却要承担"快递小哥"的工作。

先秦时期，送"快递"是一件非常辛苦的工作，而且是免费劳动。因为国家法令规定，帮国家跑腿送信属于徭役的一种，百姓必须无偿为国家服务。每年因为送"快递"而累死的人数不胜数。

历史上所有的"快递员"中，有一个人最出名。他是明朝人，在银川的驿站送"快递"。由于受不了压榨，他决定造反创业，最终花了十五年时间，带领数十万兵马冲进了北京城，灭亡了明朝。他就是闯王李自成。

古人出门也有公交车和出租车吗？

现代社会里，很多人上班下班都会乘坐公交车或出租车。那么古人平时出门，有公交车或者出租车吗？

记里鼓车——中国最早的"计程车"

出租车并不是现代社会的产物，早在汉朝时，我国就出现了"计程车"。

《古今注》里记载了一种叫作记里鼓车的"计程车"，由马拉动，分上下两层，第一层坐人，第二层有一个木偶，木偶拿着一个小锤，面前有一面小鼓。木偶手上有齿轮，连接着车轮子。车子每行驶一里的距离，木偶就会用小锤敲一下鼓，记录里程数。这样乘客就知道走了多远，然后按照距离付钱。

古代的公交车是什么样的？

唐朝时，长安是国际化大都市，人口众多，人们的出行需求也很旺盛，尤其是春暖花开的踏青时节更是人头攒动。

这时，大街上就会出现一种舒服豪华的"公交车"——油壁车。

油壁车外观十分华丽，用青绿色油幕做遮掩，所以叫油壁车。内饰也很考究，座位上有软褥，乘坐时间长也不会屁股疼。

一辆油壁车通常由六到八匹马拉动，车身很长，最多能容纳几十个人，相当于现在的大客车了。

油壁车如此豪华舒服，价格自然很贵，普通百姓消费不起，所以乘坐油壁车的大多是外出游玩的贵妇人。

到了宋朝，临安出现了更加亲民的"公交车"，叫"街车"。小街车能坐六个人，大街车能坐十几个人。平时，街车就在路上溜达，遇到乘客随时停车。

古代真的有读书人专用公交车吗?

古代读书人的地位是很高的，毕竟他们都是潜力股，说不定谁以后就登堂入室，成为大官呢！所以，历朝历代对于进京赶考的举人都给予了特殊待遇。比如，汉朝时，就有一种专门为有爵位的人提供的车，叫"公乘"，也叫"公车"。能坐这种车的人都是有身份地位的。后来皇帝为了关照读书人，特意准许进京赶考的人乘坐"公车"。后来，"公车"也用来泛指入京应试的举人。

清朝末期，康有为等人向光绪皇帝上书，开启了戊戌变法的序幕，史称"公车上书"。这里的公车指的就是应试的举子。

古人找零钱居然要用秤？

在纸币出现之前，古人日常使用的货币是铜钱和银子。无论是铜钱还是银子，使用起来都很不方便，一是因为铜钱和银子太重，不方便携带；二是因为找零很麻烦，得用剪刀和秤。这是怎么回事呢？

古代的一两银子相当于现在的多少钱？

由于古代银子和现代银子在市场上的流通量不同，因此不能单纯按照克重来比较。下面我们通过购买力来对比一下古代和现代一两银子的价值。

以宋朝为例，一枚铜钱为一文，一千文铜钱用绳子串成一串，叫一贯。而一贯铜钱等于一两银子。宋仁宗时，大米的价格大约是六七百文一石。宋朝的一石米约合今天的 59.2

千克。现在超市中的大米价格是三四块钱 0.5 千克。

那么，宋朝的一石米在今天值 450 元左右。也就是说，宋朝的"六七百文"相当于今天的 450 元，一文钱差不多 0.7 元，所以，宋朝的一两银子大约相当于现在 700 元人民币的价值。

到了明朝万历年间，米价大约为五百文一石，一两银子可以买两石米。明朝一石等于十斗，一斗大约 9635 毫升。1000 毫升米差不多 0.75 千克，经过计算，明朝的一石米大约是 72.5 千克。按照现在超市的米价算，72.5 千克需要 500 多元。所以，明朝的一两银子相当于现在的 1000 多元。

清朝乾隆年间，江南地区一石米的价格在一两半到二两银子之间。清朝的一石和明朝的一石大致相等。这样算下来，清朝的一两银子大约相当于今天的 350 元。

为什么古代找零钱会用到秤？

按照前面的计算，宋朝时一两银子的购买力大约相当于现在的 700 元。而银锭一般有两种规格，分别是十两和五十两，约相当于 7000 元和 35000 元。古人逛街一般不会揣着这么多钱。所以，古代市面上流通的主要是铜钱和碎银子。

碎银子没有固定的规格和重量，花的时候怎么知道是多少钱呢？

古人很聪明，出门在外总会带着两件东西——剪刀和戥（děng）子。戥子是一种精确度极高的小秤。据记载，宋朝的戥子精确度能达到一厘。

古人花钱或者找零的时候，先用剪刀把碎银子剪下一块，然后用戥子称一下重量，以确定是否满足交易额度。

千万不要觉得这样很麻烦，实际上用剪刀剪还有一个好处，那就是可以看银子的断面以检查银子的纯度，看看银子里是否掺有杂质。

所以，假如你有幸穿越到了古代，看到古人腰上别着剪刀和小秤，千万别大惊小怪。

为什么说才高八斗而不是九斗或者七斗？

我们经常用才高八斗来形容一个人很有才华，那为什么说"八斗"，九斗、百斗不是更多吗？

其实，这个成语来源于一个故事。

才高八斗说的是谁？

曹操的儿子曹植非常有才。他从小就聪明伶俐，脑袋瓜十分灵活。

曹操还有一个儿子叫曹丕。曹操死后，曹丕继任魏王。由于曹植比曹丕有才，曹丕总担心曹植会抢夺他的王位，于是就把曹植抓了起来。幸亏母亲求情，曹丕才心不甘情不愿地放了曹植，并提出了一个条件，那就是让曹植在七步之内作一首诗出来，否则就杀掉他。于是，曹植就写了那首著名的《七步诗》。

　　除了这首家喻户晓的诗之外，曹植还写了很多文章，他尤其擅长写赋，他写的著名的《洛神赋》，文辞华丽，后世评论家都给予了很高的赞誉。

　　到了南北朝时，宋国有一个诗人叫谢灵运，也是一个少年天才，非常擅长写诗和文章。据说，当时只要谢灵运写出一篇文章，人们都会争着抢着抄录下来。凭借着诗文上的造诣，谢灵运受到了宋文帝的青睐，宋文帝把他的诗和书法称为"二宝"，还经常邀请他一起吃饭。

有一次，谢灵运在酒席上喝醉了，开始说大话："魏晋以来，如果全天下的文学之才有一石，那么曹植就占八斗，我占一斗，其他人总共占一斗。"石是古代的一种容量单位，一石等于十斗。

谢灵运这句话表面上是在夸曹植，实际上是在自夸。所以，后来人们用"才高八斗"来形容一个人学问很高。

为什么有的古人跪着吃饭？

你有没有注意到，很多以秦朝或者汉朝为故事背景的电视剧里，人们吃饭的时候都是跪着的。他们为什么不坐着吃饭呢？

古人跪着吃饭真的是为了防走光吗？

说出来你可能不信，汉朝以前，人们是不穿"裤子"的。

这倒不是因为古人有多开放，而是因为当时没有连裆裤。

远古时期，褪去了毛发的原始人为了取暖，就把兽皮或者树叶做成衣服穿在身上。到了商周时期，由于礼乐制度的建立，人们有了羞耻感，就穿上衣服遮挡隐私部位。当时人们把上身穿的服装叫作"衣"，类似外套；把下身穿的服装叫作"裳"，类似于裙子。

当时还没有像我们现在这样的连裆裤，就连内裤都没有，在"裳"里面是胫衣（套裤）。所以，那个时候人们的上衣都很宽大，也是为了方便遮挡身体。

但是有的时候就很尴尬，比如吃饭的时候。

唐朝以前，没有椅子和高的桌子。人们吃饭的时候用小茶几，但盘坐时就尴尬了，不仅会露腿，还可能会露出隐私部位。为了避免难堪，古人选择跪坐——膝盖着地，屁股坐在脚后跟上，这样就不会出现尴尬的场面了。

下跪行礼是由"跪坐"发展而来的吗？

三跪九叩是古代一种隆重的向别人表示尊重的礼节。可是最早的时候，跪拜并不是一种意味着尊重的礼节。

先秦时期，跪坐就是一种普通的坐姿，因为那时没有椅子，也没有连裆裤，所以通过跪坐来遮挡隐私部位。就算是臣子见到君王，两个人也是面对面跪坐，身体微微前倾表示尊敬。这种尊敬是相互的，臣子对君王如此，君王也会回敬臣子。一直到汉朝，都是如此。

唐朝之后，由于椅子的普及，人们不用跪坐在地上了，尤其是地位高的人为了显示身份尊贵，由跪坐变成坐在椅子上，而地位低的人仍然跪坐。慢慢地，跪坐就成了地位低的人向地位高的人行礼的一种方式。

元明清三朝，跪拜的等级尊卑变得十分明显。明朝开国皇帝朱元璋规定，大臣见了皇帝必须下跪，下级见了上级也得下跪。

到了清朝更是如此，下跪要磕头，还要磕得邦邦响，不然就会被治罪！

古代都有哪些娱乐活动？

现代人手机不离手，手机不仅能听音乐、看电影、聊天，还能打游戏。但是，古代没有手机和网络，人们会不会感到无聊呢？当然不会，因为古人太会玩儿了！

骑马射箭在古代真的是男人的必备技能吗？

春秋战国是中国历史上的一个"大乱炖"时代，国家与国家之间动不动就"打架"，所以人人都崇尚武力，骑马射箭那都是必备的技能。"六艺"就包括了射箭。这么说吧，你要是穿越到了那个时代，不会射箭，肯定会被人笑话的。

后来，骑马和射箭就变成了贵族们的娱乐活动。比如，齐国的大将军田忌就特别喜欢赛马，因此才有了田忌赛马的故事。

不过有些人就是没有运动天赋，天生手脚不协调，不会射箭，该怎么办呢？

为了避免尴尬，人们发明了一种与射箭类似，但比射箭更文雅的活动——投壶。人们在宴请宾客时会准备一个细嘴的小壶，然后站在远处，拿着箭往壶里投，投不中就罚酒。

由于投壶比射箭安全，还能体现出文人的雅致，所以就发展成了一种聚餐时的礼仪。

古代有哪些球类运动？

古代有很多球类运动，比如蹴鞠、捶丸、击鞠等。

蹴鞠就是古代的足球，早在战国时，齐国都城临淄就非常流行玩蹴鞠了。到了宋朝，蹴鞠更是成了跨越阶级、走上人生巅峰的重要手段。宋朝的高俅就是凭借高超的蹴鞠技术得到了皇帝的赏识，从一个小家仆一跃成为地位最高的臣子。

很快，人们就不满足于用脚踢球，开始寻找更刺激的玩法——骑马踢球。骑马怎么还能踢球呢？用脚当然够不到，但手里拿一根球杆就可以了。两队人骑着马，手里拿着球杆击球，打进对方球门就算赢。这就是击鞠。

那么，不会骑马又不会蹴鞠的人玩什么球呢？

答案是古代高尔夫。这是一种叫作捶丸的游戏，可以看成是曲棍球和高尔夫的结合体，玩法就是用木棍把小球打进球门里。后来难度升级，把球门改成了地上的小洞。

古代的音乐是什么样的？

如果觉得骑马、射箭、玩球不太文雅，那就去听听古代的音乐会吧！不过，古代音乐会可不是什么人都能听的。

自从周朝确立了礼乐制度之后，演奏乐舞也有了阶级之分。乐舞需要青铜编钟、编磬等大型乐器配合，还要有伴舞，一般人连看音乐会的资格都没有，只有天子和诸侯才能观看。

那么，普通人想听歌曲怎么办呢？

那就去看俳优吧。这是一种滑稽戏，表演者大多是帅气的男子，他们能说会唱，关键还很搞笑。

后来有些贵族觉得民间的俳优表演也挺有意思，想看但又觉得掉面子，于是就在家里养一些俳优表演者，让他们专门给自己表演。

"诛九族"诛的是哪九族？

古代有很多残酷的刑罚，比如凌迟、车裂等，其中有一种刑罚最让人感到绝望，因为被判处这种刑罚的人，他们的很多亲人也要受牵连，这就是诛九族。诛九族是怎么来的呢？九族都包括哪些人呢？

诛九族的来历

一般认为诛九族这种刑罚是从古代的夷三族发展而来的。

夷三族起源于秦汉时期，一种说法认为三族包括父母、兄弟和妻子，还有一种说法认为三族是父亲、母亲和妻子。

不管三族包括什么人，夷三族在当时都是最重的刑罚之一，只有一些犯了极其重大的罪的人才会被处以此刑，比如造反、投敌卖国等。

对于统治者来说，夷三族意味着不仅可以震慑其他有非分之想还没付诸行动的人，还可以铲除潜在的祸患。

《史记》记载，秦朝时的李斯、赵高以及汉朝时的韩信都遭受了夷三族的刑罚。

后来，随着国家治理和震慑的需要，夷三族逐步扩展成诛五族、诛七族、诛九族、诛十族。

诛九族都牵连到哪些人？

诛九族到底会牵连到哪些人呢？史籍中对此说法不尽相同。

《书·尧典》说："以亲九族。"而南宋的王应麟在《小学绀（gàn）珠》中的说法是：九族者，外祖父、外祖母、从母子、妻父、妻母、姑之子、姊妹之子、女之子，己之同族也。此外，还有之前提到的父族、母族、妻族三大族等说法。

让我们举一个例子来看看。

假如，有一个姓张的将军造反失败，被皇帝诛九族，九族中首先是将军一家人，包括将军本人、他的妻子和儿女们。然后是将军父亲一族和母亲一族。最后是将军妻子的家族。

具体包括哪些亲戚呢？

父亲一族有张将军本人一族、出嫁的姑姑一族、出嫁的姐妹一族以及出嫁的女儿一族。

母亲一族主要有张将军的外祖父一族、外祖母一族、所有的姨妈和舅舅等。

　　妻子一族包括张将军的岳父一族、岳母一族。

　　总共加起来算为九族。

　　如果按照五服九族的说法，被张将军连累的人就更多了，不仅包括张将军本人上下四代的九族，还有母亲上下四代以及妻子上下四代的九族。

　　这是要斩草除根呀！

"八拜之交"中的"八拜"指的是什么？

小说和影视剧中经常会出现"八拜之交"这个词，八拜指的是拜八次吗？为什么不拜九次或者七次呢？

八拜之交指的是哪八拜？

八拜之交意思是指结拜为异姓的兄弟姐妹关系，也比喻关系非常密切。

八拜指的是分别朝东、东南、南、西南、西、西北、北、东北八个方向叩拜，是十分隆重的礼节。

八拜原本是世交之家的晚辈问候长辈时行的大礼。关于八拜，还有一个诙谐的故事呢。

相传，宋朝的宰相文彦博有一个姓李的门生，他的儿子李稷当了官。但李稷为人特别傲慢。有一回，李稷去拜访文彦博。文彦博想挫一挫他的傲气，于是说："我和你的父亲是朋友，你就对我拜八拜吧！"李稷是晚辈，也不敢说什么，于是老老实实拜了八拜。

后来，八拜之交也用来表示八段非常著名的友谊，分别是：管仲和鲍叔牙的"管鲍之交"，俞伯牙和钟子期的"知音之交"，廉颇和蔺相如的"刎颈之交"，羊角哀和左伯桃的"舍命之交"，陈重和雷义的"胶漆之交"，张劭和范式的"鸡黍之交"，孔融和祢衡的"忘年之交"，刘备、张飞和关羽的"生死之交"。

还有哪些有意思的"友谊"称谓？

　　没身份、没地位的人之间交朋友叫作布衣之交。不论社会地位或经济条件的人之间交朋友叫作车笠之交。在逆境中交的朋友，或者陪你走出困境的朋友叫作患难之交。经常一起吃喝玩乐，一有事就全都躲没影的叫作酒肉之交。年龄相差很多或者辈分差别很大的两个人交朋友叫作忘年之交。小时候一起穿开裆裤长大的朋友叫作竹马之交。只见过一次面，交情不是很深的朋友叫作一面之交。

古代的秀才相当于现在的什么学历？

很多小说和影视剧中，秀才都是有学问的人，有时也是酸腐的代名词。那么，古代的秀才相当于现在的什么学历呢？

古代想要进入朝廷当官总共分几步？

在古代，官场的人才选拔制度随着历史时期的不同而有所变化。比如，在汉朝时期，实行的是察举制，其中"孝廉"在两汉选官制度中占有重要地位，这为官宦之家提供了一种不用通过科举考试即可进入官场的方式。又如魏晋南北朝时期，官员的选拔由上层权贵垄断，选官看重门第，不太注重才能，世家大族的子弟通过门第即可进入仕途。隋文帝即位后，废除了前朝的选官制度，注重考察人才的学识，初步建立起通过考试选拔人才的制度。隋炀帝时，进士科的创立，标志着科举制的正式确立。之后经过不断完善，一直延续到清朝末年，经历了约 1300 年。

以明清科举为例，主要分为四步。

第一步院试：这是最低一级的科举考试，一般是州府的学生参加。无论年龄多大，上到九十九，下到刚会走，只要参加院试，都叫童生。通过了院试，恭喜你，你成功当上了秀才。

第二步乡试：不是去乡里考试，而是去省里。乡试由各省的学政官出题并主持。通过乡试之后就为举人，这时你已经有了当官的机会。乡试的第一名叫作解元。

第三步会试：会试由朝廷大学士出题并主持。通过了会试，你就是进士了，可以进入朝廷当官。会试的第一名叫作会元。

第四步殿试：殿试由皇帝亲自出题和评分。通过殿试的人又叫作天子门生。殿试第一名叫状元，第二名叫榜眼，第三名叫探花。

如果你绝顶聪明，在乡试、会试和殿试中都得了第一名，就是大三元。有大三元就有小三元。小三元指的是童生参加县试、府试和院试都得了第一名。

假如同时中了小三元和大三元，那就是学霸中的学霸了，叫连中六元。

从隋朝创立科举到清朝末年，历史上只有两个人连中六元，分别是明朝状元黄观、清朝状元钱棨（qǐ）。不过由于黄观反对朱棣，朱棣夺得皇权之后就把他除名了。

当了秀才有什么特权吗？

古代参加科举考试，只有考中了秀才，你才算有了"功名"。功名可是古代很多人求之不得的东西。

西汉时，汉武帝改革选官制度，让地方官推荐人才，就有了秀才这个称呼，意思是优秀的人才。随着科举制度的出现，当上秀才的门槛变得很高。

考中秀才之后，有哪些特权呢？

秀才非常受人尊重，他们不用像老百姓那样服徭役，也不用纳税。见到官员时，秀才不用下跪行礼，只要作揖就好了。如果秀才犯了罪，还能减轻或者免除处罚。

秀才相当于现在的什么学历？

实际上，秀才、举人和进士等并不全部等同于学历，而是古代皇帝选拔官员的一种形式。也就是说，只有你考上了秀才，取得了功名，才有机会成为公务员。所以说，秀才更接近于大学毕业之后，考取的科级公务员。

而举人比秀才更高一级，考取举人之后相当于有了提干的机会，类似科员参加了干部培训会。考取进士呢，更像是参加了高一级的干部培训班，参加完之后直接提干，进入国家部门工作。

九品芝麻官到底有多小？

影视剧中经常出现"九品芝麻官"这个词，用来形容某个人的官位很低，那么，九品芝麻官到底有多小，它是最小的官职吗？

九品芝麻官是最低的官职吗？

以明清官职为例，官员分级主要遵从九品十八级的基本制度，也就是说，所有的官员分成九品，每一品有两个等级，一个正品，一个从品。

如果按照品阶来看的话，九品就不是最小的官职，从九品才是最小的。

古代，在朝廷工作的官员主要分成两种。一种是官，一种叫吏。官是有品阶的，相当于有编制。而吏是没有品阶的，

相当于编外合同工。以清朝为例，朝廷中的官和吏可能有十几万人，但有编制入品的可能只有一万多人。

你瞧，这样一对比，九品芝麻官其实也很大了，毕竟还有那么多人连品都没有。

虽然九品官很小，但也是拿着国家的俸禄，在地方上拥有司法权等很多权力，担任很多地方职务的呢！比如，正九品文官可以做县主簿、九品巡检，负责断案、教化和收税等工作。而正九品武官可以做外委把总，管四五百名士兵。从九品文官能在翰林院做侍诏或者刑部司狱。

布政使、巡抚、总督分别是什么官？

明朝时，改行中书省为承宣布政使司。每一个承宣布政使司设左、右布政使各一人，为一省最高行政长官。

巡抚，顾名思义就是代替皇帝巡行天下，安抚军民，是皇帝派往各地的钦差，属于临时官职，干完活儿是要回京城汇报工作的。到了明朝宣德年间，巡抚成为定员，与总督同为地方最高长官。清朝时正式以巡抚为省级地方政府长官，总揽一省军事、吏治、刑狱等，地位略次于总督，别称"抚台""抚军"。

总督是明朝初期出现的，也是临时官职，主要工作是负责统一调配多个省的士兵和钱粮，以应对冲突。比如，嘉靖年间，沿海出现倭寇，皇帝就派胡宗宪担任直浙总督，总督南直隶、浙江和福建等处的兵务。到了清朝，正式以总督为地方最高长官，辖一省或二三省，综理军民要政，有的还兼职巡抚，可以说是名副其实的封疆大吏。

古代的官员是如何领工资的？

古代没有银行和银行卡，到了发工资的时候，朝廷的官员如何领工资呢？虽然古代科技不发达，但古人的脑瓜很灵活，他们的工资也是五花八门的！

古代的工资不一定是货币

在古代，朝廷给官员发放工资，并不是官员想要什么就给官员什么，而是要看朝廷有什么，官员就拿什么。

战国以前，官员们没有工资，君王把酬劳直接折合成土地赏给官员。在这块土地上，官员可以建自己的小国家，百姓多了，就可以获得更多税收。简直就是一本万利的买卖呀！甚至官员以后老了，还能把土地传给子孙。不过想要获得土地并不容易，得在战场上拼命才行。

到了战国中期，随着封赏越来越多，君王发现自己手头已经没有多余的土地了，怎么办呢？于是君王决定给"钱"，每年固定时间给官员发"钱"。这就是俸禄制度。

按照职位高低，俸禄有多有少，不过那时的"钱"并不是货币，而是等价物。如果国家有黄金和白银，那就给金银；如果没有，那就发粮食或丝绸，总之都是值钱的东西。

比如，秦汉时期官员的工资都是以粮食来计算的。如果某个官员年薪六百石，到了年终他既可以选择拿着米袋子去领米，也可以选择将米折合成钱币，直接领钱。

唐朝时，官员工资构成十分丰富，包括禄米、职田、月料钱。禄米是每个月固定发放的粮食；职田是按职位高低给官员的土地，官员可以雇佣佃户种地生产粮食或者其他经济作物以获得收入；月料钱则是官员每月领取的货币。

　　官员除了固定工资之外，还有"提成"。比如，皇帝赏赐的礼物、荣誉称号等。文官和武官的工资是有差别的，一般文官的工资比较固定，而武官的属于浮动工资，立了军功就可以加官进爵，享受额外的俸禄。

　　朝廷那么多官员，每年要怎样发工资呢？皇帝也知道发物品很麻烦，于是发布诏令：想要工资，自己去国库领。

古代人过什么节日？

古代的节假日安排非常丰富，体现了古人对节日的重视。不过随着时间的推移，如今很多节日都被人们忘记了。

洗个澡，除除晦气，就当过节了

古时以农历三月上旬巳日为"上巳"，在这天过节就是上巳节。

《论语·先进》说："莫春者，春服既成，冠者五六人，童子六七人，浴乎沂（yí），风乎舞雩，咏而归。"其中，"浴乎沂"的意思是在沂水里洗澡，描写了当时上巳节的情景。

相传，上巳节的活动起源于古代的巫术。远古时期，人们认为用兰草煮水洗澡可以辟邪，所以当时兼职医生的巫师就用"兰汤"给病人驱邪。后来，举行重大的祭祀活动时，大祭司还会用"兰汤"洗澡，去除身上的邪气，以便与上天沟通。

后来，洗澡这个习俗就流传下来，被称为"祓禊（fú xì）"，就是去除身上的邪气和污垢的意思。

古人过上巳节并不只是洗洗澡，他们还会外出踏青，举办宴会，喝酒聊天。

到宋元时期，上巳节习俗开始淡出，最终"上巳""寒食"两节并入"清明"，所以如今很多人都不知道有这个节日。

春暖花开的时候最适合过节

古时农历二月初一是中和节。相传，这个节日设立于唐朝，还有一个与它相关的故事呢！

相传，唐德宗在位时，大将朱泚、李希烈觉得德宗不称职，想把他踢开自己当皇帝，于是就一起造反，但很快就被镇压了。唐德宗平息了叛乱，觉得自己可厉害了，当时正好是春暖花开的时节，他翻了翻黄历，竟然没有节日可以让自己庆祝一下。

唐德宗一琢磨，既然没有节日，那就创造节日，于是吩咐宰相李泌查阅古籍，设立了中和节。既然是自己设立的节日，那习俗什么的也可以自行设计。中和节这天，大臣们要

向皇帝敬献关于农业的书籍，表示帮助国家多产粮食。而皇帝也要意思一下，摆几桌好酒好菜招待大臣们。

中和节这一天，百姓要用袋子装满粮食，送给亲朋好友，还要酿制宜春酒来祭祀五行神中的木神，祈祷丰收。

哈哈，自己设立节日，想怎么过就怎么过，让人羡慕呢！

花好美呀，给它们过个节吧

花朝节是汉族传统节日，又叫花神节。花朝节的日期不固定，农历二月初二、二月十二、二月十五、二月二十五都可以。这么说吧，只要是春天开花的季节，都可以过节。

据说，宋朝以前，老百姓由于忙于春耕，没空过花朝节。反而是读书人，读书读累了，于是找个借口外出郊游、赏花，美其名曰"培养性情"。而过花朝节这个借口简直太合适了。

花是花朝节的主角。节日期间，人们一般都会踏青赏花，或者祭祀花神。女孩子们用五彩纸制成彩笺，再在彩笺上写上祝福的话，最后用红绳将彩笺拴在花树上。而男孩子们则三五成群，喝酒聊天。

　　后来，花朝节还增加了其他项目，比如种花、摘野菜等。

汉字为什么有篆书、隶书、楷书等这么多样子？

如今，汉字的字体五花八门，宋体、黑体、仿宋体……各有特色。然而在古代，人们日常书写常用的主要有五种字体：篆书、隶书、楷书、行书、草书。为什么古人要发明几种不同的字体，而不用一种呢？

篆书——像画又像字

篆书包括大篆和小篆，一般认为大篆是周宣王时期使用的籀文，小篆则是秦朝统一六国后，丞相李斯改革后的文字。在秦朝小篆之前，其实还有很多种字体，包括甲骨文、金文、石鼓文等。甲骨文，顾名思义，是商周时期刻画在龟甲和兽骨上的文字；金文则是铸造在青铜器上的文字，又叫作铭文；

石鼓文则是先秦时期刻在石头上的文字，因为石头的外形很像鼓，所以被叫作石鼓文。后来，人们把小篆之前的这些原始文字统称为大篆。

篆书十分接近原始的汉字，其线条优美，好像一幅画。其中，大篆线条简单，好像简笔画；小篆线条粗细一致，笔画横平竖直。

隶书——化繁为简，关键的转折点

隶书是从篆书发展而来的。

秦始皇推行"书同文"之后，在全国推行小篆。但是在朝廷上班的书记官们可就遭罪了，他们的工作就是不停地写写写。而写小篆就好像画画，线条必须优美，画歪了可能就变成另一个字了。于是，书记官们为了偷懒，经常故意把字写得很潦草，以此来发泄心中的不满。

到了汉朝时，这种潦草字体的使用达到了顶峰，它就是隶书。

隶书的特点是又宽又扁，它是把小篆的直线和曲线变成了更简单的点、提、横、竖、撇、捺、折钩等。虽然起初看起来很潦草，但书写简单。随着后来书记官们的不断优化，隶书变得方正有型，越来越好看。尤其是笔画的出现，奠定了现代汉字的基础。

所以说，隶书是古代汉字向现代汉字发展的转折点。

楷书——书法家的最爱

楷书一出现，就以它优美、精致的外形打动了所有的读书人。

楷书是东汉末年出现的，其前身是隶书。和隶书相比，楷书的笔画更加平直，字形更加方正。到了隋唐时，读书人多用楷书。因为楷书具有独特的艺术美感，很多著名的书法家都是依靠楷书成名的。比如，楷书四大家：欧阳询、颜真卿、柳公权和赵孟頫（fǔ）。

虽然楷书四大家都擅长写楷书，但每个人的风格不同，因此产生了四种楷书书法字体，分别是欧体、颜体、柳体和赵体。

如今，我们日常使用的汉字就是楷书，从汉朝开始到现在，过去了两千多年，楷书的样子几乎没变。

行书和草书——天下书法，唯快不破

行书和草书在汉字字体中算是两个另类。

行书是在楷书的基础上发展起来的。行书写起来如行云流水，只要一开始写，直到最后一个字才能停笔。行书注重书写速度快，但没有楷书精致。对行书最大的贡献者要数东晋的"书圣"王羲之。他写的《兰亭序》被称为"天下第一行书"。

草书则是从隶书发展而来的。草书完美继承了隶书的特点——潦草，甚至青出于蓝而胜于蓝。草书的出现，主要是为了解决书写速度慢的问题，但随之又带来了另一个问题，那就是写草书的人可能自己都认不出自己写的字。

写草书最出名的两个书法家为唐朝的张旭和怀素。人们常用"癫张狂素"来形容他们的书法风格。

四书五经是四本书还是五本书？

"四书五经"是古代读书人的必修课，如果你没有把这几本书读得滚瓜烂熟，劝你不要去考场，不然会考得很差。那么，"四书五经"到底是四本书还是五本书呢？

为什么古人要学习儒家思想？

在春秋战国时期，出现了很多思想家，他们整天琢磨着如何帮助君王更好地治理国家。孔子说要实行仁政，老子说要道法自然，墨子说要兼爱，韩非子说要制定法律……大家你说你的，我说我的，就形成了百家争鸣的局面。

汉朝刚建立时，由于经历了多年战乱，国家千疮百孔，急需要恢复元气。所以，老子的道家思想成为主流。老子主张无为而治，意思是皇帝要轻徭薄赋，其他的什么也别插手，让老百姓顺其自然就好了。可是到了汉武帝时期，国家变强了，皇帝什么也不管，金钱和土地都被诸侯"偷"走了，皇帝的权力变得很小。汉武帝慌了，万一诸侯王把自己推翻了怎么办？

为了加强自己的统治，汉武帝听从了董仲舒的建议，把儒家学说立为正统思想。因为儒家告诉人们不要搞分裂，宇宙间最基本的法则是大一统，臣子要服从君王，不能造反。

汉武帝觉得这就是他想要的，于是大力推广儒家思想。从此，儒学居于主导地位，为历代王朝所推崇，影响深远。

"四书五经"真的是儒家的"教科书"吗？

想要学习儒家思想其实很简单，只要"四书五经"就够了。但想要学透儒家思想却很难，因为需要真正读懂、读透"四书五经"。

"四书"是四本书的合称，分别是《大学》《中庸》《论语》和《孟子》。

《论语》记录了孔子及其学生的思想和言论。《孟子》记录了孟子和他的学生的思想。而《大学》和《中庸》其实是《礼记》中的两篇文章，宋朝理学家们非常推崇这两篇文章。于是，朱熹就把它们和《论语》《孟子》放在一起，成了后世儒家学子们的必读书。

"五经"是五本书的合称，分别是《诗》《书》《礼》《易》《春秋》。相传原本是六经，有一本《乐》失传了，就变成了五经。

《诗》是我国最早的诗歌总集。《书》是中国上古关于尧、舜和夏、商、周至秦穆公的历史文件和部分追述古代事迹著作的汇编。《礼》可以说是一本古代生活指南，其中有很多国家的典章制度。《易》被誉为"群经之首，大道之源"，它不是简单的算卦用书，而是揭露了自然的秘密。《春秋》为编年体春秋简史，因为文字极其简练很难理解，所以出现了《左氏》《公羊》《穀（gǔ）梁》等书对它的内容进行补充和解释。

"四书五经"是古代科举考试的参考书，所有的题目都是根据这几本书里的内容出的。

为什么说开天辟地的盘古是从鸡蛋里生出来的？

如果我告诉你，宇宙是从一个鸡蛋里诞生出来的，你相信吗？不要感觉奇怪，古人就是这样认为的！

走，让我们去领略一下古人的想象力吧！

古人眼中的世界是什么样的？

古代没有天文望远镜，没有航天飞船，没有卫星。但是古人对于探索世界和宇宙的热情不比现代人低。那么，古人是如何认识宇宙的呢？

设备不够，大脑来凑，他们靠想象力。

古代中国有"天圆地方"的说法。古人认为整个宇宙就像一盘梅菜扣肉，大地是平坦的盘子，而天空就像倒扣的碗。人类和动植物生活在盘子上，日月星辰在碗上来回移动。

东汉时，科学家张衡提出了"浑天说"，他认为宇宙像个大鸡蛋，地球是鸡蛋黄，位于宇宙中心，而日月星辰则飘浮在鸡蛋壳上，绕着地球转动。

还有人把地球想象成一个盘子，盘子下边有三头巨大的鲸鱼，鲸鱼托着盘子和上面的人类在海洋中游荡。这还挺浪漫的呢！

你瞧，古人的想象力多么丰富呀！

盘古是如何开创天地的？

对于世界是怎么来的，古人有自己的看法。

相传很久以前，世间万物都不存在，整个宇宙就是一片混沌。

混沌是什么呢？古人认为混沌是一团气，也可能是一团水。在混沌里，没有方向，没有物质，没有边界。

神奇的是，在一片虚无中出现了一个天神，他就是盘古。盘古在混沌中睡了一万八千年。

有一天，盘古醒来了，睁眼一瞧，到处黑漆漆的，找不到出口，他双手胡乱一抓，抓到了一柄斧头，不管三七二十，一顿乱砍，混沌被砍成了上下两半。轻而清的部分上升，变成了天；重而浊的部分下沉，变成了地。

盘古担心混沌会合拢，那样的话他又要过蜗居生活了。于是，他双手撑着天，双脚踩着地，身体慢慢变高，像千斤顶一样把天和地分得越来越远，再也不能合在一起了。

就这样，世界就形成了。

盘古诞生于蛋中，他是鸟还是人？

混沌并不是蛋，古人只是形象地称它为"卵"。盘古诞生于卵中，他既不是鸟，也不是人。

人们对盘古形象的描述有很多：有人说他上半身是人，下半身是蛇；也有人说他上半身是人，下半身是龙……

其实，盘古是古人想象出来的神，目的是为了解释世间万物的由来。

古人对山岳河流、电闪雷鸣、日月星辰等完全不了解，不知道它们是如何形成的，这才发挥想象力，创造了盘古开天辟地的神话。

这样看来，不是盘古创造了世界，而是古人创造了盘古。

有了盘古这位开天辟地的神，世间万物的由来就好解释了。古人认为世间万物都是盘古死后，他的身体变化而成的。他的双眼变成了日月，毛发变成了花草树木，呼出的气息变成了风云，声音变成了雷鸣，四肢和躯干变成了山岳，血液变成了江河湖海……

　　这样看来，古人还真是想象力丰富的编剧呢！

女娲是世界上最早的泥瓦匠？

在我国，为什么太阳要从东边升起，到西边落下？河流为什么从西边流向东边？

古人觉得，这是因为一个天神把天撞歪了！

为什么日月星辰东升西落，水自西向东流呢？

《列子》中记载了一个有趣的故事。

相传远古时期，华夏部落的首领黄帝死后，大家都推举黄帝的孙子颛顼（zhuānxū）担任部落的新首领，但共工不服气。共工掌管天下的河流和雷雨，被人们称为水神。他有点自大，于是向颛顼发出挑战，两人展开了一场惊天动地的大战。

共工被颛顼揍了一顿，他气不过，一头撞断了不周山。

《山海经》里说，不周山位于西北大荒之隅，是支撑天地的柱子，号称"天柱"。不周山被撞断，西北边的天失去了支撑，整个天空就向西北方倾斜，而天上的日月星辰也跟着从东边向西边滑落。

天向西北倾斜，东南边自然就翘起来了。东南边有一根拽着大地的绳子——地维，随着东南边的天越翘越高，地维被扯断了。大地失去拉力，向东南倾斜，河流就从西向东流进大海。

女娲竟然是中国最早的泥瓦匠？

天柱断了，地维折了，天和地失去了平衡，天空出现了一个大窟窿，顿时引发了滔天洪水，隐藏在四方的猛兽也伺机出来作乱，危害百姓。

一时间，世界陷入了灾难之中。

当时有一位天神叫女娲，她不忍心见老百姓受到伤害，决心把破了洞的天给修补好。

女娲从世界各地搜集了五种不同颜色的石头，将它们熔炼成五色石，堵住了天上的大窟窿。哇，女娲真不愧是一位厉害的泥瓦匠呢！

天虽然补好了，但还是歪歪斜斜的。为了阻止天继续倾斜，女娲下海捉了一只大鳌，斩下它的四只脚作为柱子，把天支撑了起来，天地这才稳定了。

　　女娲又弄来芦灰挡住洪水，还赶走了猛兽，老百姓这才过上了安定的生活。

女娲竟是手办达人？

　　女娲不仅是出色的泥瓦匠，还是手办达人呢！

　　盘古开天辟地之后，天地之间有了山川草木和鸟兽虫鱼，可无论怎样说，总不免显得有些荒凉寂寞。女娲一个人生活，无聊极了。有一天，她灵机一动，决定捏几个手办陪自己玩。

　　瞧，她又在河边做手办了！

女娲抓起一团黄泥，仿照自己的样子捏出了一个个小泥人，这就是她喜欢的真人手办！

做好的手办只能看不能动，也没意思。于是，女娲冲手办吹了一口气，手办就变成能活动的真人了，还不停地叫她"妈妈"。这就是女娲抟土造人的传说。

后来，女娲又捏了很多动物，世界变得丰富多彩、有声有色起来。

当然，无论是共工怒触不周山，还是女娲炼石补天、抟土造人，都是古人为了解释天地星辰运转以及世间万物的由来而想象出来的神话，并非真实发生的哦！

现在我们已经知道，日月星辰东升西落，实际上是由于地球自西向东自转造成的。而河流自西向东流，则是由于中国的地势西高东低引起的。

伏羲是如何创造出八卦的？

相传伏羲创造了八卦。八卦作为中国传统文化的重要组成部分，其影响深远且广泛。让我们穿越到远古时期，亲眼看看伏羲是如何创造八卦的吧！

伏羲的父亲是一个脚印？

伏羲作为传奇人物，从他出生的那一刻就注定了不平凡。不过他的父亲比较特殊，不是人，也不是神！

相传伏羲的母亲叫华胥氏，来自华胥部落。有一天，华胥氏到一个叫雷泽的地方玩，看到一个巨大的脚印，她十分好奇，就踩了上去。回到家后，神奇的事情发生了，华胥氏怀孕了。

华胥氏怀孕十二年后才生产，生下了一个相貌奇特的男孩。男孩的脑袋是人的模样，而身子却像蛇。华胥氏给他取名叫伏羲。

这样看来，伏羲的父亲居然是一个巨大的脚印！

伏羲的启蒙教材——河图

伏羲生活的年代距今七八千年。那时人们的认知水平不高，大自然中的很多事情，比如最常见的风、雷、雨、电，人们不清楚是怎么回事，每次打雷下雨，都吓得躲进山洞不敢出来，生活得提心吊胆。

伏羲长大之后，看到这种情况，心想如果我搞懂了天地间的法则该多好呀。自那之后，他仔细观察云彩、雷电、大风、浓雾，甚至还会追逐鸟兽，观察植物……就这样过了很多年，他仍然一无所获。

有一天，伏羲在黄河边上苦思冥想，突然黄河水翻滚，一似龙非龙、似马非马的动物从河中一跃而出。伏羲定睛一瞧，呀，它后背上有一幅奇怪的图。

伏羲赶紧把那图案描摹下来，结合自己多年的思考，悟出了天地阴阳的规则。之后，他用八个简单的符号推演宇宙万物，这就是八卦。

后来，人们把那个神奇的动物叫作龙马，把龙马背上的那幅图叫作河图。

为什么伏羲被称为人文始祖？

盘古开天辟地，为人类开创了生存空间；女娲抟土造人，赋予了人类生命；而真正让人类生活得更好的是伏羲。

伏羲被称为中华民族的人文始祖，这一称号源于他在中华文明中的重要地位和贡献。

相传伏羲创造了龙图腾，让华夏部落有了统一的归属感。他取蟒蛇的身、鳄鱼的头、雄鹿的角、猛虎的眼、红鲤的鳞、巨蜥的腿、苍鹰的爪、白鲨的尾、长须鲸的须等，并把这些元素融合在一起，形成了龙。直到现在，我们都称自己为龙的传人。

除了龙图腾，伏羲还在部落内部制定了婚姻制度。在伏羲之前，古人是没有婚姻和家庭观念的。伏羲认为这样会导致整个团队没有凝聚力，于是给每个小部落创造了"姓"，为整个大部落制定了"婚嫁"礼节。

伏羲创造的那些姓，有的取自江河，有的取自动物，有的取自地名……一直流传至今。

燧人氏是谁，为什么人们称他为"烧烤鼻祖"？

你知道烧烤的祖师爷是谁吗？他叫作燧人氏，是第一个玩火的人！

原始人为什么钟情于"刺身"？

现在很多人喜欢吃生鱼片，生鱼片又统称为"刺身"。其实在一百多万年前，我们的老祖宗就已经是"刺身"专家了。

一百多万年前，古人的生活非常艰苦，他们没有房子住，只能住在山洞里；没有趁手的工具，出门打猎用的是石头磨成的工具；没有煮饭的锅和火，只能生吃猎物，而且是用手抓着吃。这样看来，我们的祖先是"手抓肉"和"刺身"的开创者。

然而，经常吃"刺身"会带来一些问题。比如，猎物体内含有寄生虫或者病毒，生吃容易感染寄生虫或病毒。这就导致当时的人们经常得病，他们又不懂医术，所以寿命普遍很短。

人类第一顿烧烤竟然是老天赐予的

古人很早之前就和火打过交道了。

那时，极度干燥的森林会燃烧，地表浅层的煤炭也会自燃……不过，古人的认知有限，他们发现火非常热，非常刺眼，以为它是一种可怕的怪物。而且，古人生活在森林附近，一旦森林发生大火，他们就很容易被烧死，家园也会被烧毁。所以，古人只要看到火就躲得远远的。

不过，森林大火之后也有意外收获。那些没能逃脱的动物经过火的烘烤，变成了烤肉。某一天，一个胆大的古人小心翼翼地尝了一口被火烤熟的肉。

哇，味道好极了！

随后，一传十，十传百，火能把肉变成美味这件事就传开了。

"烧烤鼻祖"——燧人氏

在中国的神话传说中，有一个名叫燧人氏的人。"燧"，是古代取火的工具。从名字不难看出，燧人氏就是我国古代发明用火的人。

古人无意中发现用火烤的食物十分美味，于是告别了茹毛饮血，进入了"烧烤"时代。很快，一个严峻的问题摆在了大家面前：如何取火？

最初，古人用的火来源于雷电击中树木引发的大火，或者天气干燥引起的森林火灾。也就是说，古人的火是"借"来的。

可是雷电不常有，火灾也要"碰运气"。老天不帮忙，那就自己动手呗！燧人氏灵机一动，从大自然中"借"来火之后，不断往火里面加柴，让它保持燃烧，这就是最初人们保存火种的办法。不过遇到下雨天或者负责看护火种的人没有及时加柴，就很容易导致火种熄灭。

后来，燧人氏从一些石头相互撞击能产生火花、燧木经过摩擦能冒烟燃烧中得到灵感，经过不断尝试，发明了燧石取火和钻木取火，并教会大家如何使用火来烧烤食物。

由此看来，燧人氏不愧是中国"烧烤"第一人呀！

火的使用对于古人来说意义非凡，人们不仅可以用火把食物烤熟，提升身体素质；还可以用火驱赶猛兽。火的广泛使用还为之后的刀耕火种、金属冶炼、陶器烧制等奠定了基础。

有巢氏是古代第一位建筑大师吗？

中国有很多著名的伟大建筑，比如天坛、故宫、大雁塔、万里长城等。这些都是由伟大的建筑师设计的。不过这些建筑师再伟大，都得尊称有巢氏为老祖！

远古时期，人们真的没房子住吗？

在旧石器时代，人们虽然学会了用石头来打制工具，但战斗力还很差。

当时，人们的生活场所周围有很多猛兽，这些家伙是当地一霸，动不动就把人类当成点心。为了生存，大家只能躲在山洞里。

然而山洞的居住条件太差了，冬天湿冷，夏天闷热。有些山洞还不牢固，遇到山洪或者地震就会坍塌。

除了住山洞，还有一些人选择露宿荒野，以天为被，以地为床。虽然晚上看星星很浪漫，但很容易在睡梦中去世——被猛兽吃掉。

总之一句话，那时人们的居住条件太差了！

为什么说有巢氏是跟鸟学习的造房子？

相传在远古时期，有一位部落首领名叫有巢氏。

他决定从解决住房问题入手，改善人们的生活条件。怎样才能建造一种住着比山洞舒服，还能抵御野兽袭击的房子呢？

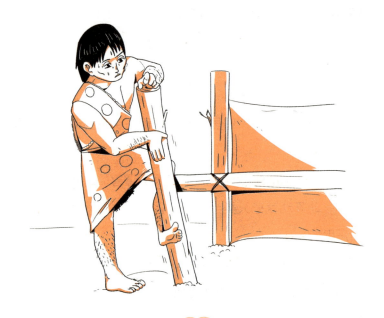

有巢氏每天冥思苦想，他观察各种动物的住所，最终从鸟类那里得到了灵感。鸟类把巢穴修筑在树上，既能遮风避雨，还能躲避野兽攻击。

　　有巢氏欣喜若狂，挑选了一棵"风水宝树"，亲自演示如何用松软的茅草和坚韧的树枝在树上盖房子。样板房盖好了，大家轮流体验，评价都不错。于是，有巢氏将这种盖房的方法推广到整个部落。

　　慢慢地，人们建造房子的技术越来越高，最终脱离了大树，逐渐把房子盖到了地上，形成了村落。后来，村落又汇聚成了城市，并进一步构成了国家。

　　有巢氏真不愧是中国古代第一建筑师呀！

三皇五帝是谁？

中国历史上出现了很多皇帝，如果从众多皇帝中选出几个组成"偶像天团"，那么非"三皇"和"五帝"莫属。因为从夏朝到清朝，这两个组合可以说是皇帝们的楷模！

吃饱穿暖靠"三皇"

"三皇"是古代皇帝中第一个，也是最著名的组合，这个组合存在的时间很长，关于成员，说法不一，但"三皇"的名气始终不减。

在《尚书大传》中，"三皇"的成员包括燧人氏、伏羲氏和神农氏；在《三字经》中，又换成了伏羲氏、神农氏和轩辕氏；在《春秋纬运斗枢》中，成员又变了，包括伏羲氏、女娲和神农氏；等等。

燧人氏、伏羲氏和女娲是我们比较熟悉的明星人物，不用过多介绍。我们来认识一下神农氏。

神农氏，又被称为炎帝，是姜姓部落的首领。相传这个部落非常善于使用火，所以首领都叫炎帝。炎帝长相十分奇特，传说他是人身牛头。炎帝之所以能成为部落首领，靠的不是颜值，而是实力。

炎帝是个发明家，他发明了耒耜（lěisì，用来翻整土地、播种庄稼的农具），教会了人们耕地和种植五谷，帮助人们解决了粮食问题。所以，大家又称呼他为"神农氏"。

吃饱喝足了，精神上的需求也得满足。于是炎帝又发明了五弦琴等乐器，使人们在劳动之余能够放松身心。

当时人们除了吃五谷，还会吃一些野生动植物，因此经常出现由于误食某些对人有害的动植物而中毒的现象，加之日常的受伤、生病不能得到很好的治疗，使得人们经常面临病痛和死亡。炎帝发现有些植物可以治病，于是亲自品尝了上百种植物，从中挑选出可以治病的，帮人们对抗疾病。这就是神农尝百草的故事。

五帝是管理大师

如果把远古部落比喻成一个大集团公司的话，那么"五帝"就是最厉害的管理大师。

和"三皇"一样，"五帝"组合的成员也总是发生变化。

《史记》中记载的"五帝"包括黄帝、颛顼、帝喾、尧、舜；而《吕氏春秋》则把太昊、炎帝、黄帝、少昊、颛顼列为"五帝"。

在黄帝之前，华夏民族这个"集团公司"还不存在。在黄河流域存在着很多个零零散散的"个体户"部落。其中，黄帝所在的部落实力最强。后来黄帝通过合法竞争，把其他部落接连吞并，"个体户"摇身一变，成了集团公司。于是华夏民族出现了。

颛顼是黄帝的孙子，帝喾是黄帝的曾孙，尧是帝喾的儿子，他们三个都因为德行和声望而管理着华夏民族这个"集团公司"。

当尧年老之后，他并没有让儿子接自己的班，而是选择了品行良善、管理才能更好的舜作为继承人。

舜来自于东夷部落，和蚩尤是本家。舜推崇"德为先，重教化"，擅长通过德育来治理部落。

华夏民族在"五帝"的管理下，蒸蒸日上。

为什么我们是炎黄子孙，而不是黄炎子孙？

无论走到哪里，我们都自称"炎黄子孙"。为什么不叫"黄炎子孙"呢？这还要从远古时期三大部落的一场"火并"开始说起。

远古时期的三足鼎立

远古时期，在黄河流域有三个非常厉害的部落；一个是炎帝部落，首领是号称"农业之神"的神农氏炎帝；另一个是黄帝部落，首领是号称"科技之神"的轩辕氏黄帝；还有一个是东夷部落，首领是号称"战神"的蚩尤。

三个部落都非常强大，在中原地区形成了三足鼎立的局面。

神农氏炎帝是"三皇"之一，大家已经有所了解。那么，黄帝和蚩尤是谁呢？

相传，黄帝本来姓公孙，后来改成了姬姓，来自有熊部落。因为他住在轩辕丘上，所以又被称为轩辕氏。和喜欢研究农业的炎帝不同，黄帝更热衷于科技发明，衣服、帽子、船、车等都是黄帝发明的。

蚩尤在三个首领中属于四肢发达型的，传说蚩尤头顶牛角，为主兵之神，能征善战，非常厉害。

为什么说涿鹿之战是二打一？

三个部落原本相安无事，后来随着族群的壮大，就发生了抢地盘和争资源的战争。

首先发生摩擦的是炎帝部落和东夷部落，他们为了争夺黄河下游的肥沃田地大打出手。炎帝神农氏虽然擅长治病和种地，但不擅长打仗，很快就不敌蚩尤。

炎帝打不过蚩尤，就到黄帝跟前哭诉，黄帝考虑到"唇亡齿寒"，决定帮炎帝一把，于是双方组成了讨伐蚩尤的联军。炎黄部落与蚩尤部落在涿鹿激战。

蚩尤号称"战神"可不是吃素的，他带着一群猛兽发起猛烈攻击，关键时刻还制造了一场浓雾，导致炎黄联军什么都看不清。

黄帝命人发明了指南车，带领军队走出大雾，打败了蚩尤。

为什么我们自称"炎黄子孙"，而不是"黄炎子孙"？

打败蚩尤之后，炎帝部落和黄帝部落和平相处了一段时间。后来随着炎帝没落，原本依附于炎帝的小部落开始挑衅炎帝的权威，并且严重影响到了黄帝部落。

黄帝最终看不下去，对炎帝部落发动了战争，双方在阪泉发生战斗，最终炎帝部落战败，黄帝把两个部落合二为一，实现了中原地区的统一。

可是，既然黄帝取得了最终的胜利，为什么我们不叫"黄炎子孙"呢？

主要还是因为炎帝在黄帝之前，并且位列"三皇"，而黄帝崛起于炎帝之后，所以我们才自称为炎黄子孙。

汉字是仓颉根据鸟爪印创造的吗？

汉字是世界上最古老的文字之一，已有六千年左右的历史。那么，汉字是谁发明的，又是如何发明的呢？

仓颉是如何创造汉字的？

相传仓颉是黄帝的史官，负责整个部落事务的记录和整理工作。

当时黄帝正在四处征战，不断吞并周围的大小部落。随着部落的壮大，黄帝每天需要处理的事情也变多了。黄帝一个人记不下来，就想要是能发明一种简单的方法，把所有事情都记下来就好了。于是他想到了仓颉，并把这个光荣而艰巨的任务交给了他。

　　传说仓颉有四只眼睛，为了造字，他每天苦思冥想。有一天，他发现很多牲畜来河边喝水，在河岸上留下了很多脚印。这些脚印形状各异，大小不同。仓颉一下受到启发，仿照动物脚印创造了一些简单的符号，并由此展开联想。他仔细观察山岳河流、花草树木、日月星河等万事万物的样子，创造出了更多的字符，这些字符最后演变成了汉字。

历史上汉字是如何产生的？

　　仓颉造字只是一个神话传说，实际上汉字并不是某一个人创造出来的，而是古代人类在生产劳动中逐渐创造出来的。后来又经过几代人的整理、分类和规范，才形成了汉字体系。

那么，汉字最初是怎样产生的呢？对此主要有三种学说。

第一种是结绳记事说。在文字没有出现之前，古人用绳结来记录事情。不同类型的结、不同数量的结都代表特定的含义。随着部落中的事情越来越多，打的结也变多了，导致最后大家很难准确记住哪种结表示什么事。后来，人们根据绳结的形状创造出了简单的符号，最终逐渐演变成了文字。

第二种是刻划说。有些古人讨厌打绳结，于是就用石头在木片或者石片上刻划线条记事。随着陶器的发明，古人舍弃了木片和石片，开始在陶器上刻划符号。比如，仰韶遗址出土的陶器上就有五十多种刻划符号，它们已经具备了文字的功能。

第三种是图画说。甲骨文是我国汉字体系中最古老的文字之一。如果仔细观察，你会发现每一个甲骨文都是一幅简笔画。考古学家猜测，最初的汉字可能是古代艺术家在画画时创造的。比如，在大汶口遗址和良渚遗址出土的陶器上，就发现了很多简单的画，它们被认为是最早的文字之一。

北京猿人是中国人的祖先吗？

你是不是听过这样一种说法——人类是猴子变的？其实，准确的说法是，人类是由森林古猿进化而来的，而且这种进化是一个非常复杂的过程。

古猿人是如何变成现代人的？

如果把人类的进化历程看成是上学的话，那么，从森林古猿进化成现代人，大约需要完成四个年级的课程，分别是南方古猿、能人、直立人和智人。

大约 1200 万年前，非洲东部和南部生活着古类人猿。有一天，地壳剧烈变动，地球被划出了一道大口子——非洲大裂谷。大裂谷西边是热带雨林，这边的古猿生活得很舒适，所以它们始终没有进化。而东边由于降雨减少，森林变成了草原，古猿被迫走出"舒适圈"，来到地面生活。草原上可不像森林中有那么多食物，而且还有很多凶猛的野兽。古猿为了生存，逐渐学会了用双腿走路，这样双手得到解放，可以制作工具，抓捕猎物。另外，站立行走让它们视野开阔，能更好地提防野兽的攻击，它们慢慢进化成了南方古猿。

250 万年前，非洲气候恶化，大多数南方古猿灭绝，只有少数生命力顽强的家伙幸存下来。他们把石头和木头加工成简单的工具来捕猎，还学会了使用火来御寒和抵御猛兽。因为他们很能干，所以被称为能人。

200 万—20 万年前，一部分能人很注重自我能力的提升，开始完全直立行走。双手不用来走路了，也不能闲着，那就用来干活吧。于是他们用手制作精巧的工具，还发明了符号和简单的语言。由于他们直立行走，所以被称为直立人。

25 万—3 万年前，直立人变得越来越聪明，发明了制陶、制衣、建房子等，形成了部落。由于他们很有智慧，所以被称为智人。

智人是人属中唯一幸存下来的物种，后来进化成了现代人。

北京猿人是中国人的祖先吗？

70 万—20 万年前，在北京周口店附近生活着一群直立人，被称为北京猿人。很多人认为他们是中国人的祖先，事实是这样吗？

从北京猿人被发现时起，一些考古学家就认为，北京猿人是从非洲走出的直立人，在中国境内演化成了现代人类。

然而科学家研究了现代人群线粒体 DNA 和 Y 染色体后发现，从基因和分子学来看，中国人并没有独立的起源，北京猿人似乎和现代中国人没有关系。

大部分科学家认为，6 万—4 万年前，一部分非洲直立人来到中国南部，和当地土著原始人发生了激烈竞争。土著原始人战斗力比较弱，被非洲直立人打败而灭绝了，其中就包括北京猿人的后代。

获胜的非洲直立人在中国境内繁衍生息，进化成了智人，最终变成现代中国人。也就是说，现代中国人的祖先并不是北京猿人。

　　不过，由于距今6万到4万年间的化石线索出现了"断档"，所以目前很多观点还没有定论。也许不久的将来，随着更多人类化石的出土，科学家会搞清楚北京猿人和现代中国人的确切关系。

简狄吞玄鸟蛋生下商朝始祖是真的吗？

商朝是我国历史上的第二个王朝。传说，商朝的始祖契是人和鸟的后代，那他岂不是"鸟人"？这到底是怎么回事呢？

简狄吞蛋生下契是怎么回事？

中国最早的诗歌总集《诗》里面提到"天命玄鸟，降而生商"，这里面有一个很有趣的神话传说。

相传"五帝"之一的帝喾有一个妃子名叫简狄，她来自有娀（sōng）氏部落。她嫁给帝喾之后很久也没有怀孕，因此心情很不好。简狄的母亲得知后，带她去玄丘散心。在玄丘，简狄的妹妹建疵拉着她去玄池里洗澡。两人正洗着，忽然从天上飞来一只玄鸟，落在池塘边下了一个蛋。

　　这个蛋有五种颜色，好像女娲补天的五彩石。简狄生性好奇，想把蛋带回去，却苦于无处安放，只得把蛋含在嘴里，结果不小心把蛋吞进了肚子里。第二天回到家，简狄就发现自己怀孕了，不久之后生下了一个男孩，取名叫契。

为什么说契是商朝的祖先？

　　根据《史记·殷本纪》记载，契一直默默无闻，他之所以能走上人生巅峰，主要是因为他辅佐大禹治理洪水有功。

　　舜帝时期，洪水经常泛滥，舜帝派大禹治理洪水，并让契和后稷辅佐他。经过十多年的艰苦努力，他们终于解决了洪水泛滥的问题。因为治水有功，舜帝就把部落联盟首领的位置禅让给了大禹，同时封契为司徒，封地在商（今河南商丘附近）这个地方。

后来，契的家族后代规模不断扩大，最终，他的第十四代孙成汤推翻了夏王朝，建立了商朝。所以，商朝人都把契称为始祖。

契还有另外一个名字叫阏伯，他还是我国最早的天文学家之一。据《左传·昭公元年》记载，契曾经被封为火正，管理"火"。这里的火有两种解释：一种是管理火种，一种是管理火星。

按照第二种解释，契当时相当于部落中的司天监，专门观察星辰运动的规律。

相传，契死后被葬在了商丘古城西南 1.5 千米处，那里有距今 4000 多年的观星台遗址——阏伯台，是中国现存年代最早的观星台。

伊尹在当宰相之前是厨师吗？

　　如果从中国历史中挑选一个跨界精英，那么非伊尹莫属。伊尹是商朝的开国宰相，然而你知道吗，他原本只是一个颠勺的厨师。那么，他是如何实现华丽转行的呢？

伊尹从炒菜中悟出治国大道

　　据说，伊尹是一个弃婴。他出生在空桑（今鲁西豫东地区），那里有一大片桑树林，附近有一个部落叫作有莘氏。

　　有一天，部落中的女人们来桑树林中采摘桑叶，忽然发现地上有一个婴儿正在哇哇大哭，女人们把他带回部落，送给了部落里的一位厨师收养，这个婴儿就是伊尹。由于从小到大都在厨房里玩，伊尹在耳濡目染之间学会了做饭，长大后成为了部落中的名厨。

　　和其他厨师只会闷头煎炒烹炸不同，伊尹在做饭的同时思考世间万物，他发现做饭和治国有很多相似之处，并从中悟出了很多治国道理。有莘氏的首领听说了这事，觉得这个厨师很神奇，于是就让他给自己的老师做仆人。

伊尹如何用一锅汤实现了阶级跨越？

　　伊尹生活在夏朝末期，当时夏朝的君主桀十分残暴，百姓生活十分困难。

　　商部落的首领名叫成汤，他想推翻夏桀的统治，建立一个新王朝。然而想要造反创业，必须有贤能的人辅佐才行。

恰巧这时，伊尹的名声传遍了周围的部落。

成汤通过打探得知，伊尹是有莘氏部落的厨师。他心想："如果把他请到我的部落，不仅能满足我的物质享受，还能丰富我的精神世界，何乐不为呢？"于是成汤立即派人去有莘氏部落，想把伊尹挖过来。

可是有莘氏部落的首领不答应，伊尹在部落里很重要，既当仆人，又做厨师，一个人干俩人的活儿，还不多要工资，哪里找这么优秀又便宜的人呀？

成汤挖人失败，又想了一招，他决定和有莘氏部落联姻。有莘氏部落知道商部落很强大，思前想后，觉得这个买卖很划算。不过成汤有个条件，那就是陪嫁奴隶里面要有伊尹。有莘氏部落首领痛快答应了。很快，伊尹就跟随着陪嫁的队伍到了商部落。

成汤见到了心心念念的伊尹，决定对他进行一次入职考核。伊尹也不含糊，立即煎炒烹炸忙碌了起来，很快就做好了一桌美味佳肴让成汤品尝。成汤一边吃，伊尹一边给他讲述治国方略，成汤大受触动，立即拜伊尹为老师，让他辅佐自己治国。

伊尹做间谍？

伊尹到商部落之后，商部落的经济和政治都迅速发展起来。

而此时，夏王朝在夏桀的折腾下已经摇摇欲坠。成汤觉得是时候推翻夏朝了，于是派伊尹去刺探消息。

伊尹带着金银珠宝和美女来到国都进贡。进贡期间，伊尹悄悄搭上了夏桀的妃子妹喜这条线，成功把她策反，获得了很多重要情报。

随后伊尹返回商部落，和成汤一起发动了著名的鸣条之战，一举推翻了夏王朝，建立了商朝。

"春秋五霸"是五个厉害的恶霸吗?

春秋时期有众多的诸侯国,一些强大的诸侯为取得优势,以"尊王攘夷"的名义进行征战,争夺霸主的地位。

"尊王攘夷"的齐桓公

齐桓公继位之前是齐国的公子,姜姓,吕氏,名小白,所以也叫公子小白。

齐襄公时期,齐国内乱,兄弟父子为了争权夺势,经常大开杀戒。齐襄公是小白的大哥,他死后,齐国大乱。这时,小白和他的另一个哥哥公子纠正在外逃亡,听说王位空缺,两人展开了"马拉松"长跑比赛,谁先回国谁就能继承王位。

小白凭借好运和机智,领先一步回到齐国继承了王位,是为齐桓公。

齐桓公是管理大师，在他的治理下，齐国的国力大幅度提升。他还打出了"尊王攘夷"的旗号，意思就是说，无论是大诸侯还是小诸侯，都要拥护周天子为天下共主，共同打击那些反对周天子的人。

齐桓公召集其他诸侯在葵丘（今河南民权东北）召开诸侯大会，就连周天子也要派人来参加。这一举动说明齐桓公得到了周天子的官方认证，这也使得齐桓公成为春秋时期第一位霸主。

流浪君王晋文公

齐桓公之后，第二任霸主是晋国的晋文公。晋文公是晋献公之子，名重耳。

和齐国类似，重耳还是公子的时候，晋国也发生了内乱，当时重耳的父亲晋献公有一个宠妃叫作骊姬，她想让自己的儿子继承王位，于是陷害太子申生，重耳也被迫离开晋国。自那之后，重耳在外流浪十九年，最终在秦穆公的支持下回到晋国继承王位，就是晋文公。

晋文公非常善于治理国家，他善用人才，鼓励发展农业和商业，晋国很快成为当时的强国。对外，晋文公发兵讨伐曹国，攻击卫国，支援宋国，打败了郑国，又和齐国、秦国组成三国联军打败了楚国。之后晋文公召集齐、宋等国在践土（今河南原阳西南）会盟，被周天子封为诸侯之长，拥有了代表周天子消灭一切反动派的权力。

楚庄王问鼎中原

晋国稳坐春秋霸主交椅的时候，楚庄王很不服气。楚庄王，芈姓，熊氏，名旅（一作"吕""侣"）。

楚庄王刚当君王的时候，楚国内部乱成一锅粥。再加上晋国在城濮之战中打败了楚国，让楚庄王很没面子。为了使楚国强大起来，楚庄王十分重视社会生产和经济发展。国力恢复之后，楚庄王挥军北上，谁不服气就把谁揍一顿，打得北方诸侯不敢反抗。

楚庄王还不解气，带着军队一直打到了周天子的都城雒（luò）邑（今河南洛阳）之郊。周天子听到消息后惶恐不安，派大夫孙满去慰劳楚庄王。楚庄王问周祖庙九鼎之大小、轻重。其他诸侯更是敢怒不敢言，假装看不见。

后来，楚国在邲（bì）之战中打败了宿敌晋国，一雪前耻，靠武力征服了中原各诸侯。晋国丢了霸主的交椅，楚庄王顺势上位，成为春秋时期的第三位霸主。

手握两张王牌的吴王阖闾

吴王阖闾，姬姓，名光，又称公子光。

阖闾是东南吴国的君王，他之所以能成为春秋第四位霸主，得益于他手里的两张王牌：文臣伍子胥运筹帷幄，管理国家；武将孙武练兵强国，巩固国防。

吴国和楚国是老邻居，经常发生摩擦。楚国仗着地盘大、人口多，经常欺负吴国。吴王阖闾可没好脾气，在孙武和伍子胥的规划下，于公元前506年带兵从淮河打到汉水，与楚军五次交战，五次胜利，楚军都被打懵了。吴军攻破楚国，一度占领楚国都城郢（yǐng，今湖北荆州市荆州区西北），后因秦国救楚及吴国内乱而退兵。

公元前504年，阖闾派太子夫差率军再次讨伐楚国，迫使楚国迁都。从此，吴国威震华夏。

和吴国相爱相杀的越王勾践

春秋最后一任霸主是吴国的老对手越王勾践。

当初吴王阖闾趁着勾践的父亲去世，率兵攻打越国。但勾践可不是软柿子，立即化悲痛为力量，竟然打得吴军找不到北，方寸大乱。阖闾在乱战中受了伤，回国之后，越想越气，竟然一命呜呼了。临死前，阖闾交代儿子夫差，一定要为自己报仇雪恨。

　　后来夫差奋发图强，打败了勾践，并迫使他给自己当了三年奴隶。勾践忍辱偷生，终于得到了夫差的谅解，被释放回家。此后，他刻苦图强，卧薪尝胆，任用范蠡（lǐ）、文种等人，带领越国恢复国力，最终击败了夫差，灭掉了吴国。

　　勾践也想像阖闾那样当霸主，于是率领兵马渡过淮河，在徐州（今山东滕州南）大会诸侯，并得到周天子赏赐祭祀用的肉。从此之后，勾践也成了春秋霸主。

伍子胥为什么一夜之间白了头？

关于伍子胥，最被人熟知的就是他过昭关一夜愁白头的故事。之所以会发生这种事，主要是因为所有人都把伍子胥当成了"背锅侠"。

伍子胥是如何从公子哥变成"背锅侠"的？

伍子胥原本是楚国人，他的父亲伍奢是楚国的大夫。如果不出什么意外，"官二代"伍子胥一生都会锦衣玉食，拥有享不完的荣华富贵。

可是意外的是，就出了意外。

当时楚国的太子名叫建，楚王为了把他教育成才，就让伍奢当他的老师。所以，伍子胥和这位未来的楚王关系很铁。当时，楚王身边有一个宠臣名叫费无忌，他不喜欢太子建，担心他以后当了楚王自己没有好果子吃，于是就悄悄在楚王面前说太子建想谋反。

太子建听到风声，吓得离家出走，跑到了宋国。结果，"谋反"的黑锅就落在了伍奢一家人头上。伍奢和伍子胥的大哥都被杀了，伍子胥也被迫逃离楚国，去找太子建。

太子建跑到宋国，发现那里也不太平，又流浪到了郑国。郑国国君见他是个潜力股，对他以礼相待。但太子建觉得郑国太寒酸，就又跑到了晋国，结果在晋国出了岔子。

当时，晋国国君晋顷公想讨伐郑国，得知郑国国君对太子建很好，于是就说服太子建去郑国做内应，帮助晋国讨伐郑国。太子建想都没想就答应了下来。可是，他不小心走漏

了计划，郑国国君感到心寒，就派人刺杀太子建。本来伍子胥和这事没一点儿关系，没想到郑国也派人追杀他和太子建的儿子公子胜。

于是，他连忙带着公子胜逃往吴国。

伍子胥过昭关愁白了头是真的吗？

别忘了，这时候楚国也在派人追杀伍子胥。在两面夹击的情况下，伍子胥带着公子胜白天躲藏，晚上赶路。就这样，他们来到了楚国和吴国交界处的昭关，想要偷偷出关。可是楚王命人在这里贴了伍子胥的画像，城门守卫严格盘查。伍子胥在这里等了好几天，整天唉声叹气，一夜之间头发都变白了。

塞翁失马，焉知非福。一夜白头的伍子胥容貌和画像差别很大，他也因此轻松躲过了盘查，蒙混过关，进入了吴国。

后来，伍子胥成了吴王阖闾的智囊。他还和孙武一起带兵攻破楚国都城，也算是报了杀父杀兄之仇。

其实，伍子胥一夜白头的故事在正史中没有明确记载，很可能是后人杜撰出来的，目的就是为了表现当时情况的紧急。

秦穆公用羊皮"买"宰相是怎么回事?

如果从历代帝王中挑选出一个最会捡漏的,那非秦穆公莫属了。因为他只用了五张羊皮,就给自己换了一个得力助手。

借路给别人,却导致自己灭亡的虞国

在春秋争霸的过程中,有的诸侯国被灭掉,一些强大的诸侯国的疆域不断扩展。晋国在这场弱肉强食的大混战中不断兼并征服小国,势力迅速崛起。晋献公在位期间,把虢国和虞国作为了吞并的目标。虢国和虞国虽然地狭人稀,国力弱小,但却是同姓毗邻,结有同盟。如何拆散虢、虞国的同盟关系,是晋国首先必须解决的问题。

晋国大夫荀息想出了一条妙计:用厚礼收买虞国国君,

拆散虢、虞之间的同盟，向虞国借道攻打虢国，之后再攻打虞国。晋献公依计行事，命使者带着良马、美玉等奇珍异宝到虞国。

虞国国君看到宝贝，美得不知道东南西北了，答应了晋献公的借道要求。虞国大臣百里奚和宫之奇看出了晋国的险恶用心，提醒国君小心晋国灭掉虢国之后，顺路把虞国也灭了。虞国国君不听劝阻。随后，晋国大军穿过虞国，一举灭掉了虢国。回国路上，晋献公一高兴，心想不如把虞国也灭了吧。结果，虞国国君和大臣全都被俘虏到了晋国。

百里奚的逃亡之路

当时，中原最强的三大诸侯国分别是晋国、齐国和楚国。至于秦国，那时还比较弱小。

秦国的国君秦穆公是个有理想有抱负的人。他看出想要让秦国强大，光在自己这一亩三分地蹦跶肯定不行，于是他决定抱大国的"大腿"。

秦国东边是晋国，通过努力，秦穆公成功迎娶了晋献公的大女儿。刚巧晋献公灭掉了虞国和虢国不久，得了很多珍宝和奴隶。晋献公一高兴，就把珍宝和奴隶都当作女儿的嫁妆，送给了秦穆公。这些奴隶里面就有百里奚。

百里奚，姜姓，字里，名奚。百里奚好歹也是虞国的大夫，怎么能给别人当奴隶呢，于是他抓住机会就逃跑，一直跑到了楚国边界。

悲惨的是，刚出虎穴又入狼窝，百里奚被楚国士兵抓住了。

五张羊皮"买"来的宰相

秦穆公给晋国当女婿，根本原因还是想"抱大腿"让秦国强大。除此之外，秦穆公一直在社会上公开招聘全能人才。当他听说陪嫁奴隶里面有一个叫百里奚的很有才，兴奋得不得了。不过，当他听说这个有才的人跑到了楚国，又惋惜得不得了。

秦穆公打算为百里奚赎身，却被大臣阻止了。大家都劝他说，如果花重金来交换百里奚，楚国国君肯定就知道百里奚是个人才，就不会轻易答应了。可以贵物贱买，用一个奴隶的市价来换百里奚，楚国国君就不会怀疑了。秦穆公觉得有道理，于是派使者求见楚国国君。使者对楚国国君说："我家夫人的陪嫁奴隶逃到了楚国。我国国君为了警告其他奴隶，愿意拿五张羊皮把他赎回去当作反面典型。"

楚国国君一听，百里奚原来是个奴隶，于是同意了。

百里奚回到秦国，受到秦穆公隆重的接见。两人一见如故，促膝长谈。秦穆公被百里奚的才能折服，把国家大事都交给他处理。

　　百里奚接手了秦国政务之后，使秦国逐渐强大起来，向东能与晋国掰手腕，向西打得西戎满地找牙，为秦灭六国奠定了基础。

管鲍之交讲的是哪两个人的故事？

"管鲍之交"经常被用来形容两个人之间的友谊深厚。你知道吗，在这个成语的背后还有一个非常感人的故事呢！

又"菜"又爱玩的管仲

"管鲍之交"中的"管"指的是春秋时期齐国的名相管仲，而"鲍"指的是齐国大臣鲍叔牙。

管仲和鲍叔牙是发小，不过两家的生活条件相差比较大。管仲家条件差，家里有什么就吃什么，而鲍叔牙家条件比较好，想吃什么家里就买什么。

管仲为了过上好日子，选择外出穷游见见世面。悲催的是，世面见了，朋友也交了不少，但腰包却越来越瘪了，管仲无奈只能回到老家谋生活。他曾三次做官，三次都被罢了官，大家都说管仲没有才干，鲍叔牙却说他只是运气差而已。

管仲去参军，结果打仗的时候他总是第一个当逃兵。大家都笑话他胆小怕事，鲍叔牙却说他有老母亲要赡养。

管仲又"菜"又爱折腾，总是一事无成，为此鲍叔牙总是掏腰包帮助他。

鲍叔牙是如何用一句话让管仲翻身的？

后来，鲍叔牙和管仲都离开家乡，到齐国国都谋差事。鲍叔牙跟了公子小白，而管仲跟了公子纠。

不幸的是，齐国发生内乱，公子小白和公子纠都逃到了其他国家避难。后来齐国国君被人杀害，王位空缺，公子纠和公子小白闻讯之后，都赶着回去竞争王位。管仲为了确保公子纠成功即位，半路截杀公子小白，射了他一箭。

公子小白福大命大，成功躲过了追杀。而公子纠以为公子小白已死，放松了警惕，边玩边慢慢向国都而去。公子小白趁此机会快马加鞭，迅速跑回国都继承王位，是为齐桓公。

齐桓公是个记仇的人，刚刚即位就发兵攻打公子纠。此时公子纠在鲁国，鲁国国君听说齐国发兵，吓得赶紧把公子纠处死了。管仲则被押回齐国。齐桓公没忘记管仲的一箭之仇，于是下令处死管仲。

这时鲍叔牙站出来劝阻齐桓公，用一句话就让管仲和齐桓公双双完成了人生的逆袭。

鲍叔牙说："大王，如果您只想当个齐国国君，有我就够了；如果您想称霸天下，威服诸侯，只有管仲能帮您做到。"

齐桓公被说服了，不仅赦免了管仲的死罪，还任用管仲为相，执掌国政。管仲发挥自己的聪明才智，改革内政，发展生产，训练军队，使齐国的经济和军事实力大为提高，帮助齐桓公成为春秋时第一个霸主。

管仲之所以能取得如此成就，除了他个人的才能外，也离不开鲍叔牙的举荐。所以，后来管仲总是跟别人说："生我者父母，知我者鲍叔也。"

"战国四公子"是哪四个人？

战国时期，各诸侯国频频征战，无论是王公贵族还是普通百姓，生活都很辛苦。不过当时有一个人人羡慕的热门"铁饭碗"——门客。而当时养门客最有名的，莫过于四个人——孟尝君田文、平原君赵胜、信陵君魏无忌、春申君黄歇。后人称他们为"战国四公子"。

因为生日被抛弃的孟尝君

孟尝君是齐国人，他父亲田婴是齐宣王的弟弟。田婴有四十几个儿子，孟尝君是其中最不起眼的一个。孟尝君是五月初五出生的，田婴觉得这个生日太不吉利了，下令让孟尝君的母亲把他扔到野外去。可母亲还是偷偷地把孟尝君养大了。

孟尝君成年后才慢慢显示出特别的才能。看到这个曾被自己嫌弃的儿子如此优秀，田婴的态度来了个一百八十度大转弯，还让孟尝君继承他的爵位和封地。

齐湣（mǐn）王时，孟尝君任相国，门下门客多达数千人。

因为毛遂成功借兵的平原君

平原君是赵国人，是那位进行胡服骑射改革的赵武灵王的儿子。平原君门下的门客也有数千人，其中最著名的莫过于拥有"刀子嘴"的毛遂。

秦国不断向东扩张领土，和赵国发生了长平之战，赵国四十多万大军被坑杀，损失惨重，国力大减。随后，秦国趁机发兵围困赵都邯郸。平原君挑选了二十位门客出使楚国，希望得到楚国的救援。楚王犹豫不决，关键时刻，毛遂舍身威逼楚王，这才成功借得兵马。

随后，平原君带兵守卫邯郸，直到秦国退兵。

为救赵国偷兵符杀将军的信陵君

信陵君是魏国人，魏安釐王的弟弟。信陵君和平原君是亲戚，他管平原君叫姐夫。

信陵君手底下最出名的门客，一个叫侯嬴，是看守城门的小吏；另一个叫朱亥，是个杀猪的屠夫。

秦国攻打赵国邯郸的时候，平原君曾经向魏国借兵。但是魏王不想蹚浑水，拒绝了平原君的请求。信陵君不忍心看着姐夫的国家被灭，极力劝说魏王出兵，魏王于是派将军晋鄙带兵来到了赵国边境，随后停滞不前。

信陵君被魏王忽悠了，心里很不爽，于是听从侯赢的建议，买通了魏王身边的宠姬，偷出了兵符。可惜晋鄙不肯把兵马交给信陵君，信陵君一气之下让朱亥杀了晋鄙，然后带兵去救赵国。这就是信陵君窃符救赵的故事。

后来信陵君回到魏国，主持合纵攻秦，以上将军之职带领五国联军一直打到秦国函谷关，名扬天下。

草根出身的春申君

春申君是楚国人，他是"战国四公子"中唯——个草根出身的。春申君年轻的时候到处游历求学，文韬武略，无一不精。

春申君和楚国太子完关系很好，两个人曾经结伴到秦国做质子。楚王病重期间，春申君想尽办法带着太子完逃出秦国，回到楚国继承王位，因此春申君当上了楚国令尹。

春申君同样深知人才对于国家的重要性，门下有食客三千。

徐福东渡真的去了日本吗？

历史上有好几起失踪案，比如，唐朝杨贵妃失踪案、明朝朱允炆失踪案等。其中最令人着迷的还要数秦朝时的徐福失踪案，因为这个案件是当事人主动失踪的！

徐福寻仙的故事是怎么回事？

徐福是秦朝琅邪（今山东青岛）人，通晓算卦炼丹。

秦始皇横扫六合，统一天下之后，总想着去仙界玩一玩。可是要去仙界必须得有请帖——仙丹。于是，他策划并投资了一个大项目——修仙计划。起初，秦始皇广发招聘启事，面试了一大帮方士，徐福从众多应聘者中脱颖而出。

徐福入职大秦集团之后，整天不务正业，秦始皇问起工作内容，他能搪塞就搪塞。一转眼好多年过去了，秦始皇想要的仙丹一直没着落，徐福慌了，担心秦始皇一气之下把自己炼化了，心里特别着急。

好巧不巧，这天秦始皇做了一个噩梦，梦见自己发兵征伐东海，被一条蛟龙打败了。这件事被徐福听到了，他眼珠一转，计上心来，赶紧跟秦始皇说，前两天他已经联系上了蓬莱仙岛上的神仙，神仙说让人把仙丹送来了，可是在海上遇到蛟龙挡路，所以延误了。

秦始皇一听怒了，谁阻止我修仙，我就诛他九族。于是秦始皇命人做了一副巨大的弓弩，让徐福带路来到海上，果然发现了蛟龙，并把蛟龙杀掉了。

秦始皇满心欢喜等待签收"仙丹快递"。徐福又说，由于蛟龙挡路，神仙带着仙丹又回去了，这次得准备三千童男童女以及各类手工工匠，仙人才肯给仙丹。秦始皇一一照做，并安排了一艘大船，让徐福带着童男童女和各种财宝下海。

不过徐福从此之后再也没回来。

日本真的是徐福创立的吗？

传说，徐福担心骗吃骗喝的事东窗事发，所以编造了一个仙人要礼物的借口乘船跑路。他出海之后一路向东行驶，一直到了日本群岛。徐福一瞧，虽然这群岛是个"老破小"，好歹也能住，于是就带着这些人在岛上定居下来。随着时间的推移，徐福和这些秦人的后代繁衍生息，就形成了后来的日本国。

如今，在日本很多地方都有徐福墓，很多传统的祭祀活动都和徐福有关系。日本考古学家曾经在弥生文化遗址中发现了很多青铜器，大多数和秦朝时的风格类似，一些青铜器上还有秦国的篆文。这些证据都表明，至少在秦朝的时候，中国和日本之间就有往来了。所以，很多人坚信日本是徐福创立的。

徐福和美洲玛雅文明有什么联系？

　　还有一些专家研究发现，徐福东渡的时间和美洲玛雅文明出现的时间非常接近。再加上印第安人和玛雅人的发色、肤色都和亚洲人很接近，于是大家猜测也许徐福并没有去日本，而是穿过太平洋，来到了美洲大陆，成为印第安人和玛雅人的祖先，开创了辉煌的玛雅文明。

　　当然，无论是徐福东渡日本，还是东渡美洲，都只是传说而已，并没有确凿的考古证据支持这些猜想。事实到底如何，徐福到底去了哪里，甚至说到底有没有徐福这个人，如今都无法确定。

秦始皇陵兵马俑的主人是秦始皇还是芈太后？

如果有人告诉你，秦始皇陵兵马俑不属于秦始皇，它的主人另有其人，你会相信吗？让我们揭开尘封的历史，一起去探索一下吧！

秦始皇陵兵马俑

秦始皇陵兵马俑位于陕西西安临潼区秦始皇陵东边的陶俑坑内。这个气势恢宏的地下军团是秦始皇的陪葬品。

秦始皇是中国第一个皇帝，开创了中国历史上第一个中央集权的王朝。统一中国之后，秦始皇着手他的修仙大业，被方士们欺骗之后，他心灰意冷，慢慢接受了"人人都会死"这个事实。

于是他转变思路，想要把在人间的成就带到地府去，死后也要统一地府。要干这件大事，得有军队。从夏商开始，贵族墓葬习惯用人或者牲畜陪葬，到了春秋时期，这种残忍的殉葬方式逐渐被人摒弃，多改由人俑、动物俑殉葬。

所以，制作秦兵马俑就被提上了日程。秦始皇死后，这些兵马俑作为陪葬品被埋入了地下。

秦兵马俑是秦宣太后的陪葬品还是秦始皇的？

在大众的普遍认知里，兵马俑在秦始皇陵附近被发现，所以应该是秦始皇的陪葬品。不过有些专家认为，兵马俑属于秦始皇的高祖母——秦宣太后芈八子。

首先，秦朝时，人们都喜欢黑色，这是由于周王朝在五行里属火，秦灭掉六国，结束东周统治。按照五行学说，是水克火，所以秦朝属水，水对应的颜色就是黑色。但奇怪的是，兵马俑原本是五颜六色的，十分漂亮。并且有些色彩，比如中国紫，都是自然界不存在的颜色。

其次，一些兵马俑的发髻和服饰并不是秦朝的样式，而是楚国的。巧合的是，秦宣太后就是楚国人。在她垂帘听政那段时间，列国诸侯还在纷争，秦国也没有统一中国，所以不存在尚黑的传统。

另外，考古人员在一个陶俑上发现了文字"脾"。一些专家表示，这个字应该是"月"和"卑"。而"卑"是"芈"

的异体字，所以整合起来就是"芈月"。

这听起来似乎很有道理，但仔细分析根本站不住脚。

按照当时的制度，无论是兵器还是陪葬品，上面刻字的目的是告诉别人监工是谁。比如，有些兵器上出现"八年相邦吕不韦造"，意思是说这件兵器是始皇八年吕不韦监工制造的。陶俑上出现了"芈月"两个字，难道是秦宣太后亲自监工？

更何况，秦宣太后姓"芈"没错，但史书上没有记载她叫"芈月"。

秦始皇统一六国之后，进行了"书同文、车同轨"的改革，但并没有要求所有人都统一着装。中国地域广阔，六国文化相互交融，各地有各地的风俗，服饰和发髻不同也不足为奇。

所以，那些宣称秦始皇陵兵马俑属于秦宣太后的说法，并没有可靠的证据。

项羽真的一把火烧了阿房宫吗？

阿房宫被誉为"天下第一宫"，关于它有很多传说和未解之谜，其中最被人熟悉的莫过于项羽一把火烧了阿房宫。这是怎么回事呢？

"天下第一宫"——阿房宫

秦始皇横扫六国建立秦朝之后，下令修建一座豪华宫殿——阿房宫。阿房宫是秦朝历史重要的代表之一，也是中国国家第一次大统一和华夏民族开始形成的实物标志。唐朝诗人杜牧写过一篇文章《阿房宫赋》，在这篇文章里，他这样描写阿房宫："蜀山兀，阿房出。覆压三百余里，隔离天日。"从这句话不难看出，当时修建阿房宫花费了多少人力和物力。为了修建这座宫殿，秦始皇下令把蜀山的树全砍了制作木材。

阿房宫建成之后，绵延三百多里。

真不愧是"天下第一宫"呀！

然而秦始皇万万没想到，自己去世没几年，他那个不成器的儿子就把家底败光了。秦朝末年，各地爆发农民起义，其中以楚国人项羽为首的起义军最为强悍。

相传项羽攻入咸阳之后，看到阿房宫气势恢宏，想到这都是用天下百姓的血汗钱建造的，愤恨之下一把火把它给烧了。

项羽被冤枉了？

秦朝以来，无论正史还是野史，都说项羽烧了阿房宫，可事实真的如此吗？

阿房宫是秦始皇三十五年（公元前212年）开始修建的，动土开工仅仅过去两年，秦始皇就病逝了。此时，秦始皇陵还没修完，于是秦二世就把主要劳动力集中在秦始皇陵的抢工上。可是，没过多久，陈胜、吴广起义，秦二世焦头烂额。

考古学家在挖掘阿房宫遗址时发现，阿房宫其实只建成了夯土台基及三面墙。也就是说，阿房宫其实是个彻头彻尾的烂尾工程。

由此看来，说项羽烧了阿房宫实在是冤枉他了。

虽然项羽没在阿房宫"玩火"，但或许他当年确实放过一把大火。考古学家在兵马俑坑的夯土墙上发现了很多焦炭，因此推测当年项羽很可能在秦始皇陵周围放了火。

为什么史书上没有貂蝉这个人？

貂蝉是《三国演义》中的人物，司徒王允家的歌姬。为帮助王允翦（jiǎn）除董卓，她牺牲了自己。

貂蝉离间吕布和董卓

《三国演义》是家喻户晓的章回体小说，是根据陈寿的《三国志》改编而来的，其中就有关于貂蝉的故事。

话说东汉末年，董卓借进京勤王的机会把控了朝政，彻底把皇帝当成了"吉祥物"。朝野上下对董卓无不怨恨，但又拿他没办法。董卓有一个义子名叫吕布，骁勇善战，时时刻刻守卫在董卓身边。

司徒王允早就想杀掉董卓，可是一直没有机会下手。他有一个歌姬名叫貂蝉，不仅容貌出众，而且才华横溢。王允想出了一招离间计。他把貂蝉许配给了吕布，转手又把貂蝉献给了董卓。吕布看着自己的未婚妻和董卓整天在一起，心里自然不爽，最终，他忍无可忍，杀掉了董卓。

历史上真的有貂蝉这个人吗？

貂蝉是《三国演义》中的人物，那么在历史上，她又是谁呢？

根据《后汉书》和《三国志》中的记载，吕布原先是丁原的义子，后来为了抱住董卓的"大腿"杀掉了丁原，改认董卓为义父。起初两人父子情深，可是董卓脾气太臭，经常拿吕布撒气，所以吕布逐渐对董卓心生不满。

当时董卓独霸朝纲，想要干掉他的人不止一个，所以他每天晚上睡觉时都会让人在门外看守。这天，吕布值夜班时和一个姓傅的婢女交谈。第二天，吕布担心董卓发现这件事而责罚他，所以心情不好。

但这件事憋在心里太难受，吕布就找司徒王允喝酒，并吐露了自己的心事。王允是洗脑高手，趁机说服吕布杀掉了董卓。

由此可见，整个事件中并没有貂蝉这个人。也就是说，《三国演义》这本小说中的貂蝉也许是作者罗贯中虚构的。

貂蝉这个人物是如何诞生的？

罗贯中在写《三国演义》时，设计的貂蝉这个人物并不是毫无根据的。在罗贯中之前，其实已经存在很多关于三国故事的话本和戏曲了，其中著名的有元朝的《三国志平话》。貂蝉就是在这部话本中首次亮相的。

罗贯中借鉴了民间的三国故事，在《三国志平话》的基础上重新塑造了具有家国情怀的貂蝉。

历史上草船借箭的是孙权还是诸葛亮？

草船借箭是《三国演义》中非常精彩的一个故事，然而你知道吗，历史中借箭的人并不是诸葛亮！

诸葛亮草船借箭

《三国演义》中草船借箭的故事是这样的。

东汉末年，州郡割据、战乱不已，其中曹操的势力最强大。为了生存，刘备派诸葛亮联络孙权，共谋抗曹之计。

孙权手下有一个著名的谋士叫周瑜，他特别看不上诸葛亮。刚巧这时曹操率军来到赤壁，准备和东吴决战，整个东吴陷入了恐慌之中。周瑜想利用这个机会为难诸葛亮，让他知难而退，于是周瑜对诸葛亮说："和曹军交战也不是不行，但我们现在缺箭，想请先生十天之内造出十万支箭。"

诸葛亮胸有成竹地摆摆手，说："不用十天，三天就够了。"

　　第一天，不见诸葛亮有什么动静；第二天，仍然不见诸葛亮有什么动静；直到第三天四更时候，诸葛亮秘密地把鲁肃请到船里，并吩咐士兵把鲁肃帮忙准备的二十条船用绳索连接起来，然后趁着大雾天让士兵驾驶船慢慢靠近曹军大营。到了曹军大营跟前，诸葛亮命令士兵疯狂击鼓、呐喊。曹操看不清江面上的具体情况，担心有诈，于是只让人朝江上射箭，而不出兵。

　　曹军大营万箭齐发，箭好像下雨一样。船两边的草把子

上都插满了箭。诸葛亮满载而归，清点完毕，共有十万多支箭。周瑜见状，对诸葛亮佩服得五体投地。

草船借箭真正的主角

在历史上，草船借箭的主角并不是诸葛亮，而是孙权。

《三国志·吴主传》记载，曹操率领大军准备进攻东吴时，孙权和周瑜是主战派。而东吴的一些老臣和旧贵族是投降派。为此，孙权发了一通脾气，才把那些投降派镇压下去。

赤壁之战前夕，孙权总是在夜间带领船队去骚扰曹军。曹操看不穿孙权的把戏，再加上曹军不擅长在晚上水战，所以坚守不出。

虽然曹操知道孙权是在故意找碴儿，顺便探查一下曹军的部署情况，但他也没有办法，只能长叹一声："生子当如孙仲谋。"

《魏略》中的记载有所不同。孙权乘船向曹操发起挑衅，曹操压不住自己的暴脾气，让士兵射箭还击，结果箭全都射在了孙权的船上，导致船向一边倾斜。孙权吓一跳，赶紧让人掉转方向，箭又射在了另一边，船这才平衡。

根据这两本史籍的记载，草船借箭的主角实际上是孙权。或许《三国演义》的作者罗贯中为了突出诸葛亮的聪明才智，故意张冠李戴了。

司马懿面对诸葛亮的空城，是被吓退的，还是另有隐情？

如果在《三国演义》中挑两个人说相声，那么诸葛亮和司马懿绝对是黄金搭档。因为在空城计这个故事里，他们两个就配合得天衣无缝。

诸葛亮空城计吓退司马懿

蜀汉建兴六年（228年），诸葛亮派马谡守卫街亭，结果马谡是个银样镴枪头，中看不中用，导致魏国的大将军司马懿带着十五万大军向着诸葛亮所在的城池而来。消息很快传遍了整座城，上到大臣，下到百姓，全都慌了神。因为此时军队都被派到外面作战去了，城里剩下的都是老弱病残。

不过诸葛亮并不慌张，他和司马懿打交道多年，非常了解他。诸葛亮气定神闲地安排守城士兵拔掉城墙上的所有旗帜，守城器械和武器也通通撤下去，只留几个人在城墙上看守。接着，诸葛亮下令把四个城门全部打开，守门的士兵都装扮成老百姓在城门口扫地。

　　安排妥当后，诸葛亮坐在城楼上慢悠悠地弹起琴来。

　　不多时，司马懿带着大军杀到城门口，看到眼前的情景当时就傻眼了，这是在唱什么戏？他让士兵绕着城池查看一圈，士兵回来报告说城门都打开了，只有几个人在城门口扫地。

司马懿的儿子司马昭见状十分高兴，想要带一队兵马杀进去，司马懿却拦住了他。司马懿见诸葛亮如此淡定，怀疑城内有伏兵，于是下令禁止攻城，并带兵原路返回了。

为什么司马懿看穿了空城计，却没有进攻？

当时曹操已经去世多年，虽然当年司马懿跟着曹操南征北战，功勋卓著，也为魏文帝曹丕信重，但改朝换代之后，司马懿遭到了打压。如果不是司马懿还能带兵打仗，并且能和诸葛亮相抗衡的话，他是不会被重用的。也就是说，对于魏国来说，诸葛亮是兔子，而司马懿是猎犬。俗话说，"狡兔死，走狗烹"。兔子被抓到了，还要猎犬干什么？

所以说，在沙场和官场混迹了几十年的司马懿，早就看穿了诸葛亮的空城计。他实际上在扮猪吃老虎。因为他和诸葛亮就相当于硬币的正反面，虽然是敌人，但也相互依存。如果他攻进城去，打败了诸葛亮，那么魏国最大的威胁就没有了，魏明帝就会对他下手。

所以，司马懿索性将计就计，立即撤退，留下诸葛亮这个对手，魏国就还需要自己。

唐朝这两个大将是怎么变成门神的？

　　每到春节，家家户户都要贴门神，你可能不知道，有两个门神原本是唐朝的大将军。那么，他们为什么会从将军变成门神呢？这还要从唐太宗失眠的问题说起。

玄武门之变是怎么回事？

　　隋朝末年，各地都爆发了起义。原本是隋朝大臣的李渊在晋阳（今山西太原西南）起兵，经过数年征战，建立了唐王朝，他就是我们所说的唐高祖。李渊称帝后，立大儿子李建成为太子。不过，在李渊打天下的过程中，他的二儿子李世民的功劳比李建成还大。而且，唐朝建立之初，还有很多割据势力和起义军威胁着唐王朝，比如王世充、窦建德等。

　　李世民南征北战，慢慢消除了这些威胁，把唐朝的控制范围不断扩大，最终稳固了唐朝政权。在这个过程中，李建成心里有点发虚了，因为论实力和功劳，他都比不过李世民。他担心李世民抢夺自己的太子之位，便在私下里向李渊说李世民的坏话，诬陷李世民谋反。于是掀起了太子党和秦王党的争斗。

武德九年（626 年）李世民带兵埋伏在玄武门。当李建成骑马从这里经过时，李世民杀掉了李建成，这就是历史上著名的"玄武门之变"。

李渊见儿子自相残杀，心里郁闷极了，皇帝也不想当了，于是传位给李世民。李世民就是唐朝的第二位皇帝唐太宗。

大将军是如何变成门神的？

相传，李世民当了皇帝之后，晚上睡觉经常做噩梦。大概是因为打天下的时候打仗杀了很多人，而且又在玄武门杀了自己的大哥，心里愧疚又害怕，所以总是做噩梦。

时间一长，李世民都有点神经衰弱了，宫殿里但凡有点风吹草动，他就吓得不行。

李世民手底下的大臣都是当年和他出生入死的兄弟，大家看他天天无精打采、眼圈发黑，就忍不住询问怎么回事。李世民一五一十说了，大家帮他想了很多办法，但都不管用。

后来大将军秦琼和尉迟恭商量道："不如咱俩给皇上站岗吧。"就这样，每天晚上李世民睡觉时，秦琼和尉迟恭都在门口守着。还别说，这招真管用。从此之后，李世民再也没做过噩梦。

　　不过，秦琼和尉迟恭作为大将军，白天练兵，晚上站岗，身体也吃不消。李世民一琢磨，找来画师给两人画像，然后把他们的画像贴在门上。很快，李世民的这个举动传到了民间，人们也希望两位将军能保佑自己家宅安宁，于是也把他们的画像贴在门上，就这样两人成了门神。

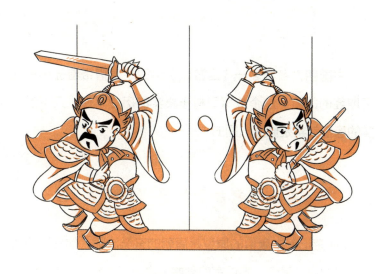

为什么说唐僧取经其实是"偷渡"？

中国四大名著之一《西游记》讲的是唐僧带着徒弟去西天取经的故事。这个故事取材于真实的历史事件，只不过真实的唐僧其实是偷渡出国的！

唐朝高僧成名前竟然是"偷渡客"？

《西游记》中唐僧的原型是唐朝的玄奘法师，他是唐朝初期著名的佛法高僧，唯识宗的创始人之一。

玄奘出家之前叫陈祎，洛州缑（gōu）氏（今河南偃师缑氏镇）人。

玄奘对佛法非常痴迷，每天除了吃饭睡觉就是钻研佛法。为了增进自己的修为，玄奘经常和其他高僧交流佛法。交流的机会多了，他就发现了一个大问题：很多经书由于翻译等问题，质量参差不齐，甚至同一本经书有好多版本。于是，玄奘有了一个大胆的想法：去天竺学习，求得解决之法。

玄奘想出国，可不像《西游记》里写的那样，拿着通关文牒就能畅通无阻。真实的情况是，当时唐朝刚刚建立，国力不强，和周边邻国的关系也不融洽。所以，为了边境安稳，唐朝严禁百姓私自出关。

玄奘要去天竺，写了很多申请书，但都被朝廷拒绝了。

朝廷不允许，玄奘只能铤而走险，偷渡出去。他先来到凉州（今甘肃武威），凉州都督看出了他的小九九，劝他老实回长安待着，玄奘不听。在凉州期间，玄奘经常给人讲经说法。他讲的佛法获得了凉州西运寺慧威法师的称赞，慧威法师让自己的弟子悄悄护送他到了瓜州（今甘肃酒泉）。在这里，玄奘认识了一个叫石磐陀的胡人。石磐陀请求玄奘为他传戒，跟玄奘一起去天竺。这个胡人就是孙悟空的原型。石般陀跟着玄奘风餐露宿，很快就坚持不下去跑掉了。

四年之后，玄奘历经千辛万苦终于到达了天竺。

大雁塔真的是唐僧的"翻译馆"吗？

玄奘在天竺的那烂陀寺向戒贤法师学习佛法。后来，玄奘又游学天竺各地，与一些学者展开辩论，名震五天竺，还惊动了戒日王。

戒日王崇尚佛教，便派遣使者邀请玄奘到曲女城参加辩论大会。戒日王命玄奘为论主，宣讲观点、主张，无人能提出诘难，无人敢与玄奘辩论。最后，玄奘获胜，戒日王还邀请玄奘参加五年一次的无遮大会。会后，玄奘决定动身回国。

玄奘在天竺待了十几年，于贞观十九年（645年）回到长安，受到了唐太宗的热情迎接。之后，玄奘在大慈恩寺主持寺务，领管佛经译场，专门翻译经、论。他还在寺内亲自督造了大雁塔，用以贮藏其从天竺带回的经像。

翻译之余，玄奘也搞创作，他最著名的作品莫过于《大唐西域记》。该书是根据玄奘的口述，由其弟子记录成书的。

"狸猫换太子"是真事吗？

"狸猫换太子"是《包公案》《三侠五义》等明、清小说中为人所熟知的迷案之一。那么，历史上到底有没有这件事呢？

《三侠五义》中的"狸猫换太子"

话说宋朝的皇帝宋真宗嫔妃无数，可就是没有儿子，这让他很郁闷。

恰好有一年，宋真宗的两个妃子李妃和刘妃同时怀孕，一个是李妃，另一个是刘妃。突如其来的喜讯，让宋真宗非常高兴，他宣布谁要是先生出儿子，就立谁为皇后。这让刘妃和李妃备受鼓舞，全心全意养胎。

刘妃是一个嫉妒心强的女人，她的预产期在李妃之后，因此她每天晚上都睡不好觉，担心李妃生了儿子被封为皇后。后来，刘妃想了个办法，她买通了太监郭槐，在李妃生产的当天晚上，她让郭槐弄了一只被扒了皮的狸猫，偷偷把李妃的儿子换走了。

很快，李妃生下狸猫的消息传遍了皇宫大内，宋真宗非常迷信，认为这是不祥之兆，于是把李妃打入了冷宫。不过，令刘妃没想到的是，被换掉的李妃的孩子并没有被郭槐杀害，而是被太监陈琳和宫女寇珠偷偷带出了皇宫，交给八贤王抚养。

不久，刘妃生了个儿子，被立为太子，她也因此被封为皇后。谁知六年后，小太子就夭折了。宋真宗又没儿子了，无奈把八贤王的儿子过继过来，立为太子。这个孩子就是当年李妃所生的儿子，也就是后来的宋仁宗。

后来，包拯遇到了流落民间的李妃，他查明了事情的真相，并禀告了宋仁宗。宋仁宗这才知道自己的生母是李妃。已做了太后的刘氏知道阴谋败露，畏罪自杀了。

历史上的"狸猫换太子"是怎样的？

根据《宋史》记载，宋真宗当年确实没有儿子。当时他非常宠爱刘妃。刘妃本名刘娥，是宋真宗赵恒的第三任皇后。

刘娥原本是民间女子，后来被宋真宗看中，招选进入宫廷。刘娥非常机敏聪慧，虽然出身寒微，但通晓史书，很有政治才干。刘娥经常帮助宋真宗处理政事，所以受到宋真宗倚重。

刘娥和宋真宗虽然很恩爱，但他们没有儿子。刘娥身边有一个姓李的侍女，得到了宋真宗的宠幸，还为他生下一个儿子。刘娥将这个皇子取为己子，并让杨淑妃代为养育。

宋真宗去世后，他的儿子即位，是为宋仁宗。宋仁宗年幼，刘娥就以皇太后的身份垂帘听政。宋仁宗之前一直不知道自己的生母是李氏，直到刘娥去世后，燕王赵元俨才告诉了宋仁宗实情。

所以，历史上并没有"狸猫换太子"的事实。

历史上真实的杨家将有电视剧里那么厉害吗？

杨家将的故事可谓家喻户晓，佘太君、杨六郎、杨宗保、穆桂英等人也为大家所津津乐道。其实，他们的故事都是戏剧家虚构的。那么，真实的杨家将是怎样的呢？

猛将"杨无敌"

杨家将中杨继业的原型是北宋名将杨业。

宋朝建立之前，中国处于五代十国的分裂局面。杨业的父亲杨弘信为后汉麟州刺史。杨业在军事上表现出非凡的才能，在北汉皇帝刘崇帐下为将。北汉的主要敌人是辽，杨业作为一员猛将，经常将辽军打得屁滚尿流，所以辽国人都叫他"无敌"。

然而好景不长，宋太宗赵炅欲统一北方，于太平兴国四年（979年）发兵攻打北汉，杨业随北汉主降宋，任知代州兼三交驻泊兵马部署。

杨业雁门关一战成名

太平兴国五年（980年），辽发兵十万攻打雁门关，正好给了杨业一个表现的机会。他知道自己的兵力无法和辽军抗衡，于是带着数百骑兵抄小路绕到辽军后方。与此同时，宋将潘美率主力军阻击辽军，与杨业一起给辽军来了一个前后夹击。果不其然，辽军被打得阵脚大乱，仓皇逃跑，死伤惨重。这就是历史上著名的雁门关之战。

雍熙三年（986年），赵炅准备妥当，下达了北伐的指令，宋军分三路，目标是收复燕云十六州。

杨业与潘美率西路军收复云、应、寰（huán）、朔四州。但因东路军失败，奉命撤军，并护送云、应等四州之民撤退。此时，契丹兵势甚盛，杨业决定采用迂回战术，却遭到潘美和王侁（shēn）等人的反对和诬蔑，被迫冒险迎敌。

不过杨业一点也不鲁莽，他和潘美、王侁商量好，由潘、王二人在陈家谷口（在今朔州南）设下埋伏，他把契丹军引到这里。

潘美等人却擅离谷口，不久听到杨业兵败的消息后，非但不去救援，反而带兵逃跑。杨业拼死血战，辗转退至陈家谷口，却不见援兵，最终被俘。杨业拒不投降，绝食三天而亡。

宋太宗赵炅知道这个消息后痛心不已，追赠杨业为太尉、大同军节度使。潘美削三任，王侁等除名编管。

杨家将三代守护北宋

历史上的杨家将没有像小说和戏曲中那样子孙满堂、名将辈出。

杨业在北伐中战死后，他的儿子杨延昭承袭了父亲的职位，为北宋效力。杨延昭的成名战是在今河北徐水附近的遂城，他仅凭数千兵力抵挡住了萧太后二十万大军的入侵。所以，后人把这里称为"铁遂城"。

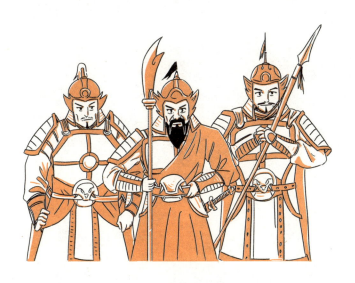

杨延昭的儿子杨文广也是战功累累。杨文广扬名立万的时候，北宋已经趋于稳定，他的主要活动轨迹在西南。他曾经跟随范仲淹征战延州，后来和狄青一起平定了侬智高之乱。"澶渊之盟"后，杨文广驻守西北，与西夏国作战。

杨文广去世之后，杨家将的名声就没落了，之后再也没有出过将才。

苏东坡是如何发明东坡肉的?

你吃过东坡肉吗？东坡肉实际上就是大块的红烧肉。相传，东坡肉是宋朝大词人苏东坡发明的，真是这样吗？

"祸从口出"的苏东坡

苏轼是宋朝著名的文学家、书画家。才华横溢的苏轼步入仕途后却并不顺利。

苏轼进入朝廷当官的时候，正好是王安石变法的关键时期。当时宋神宗对王安石特别支持。不过苏轼对新法颇有微词，因此得罪了变法派以及宋神宗本人。于是宋神宗直接把他调到了外地工作。

苏轼下基层之后，看到新法施行使老百姓的生活变得更加艰苦，于是在给皇帝的上表中陈述了新法的弊端，变法派大臣为了打击苏轼，联名上书弹劾他攻击朝政。不仅如此，变法派大臣还从苏轼的诗词中找出一些牵强附会的证据，罗织了一大堆罪名，牵扯出了很多人，这就是著名的"乌台诗案"。而苏轼本人因此被囚禁了一百多天，差点丢了性命。

所幸，苏轼的朋友把他营救了出来。出狱之后，苏轼丢了官，被贬到湖北黄州。在那里，苏轼苦中作乐，住在一个小山坡上，并自称"东坡居士"。

因为贪吃，苏轼发明了一道菜

苏轼不光在诗词文章方面造诣颇深，对烹饪也有自己独到的心得，创制了很多菜品，其中最著名的莫过于东坡肉。

相传，当时的黄州交通闭塞，经济不发达，既没有什么消遣娱乐，也没有特色小吃。

不过上天不仅给了苏轼一张刁钻的嘴，还给了他一双发现的眼睛。他发现当地贵族不喜欢吃猪肉，而穷人家里没油，调料也不全，不会做猪肉。所以，当地市场上猪肉供应充足，而且价格不贵。

苏轼发挥他的创新精神，加调料，文火细焖，终于找到了猪肉的最佳吃法。吃一口，赛神仙啊！东坡肉很快在黄州流行开来。

后来，苏轼又被调到杭州担任知州。他带领百姓在西湖边修筑堤坝，后来人们称之为苏堤。堤坝建成之后，苏轼亲自下厨做东坡肉给工人们吃，大家吃了都惊呆了，觉得太美味了。

很快，杭州当地的大酒楼都引进了苏轼的东坡肉，使之成为当时杭州的一道名菜。如今，东坡肉越传越广，已发展成为一道风靡全国的名菜。

明末"三大案"到底是什么？

明朝末年，皇宫中发生了三起案件，至今都没有人能查出真相。这三大案件就是梃（tǐng）击案、红丸案和移宫案。

梃击案——疯汉持棍闯宫刺杀太子

明神宗名叫朱翊钧，是明朝第十三个皇帝。明神宗最喜欢的妃子是郑贵妃，他们的儿子叫朱常洵。明神宗想让朱常洵当太子，但大臣们不同意，因为朱常洵不是长子。

因为立太子的问题，明神宗和大臣们发生了多次争执，甚至采取了激烈的措施。不过最后，明神宗不得不作出妥协，立长子朱常洛为太子。

然而明神宗不喜欢朱常洛，因此朱常洛这个太子当得十分尴尬。

万历四十三年（1615年）的一天黄昏，皇宫里突然闯入一位不速之客——一个名叫张差的人。他手持枣木棍，闯入太子朱常洛居住的慈庆宫，企图冲进去杀掉太子，被门口的太监挡了下来。最终张差被关进天牢，刑部主事亲审，张差供认是受郑贵妃身边的太监庞保、刘成指使的。随后，万历皇帝下令把张差、庞保、刘成处死。这就是著名的梃击案。

梃击案的疑点在于，郑贵妃不会傻到明目张胆地派人去刺杀朱常洛，这不是明摆着此地无银三百两吗？经过历史学家考证，猜测这可能是朱常洛自导自演的苦肉计，目的就是敲打郑贵妃。

当然，真相如何，如今已经无从考证。

红丸案——皇帝吃了红丸"升仙"了

明神宗去世之后，太子朱常洛顺利登基当了皇帝，是为明光宗。即位后不久，明光宗就病重了。奇怪的是，他没请太医来给自己治病，而是让御药房太监崔文昇给自己开了药方。不出意外的话，明光宗发生了意外，吃完崔文昇开的药之后上吐下泻，病情加重。

明光宗还没当够皇帝呢，他可不想一命呜呼。他想起了鸿胪寺丞李可灼，便传李可灼入宫诊治。李可灼诊断后拿出一红丸，自称仙方。明光宗听了满心欢喜，一口吞下红丸。

明光宗用药后稍有好转。李可灼又献上一颗红丸，明光宗服下后就去世了。这就是红丸案。

移宫案——大臣强迫太子养母搬家

明光宗去世之后，当由他的长子朱由校即位。朱由校当时年纪还很小，再加上他的生母早就去世了，他一直由李选侍抚养。所以，李选侍借着照顾太子的名义搬进了乾清宫，想要垂帘听政。

朝臣杨涟、左光斗等不同意她这种做法，于是聚集到乾清宫门前，逼李选侍搬到哕鸾宫，并拥朱由校即位。这就是移宫案。

康熙智擒鳌拜是故事还是真有其事？

武侠小说《鹿鼎记》中有这样一段情节：韦小宝混进皇宫里，和康熙帝成了好朋友，并帮他训练了一批摔跤手，擒住了大奸臣鳌拜。那么，真实的历史又是怎样的呢？

鳌拜居功自傲，逐渐膨胀

康熙帝，本名爱新觉罗·玄烨，康熙是他的年号。

鳌拜，全名瓜尔佳·鳌拜，号称"满洲第一勇士"，入关后镇压农民军，积累了不少的战功。顺治帝亲政后，擢领侍卫内大臣。康熙帝登基时，鳌拜与索尼、苏克萨哈、遏必隆受顺治帝遗命为辅政大臣，辅佐年幼的康熙帝。

康熙帝即位时只有八岁，自然没有能力管理那么大的国家。所以，辅政大臣具有举足轻重的作用。

四个辅政大臣之中，索尼为四朝元老，年龄最大，列辅臣首位，鳌拜不敢与之争锋；苏克萨哈为人耿直，遇事常与鳌拜争论；遏必隆与鳌拜同属一旗，鳌拜施以拉拢，把他作为自己的辅助力量。

康熙六年（1667年），索尼病逝，鳌拜独擅大权，结党营私。这年七月，康熙帝亲政，苏克萨哈提出引退，却被鳌拜诬陷致死。此时，辅政大臣只剩下鳌拜及唯鳌拜之命是从的遏必隆。鳌拜不把康熙帝放在眼里，朝中大事独断专行，甚至随便处死大臣，为祸朝纲。

康熙帝虽然年轻，但也不是受气包，于是决心想办法除掉鳌拜。

康熙偷偷练兵，智擒鳌拜

鳌拜武功高强，又掌握兵权，康熙帝不敢轻易动他，只能智取。

康熙帝明目张胆地在皇宫内训练摔跤手，这些摔跤手完全听从康熙帝的指挥，效忠于他。鳌拜很快知道了这件事，不过他以为是年轻的康熙帝贪玩而已，所以没放在心上。

康熙帝还将鳌拜的亲信、党羽先后派遣出京，以削弱鳌拜的势力。一切准备就绪后，康熙帝就等待关键的那次机会到来。一天，康熙帝召见鳌拜。鳌拜像往常一样大摇大摆地走进皇宫。没想到鳌拜刚露面，康熙帝一声令下，十几个精壮小伙子就把猝不及防的鳌拜扑倒了。虽然鳌拜号称"满洲第一勇士"，但好虎架不住群狼，很快就被制服了。康熙帝指示议政王等严加审讯。经议政王审讯，议定鳌拜犯有三十条罪状，然后把他囚禁起来。最终，狂妄的鳌拜老死在了牢房中。

由此可见，康熙智擒鳌拜在历史上是真实的。只不过这里面并没有韦小宝的帮忙，韦小宝只不过是《鹿鼎记》的作者金庸虚构出来的人物。

孩子好奇，父母却难以回答的问题

姜蒙 著

2

成都地图出版社

图书在版编目（CIP）数据

孩子好奇，父母却难以回答的问题.2 / 姜蒙著.
成都 : 成都地图出版社有限公司 , 2025. 2. -- ISBN
978-7-5557-2737-8

Ⅰ . Z 228.1

中国国家版本馆 CIP 数据核字第 2025F 1C 571 号

孩子好奇，父母却难以回答的问题 2

HAIZI HAOQI, FUMU QUE NANYI HUIDA DE WENTI 2

著　　者	姜　蒙	
策划编辑	郭　靖	
责任编辑	陈　红	
封面设计	丫丫书装·张亚群	
内文排版	小蘑菇	
出版发行	成都地图出版社有限公司	
印　　刷	运河（唐山）印务有限公司	
经　　销	全国各地新华书店	
开　　本	880 毫米 x1230 毫米　1/32	
总 印 张	21.75	
总 字 数	380 千字	
版　　次	2025 年 2 月第 1 版	
印　　次	2025 年 2 月第 1 次印刷	
书　　号	ISBN 978-7-5557-2737-8	
定　　价	152.00 元（全 4 册）	

目录
CONTENTS

世界上有长生不死的生物吗？

有一种生物可以长生不死，哪怕经历毁天灭地的灾难还能存活，它就是地表最强生物——水熊虫。

水熊虫是"三体人"吗？

水熊虫是一种微小的节肢动物，生活在水中。它身长大约 1 毫米，有 8 条腿，长得像微缩版的黑熊。不过它的身体是透明的，没有五官，只有一张嘴。水熊虫不是在吃东西，就是在吃东西的路上。

水熊虫是地球的老住户，在地球上生存了 5 亿年，躲过了几次生物大灭绝，堪称地表最强生物。

有人怀疑它是"三体人"，因为它修炼了一门绝技——脱水。

遇到灾难时，比如低温、缺氧和干旱，水熊虫会把自己蜷缩成桶状，快速失去身体中的大部分水分，只保留3%的水，新陈代谢降到正常值的0.01%，处于假死状态。等环境中的氧气和水恢复正常后，水熊虫又能恢复原样。

这不就是"三体人"吗？

其实，这是"隐生"大法。靠着这个独门绝技，水熊虫能在接近宇宙最低温度绝对零度（-273.15℃）的环境中存活，就算在完全没水的干燥环境下，它依然能活10年。

不仅如此，水熊虫还能承受极端压力。如果把一辆小汽车放到马里亚纳海沟的最深处，那里的水压会把它压成铁片，而水熊虫能在6倍于马里亚纳海沟的水压下生活。

水熊虫穿着蛋白质"铁布衫"

失水虽然能躲过缺氧和缺水，但如何抵抗干旱和辐射呢？别担心，水熊虫有办法，它穿着一套多功能蛋白质"铁布衫"。

水熊虫体内有一种叫作CAHS-8的特殊蛋白质，失水后能保证体内剩余的水分不会继续散失，避免变成肉干。法国格勒诺布尔－阿尔卑斯大学的马丁·布莱克利奇博士研究发现，当水熊虫失水后，其体内的CAHS-8蛋白质会聚到一起，形成多孔网络，将体内仅存的水和对生命活动十分重要的蛋白质保护起来。当环境改善后，CAHS-8 蛋白质又会分散成蛋白质纤维，将蛋白质小分子释放出来，激活生命。

　　另外，水熊虫还有一件"防辐射服"——损伤抑制蛋白（Dsup 蛋白），它能和水熊虫的 DNA（脱氧核糖核酸）结合，保护 DNA 免受辐射损伤，从而帮助水熊虫抵抗辐射。因此，即使暴露在 570000 拉德的核辐射下，水熊虫也不会死亡，这个辐射量是人类能承受辐射量的 1000 倍。

水熊虫是基因修复专家

虽然水熊虫能抵抗辐射，但为了万无一失，它还是准备了"B 计划"。

水熊虫知道，一旦 Dsup 蛋白没能保护住 DNA，它就彻底完了。为此，它专门"学习"了基因修复技术。

在水熊虫体内有很多超氧化物歧化酶基因和 MRE 11 基因，它们是减轻 DNA 氧化损伤和修复损伤的"利器"。如果水熊虫从"隐生"状态恢复正常时，DNA 出现了损伤，这些基因会立即变成维修工，开始修修补补，保证 DNA 发挥正常功能。

正是由于水熊虫进化出这么多"黑科技"，它才可以永生不死。只要宇宙不爆炸，水熊虫就能永远存活。当然，被捕食或者被捏死的情况除外。

动物也会有强迫症吗?

强迫症是一种以强迫思维或强迫行为为主要特征的精神障碍,一般出现在高等动物身上。

然而,有一种低等的小虫子竟然也有强迫症,并且不能被治愈,一旦治愈,它就会无法生存。

陆地上的甲壳动物

潮虫学名鼠妇,是一种用鳃呼吸的等足目卷甲虫科节肢动物。它的亲戚遍布海洋,比如对虾、螯(áo)虾、大王具足虫等。潮虫在亿万年前从海洋搬迁到陆地,是为数不多的获得陆地"永久居留证"的甲壳动物。

由于潮虫仍然使用鳃这种"潜水器"呼吸,所以,如果长时间待在干燥的环境下,潮虫会因无法呼吸而死去。为了避免这种情况发生,潮虫这才患上了强迫症。

潮虫是走迷宫高手

科学家做过一个有趣的实验——让潮虫走迷宫。

潮虫在行进过程中如果遇到岔路口先左拐，那么，到第二个岔路口时，它一定会向右拐，接下来就会左、右交替。同理，如果它在第一个路口右拐，那么，在第二个路口一定向左拐，然后右、左交替。很快，潮虫就会从迷宫里走出来。也就是说，潮虫在改变行进路线的方向时，有明显的"强迫症"。

20世纪60年代，科学家就发现了很多无脊椎动物的这种交替行为特征。1985年，新西兰坎特伯雷大学的生物学家

R. N. 休斯研究潮虫的交替行为时发现，潮虫的这种行为和蚂蚁用触角探索世界不一样，哪怕切除了潮虫的触角，它依然能做出交替行为，这说明交替行为是一种天生的、自发的行为，和身体的器官没有关系。

科学家把这种行为叫作交替性转向反应或者迷宫自发交替行为。

潮虫的"迷踪步"

潮虫的"强迫症"其实是为了更好地生存而"患上"的。

当初潮虫的祖先从海洋搬到陆地，人生地不熟，为了适应陆地的环境，抵抗天敌，这才自创了"迷踪步"。

举例来说，潮虫不小心走到了干燥的环境，如果一直左转或者一直右转，就会在原地转圈，直到脱水窒息。遇到敌人时，潮虫如果总是走直线也很容易被敌人追上。

为了生存，潮虫施展独创的"迷踪步"，不走直线，也不转圈，左拐一下，右拐一下，把敌人搞得团团转，从而顺利逃掉。

你瞧，一种小虫子竟然有这么多小心机，真是大自然的奇迹呀！

蚊子每次吸血时都能精准找到血管吗？

炎热的夏季，最让人讨厌的莫过于蚊子，吸完血还要留下一个大包，让人奇痒难忍。好在蚊子吸血时"下针"的命中率低到离谱，否则我们很容易就被它们吸干啦！

蚊子是追踪高手

蚊子身上"装备"了很多灵敏的"探测器",能准确探测出二氧化碳、体温、气味和声音等信号。

二氧化碳"探测器"帮助蚊子感受人体呼出的二氧化碳浓度。

体温"探测器"能帮助蚊子感受人体的体温变化。

气味"探测器"帮助蚊子寻找人体散发出的乳酸和尿素的味道。

声音"探测器"使蚊子对低音非常敏感,比如人的呼吸声。

借助这套侦察设备,蚊子能轻松锁定人身上血管的位置,进而饱餐一顿。

吸血是一台精密的外科手术

蚊子吸血并不是"噗"一下把嘴刺进血管里,然后"咕嘟咕嘟"畅饮。蚊子吸血的过程堪称一台世界级的微创外科手术。

蚊子的嘴巴结构复杂,粗看是一根细长的针。实际上,这根"针"里包含6根管子:一根叫上唇,负责吸血;一根叫舌,负责抗凝和麻醉;剩下4根负责切开皮肤。

吸血时,蚊子先用上下颚切开人的皮肤,在皮肤组织里寻找血管的位置。蚊子寻找血管的方式很粗暴，就是在皮肉中来回搅动。一旦找到血管，上唇刺进去吸血，舌负责向人体注射"麻醉剂"和"抗凝血剂"。在这个过程中，蚊子也会把随身携带的病毒、疟原虫等注入人体内。

不难看出，蚊子吸血时不是一针针地戳，而是用"手术刀"进行了一台微创手术。吸完血之后，蚊子注入人体的物质会引起人体皮肤红肿，并形成一个大包。

蚊子想吃顿自助大餐不容易

虽说蚊子的外科手术技术很高明，但面对香喷喷的血液自助餐，它们成功吃到的概率只有 50%，甚至更低。

法国巴斯德研究所做过一个实验，让 200 只蚊子叮咬一只被麻醉的小白鼠，结果只有 46.5% 的蚊子成功吃到这顿自助餐。而这 46.5% 的蚊子里只有 10% 能一次吃饱。综合计算的话，只有不到 5% 的蚊子能够一次吃到满足。

实验表明，寻找血管时，91% 的情况下蚊子要在皮肉组织里"挖掘"3~5 次，平均需要 150 秒。也就是说，哪怕面前摆着大餐，蚊子也要至少先经历 2 分半钟的努力才能吃到。而实验中一次性喝饱的蚊子平均花费 240 秒，也就是 4 分钟左右。

而在这 4 分钟的时间里，蚊子随时都可能被一记"铁砂掌"打得一命呜呼。

蚊子会叮咬它的同类吗？

在全球已知的 3000 多种蚊子中，吸食人血的蚊子只占少数，其中还只有雌蚊会吸血。在蚊子家族中有一群"奇葩"，它们不仅不吸血，还专门吃其他蚊子。

五大三粗的素食主义者

象蚊是世界上体型最大的蚊子之一。成年象蚊体长可达 30 毫米，翅膀展开有 40 毫米长。象蚊的口器像大象的鼻子，所以被叫作象蚊。

然而，拥有得天独厚吸血利器的象蚊却从不吸血，反而对甜甜的花蜜、果汁感兴趣，是真正的素食主义者。

象蚊拥有敏感的触角，能在丛林中准确感受到甜味的化学信息，从而锁定美食的位置，然后伸出长长的口器，像喝饮料一样美美地喝上一顿。

变态发育的杀手

象蚊不吸血，看起来人畜无害，但对于其他蚊子来说它却是致命杀手。

象蚊是变态发育，经过卵、幼虫、蛹、成虫 4 个发育阶段。它们的幼虫生活在水中，体格比其他蚊子的幼虫大得多，当然也就吃得多。于是附近水域的其他蚊子的幼虫和小型水生微生物就成了象蚊的美味大餐。

象蚊幼虫的口器特别锋利，它像一台进食机器不停地吃。根据科学家估算，一只象蚊幼虫一天可以吃掉大约 40 只其他蚊子的幼虫。它整个"童年"期间，大约会吃掉 5300 只其他蚊子的幼虫。

有意思的是，在象蚊变成蛹之前，会杀死其他蚊子的幼虫，却不会吃掉它们，这其中也包括它们自己的同类。研究人员推测，这是因为象蚊幼虫在变成蛹时非常脆弱，为了防止敌人报复，才会这样做。

大义灭亲的灭蚊利器

既然象蚊能消灭吸血的蚊子，那么为什么不利用这一点来对付蚊子呢？实际上，科学家确实做过这方面的实验。

1978 年，科学家在萨摩亚引进了象蚊的幼虫，经过一段时间发现，这里的吸血蚊子明显减少了。经过不断实验，科学家已经掌握了利用象蚊消灭蚊子的技巧。不过想要在没有象蚊的地区引入象蚊并用它们来消灭吸血蚊子，还需要漫长的时间允许象蚊形成种群优势。否则，引进的象蚊很容易被"地头蛇"——本地蚊子消灭。

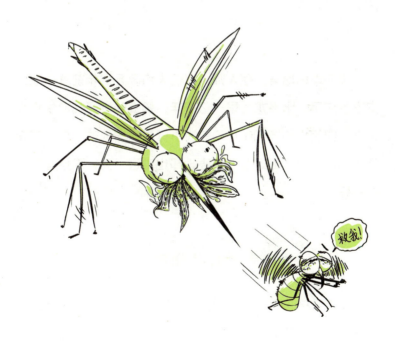

打不死的"小强"真的没有天敌吗？

蟑螂堪称地球生存大师，它们大约 3.5 亿年前就在地球安家落户了，比恐龙还早一亿多年。蟑螂躲过好几次生物大灭绝，即使大约 6500 万年前的小行星撞击地球，它们都安然无恙。然而，蟑螂虽然厉害，却也难逃一死，而且是最悲惨的死法！

扁头泥蜂的摄魂大法

蟑螂号称"打不死的小强"，却有一个让它闻风丧胆的天敌——扁头泥蜂。

扁头泥蜂是膜翅目泥蜂科昆虫，通体青绿色，很有时尚范儿。但千万别被它美丽的外表迷惑，它可有一根让人魂飞魄散的毒针！

　　每当繁殖季节，雌性扁头泥蜂就化身潜伏高手，潜入蟑螂巢穴，用毒针将它麻痹。第一针刺中蟑螂的神经，让它失去行动能力；第二针刺中蟑螂的大脑，让它失去逃跑的念头。中了毒针的蟑螂就像被抽走了"三魂七魄"，变成了提线木偶。扁头泥蜂只要拉着蟑螂的触角，蟑螂就会乖乖跟它回到巢穴里。

　　接下来，蟑螂就要面对地狱般的囚徒生活了。

一不小心变成"肉票"

扁头泥蜂生下孩子后就会离开。为了避免孩子饿死，扁头泥蜂在没有反抗能力的蟑螂腹部产下卵，随后的日子里，卵孵化成幼虫，然后幼虫咬破蟑螂的肚子，钻到它体内，啃噬它的内脏获取营养物质。就这样，生存大师蟑螂悲惨地变成了长期"肉票"和"育婴室"。

虽然扁头泥蜂不亲自照看孩子，但它考虑得很周到。为了防止蟑螂在小扁头泥蜂成长过程中死去，腐败变质，扁头泥蜂在注入蟑螂体内的毒液中加入了"防腐"成分，以降低蟑螂的新陈代谢。

科学实验发现，被扁头泥蜂蜇过的蟑螂耗氧量比健康蟑螂低得多，另外，毒液还能让蟑螂保持体内水分不散失。也就是说，小扁头泥蜂吃到的是生鲜美味。

但蟑螂可就惨了，一代生存大师落得被活生生吃掉，只剩下一副躯壳的下场！

蚂蚁总是在搬家，它们真的不需要睡觉吗？

"躺平"是所有动物追求的梦想。然而有一种动物，它们每天拼命干活，几乎不睡觉，堪称劳模中的"战斗机"。

等级森严的蚂蚁王国

蚂蚁是膜翅目蚁科昆虫。它们成群结队生活在地下，建立了等级森严的蚂蚁王国。蚂蚁王国主要由蚁后、工蚁、雄蚁、雌蚁和兵蚁组成。

蚁后体型最大，是一只有繁殖能力的雌蚁。它虽然名为蚁后，但没有实权，主要任务就是生孩子。

工蚁体型最小，是不孕不育的雌蚁。虽然不能生孩子，但工蚁的上颚、触角和足十分发达，天生就是干活的料。

雄蚁和蚁后一样，只负责生孩子。雄蚁和蚁后交配之后，

就会死去。

兵蚁也是不孕不育的雌蚁，不过它们体型大，"武功高强"，主要任务是保卫王国不被敌人入侵。

蚂蚁王国的每一只蚂蚁都各司其职，保证王国正常运转。

工蚁是劳模

工蚁是蚂蚁王国中最辛苦的群体，也是最有才能的群体。

工蚁是建筑工程师，蚂蚁王国的巢穴从设计到建造，都是工蚁实施的。

工蚁是食材采购经理，整个蚂蚁王国的一日三餐都由工蚁负责安排落实。它们身体小，但力量大，能搬运超过体重几十倍的食物。

工蚁是高级育婴师，蚁后产卵后，工蚁会把卵搬运到孵化室，精心照顾。卵孵化之后，工蚁还要负责喂养，直到幼虫长大。

此外，工蚁还得承担月嫂的职责，蚁后的吃喝拉撒都由工蚁照顾。

所以，工蚁堪称蚂蚁王国的超级劳模。

不睡觉是浪费生命

几乎所有高等动物都要睡觉，因为大脑是由神经细胞组成的，需要通过休息来缓解神经紧张。以人类大脑为例，人在睡觉时，脑脊液进入大脑清除废物，所以睡醒之后会感觉神清气爽。

但工蚁的脑组织很简单，只需要短时间休息就能缓解神经疲惫。实验发现，工蚁在极其疲劳时，会休息大约 1 分钟，每天累计休息时间不超过 4 个小时。

然而，睡得少对蚂蚁的寿命有很大影响。

科学家对工蚁进行了实验，他们把工蚁分成两个组：一组每天休息少于 4 个小时；另一组作为对照组，每天都能得到充足的休息。结果显示，只休息 4 个小时的工蚁平均寿命 6 个月；而休息充足的工蚁，最长的活了 9 年。

既然苍蝇是病毒库，那它为什么不生病？

据统计，一只苍蝇体内含有 3000 万到 3 亿个细菌病毒。可以说，苍蝇就是一个移动的细菌和病毒库。那为什么苍蝇自己不会生病呢？

吃得快，拉得快，病毒反应不过来

苍蝇吃脏东西还从来不生病，因为它拥有一副好肠胃。

苍蝇能分泌出高强度的酸性消化液，杀死食物中的病原体。哪怕侥幸逃过酸液的细菌病毒，苍蝇也不会给它们感染自己的机会。苍蝇从吃饭到排泄，整个过程只需要 7~11 秒，吃完就拉。细菌和病毒还没反应过来，就已经被苍蝇排出体外了，根本没有时间感染苍蝇。

就这样，苍蝇靠着"天下武功，唯快不破"的本事，有效阻止了细菌病毒的攻击。

弹药充足的免疫系统

除了吃得快，拉得快，苍蝇还有一套厉害的免疫系统。

研究发现，苍蝇体内能产生一种奇特的抗菌活性物质，叫作抗菌肽。抗菌肽是细菌的克星，只需要万分之一浓度就能杀死多种细菌，杀菌的效果比青霉素还要高上千倍。可以说，细菌进入苍蝇体内，就等于进入了"阎王殿"。

意大利科学家莱维蒙尔尼卡发现苍蝇的免疫系统在遇到病毒和细菌入侵时，会释放出两种名叫BF64和BD2的蛋白质。它们像导弹一样，击中细菌和病毒后就会"爆炸"，和敌人同归于尽。更神奇的是，这两种"导弹"总是一前一后发射，并且产生得很快，发射频率很高。

这样看来，苍蝇的免疫系统称得上是一套反应灵敏、设计精准的防御系统。

强大的免疫基因

苍蝇的免疫系统之所以这么强，还要归功于其强大的免疫基因库。

北卡罗莱纳州立大学昆虫学教授马克斯·斯科特的研究团队，对果蝇和普通苍蝇的基因进行了测序研究。结果表明，在相对干净的果蝇体内有 416 个和免疫相关的基因，总吃脏东西的普通苍蝇的免疫基因竟然高达 771 个，占其基因总数的 5.6%。

如此多的免疫基因能产生更多的免疫蛋白，并且这些免疫蛋白的功能性还很强。

如今，科学家们正在积极研究苍蝇的免疫蛋白，这种蛋白对于消灭肿瘤有很大帮助，并且不会伤害正常的人体细胞。希望在不久的将来，科学家们能据此开发出更有效的肿瘤治疗药物。

海里的动物睡觉时需要房子吗？

在辽阔的海洋里生活着一种对房子情有独钟的动物。它们一生都在换房子，但从来不买新房，而是喜欢二手房。

海底二手房发烧友

寄居蟹是十足目寄居蟹科动物，在某些沿海地区它还有一个更直白的名字：白住房。

寄居蟹不建房、不买房，专挑现成的二手房居住，这不仅是因为二手房可以拎包入住，更重要的是它们特殊的身体构造对二手房有刚性需求。

寄居蟹上半身孔武有力，拥有坚硬的外壳，两个大钳子更是锋利无比。然而它们的下半身却没有外壳保护，这也成了它们最大的弱点。

为了生存，寄居蟹需要用坚固的房子来保护下半身。于是，贝类废弃不用的壳就成了它们最青睐的二手房。

开荒保洁很重要

寄居蟹对二手房很挑剔。

首先不能太新，新房里往往有其他寄居蟹或者软体动物的残留物；其次不能太小，因为遇到危险时，寄居蟹要把整个身体缩进去；最后需要重新装修。

装修前，寄居蟹先开荒，把贝壳挖空，清扫干净。装修开始后，寄居蟹要修整门口，以便身体能够自由出入。随后，寄居蟹在贝壳外放上精美的装饰品，比如小石头。一些生活在深海的寄居蟹，还会寻求装修大师海葵的帮助。海葵附着在贝壳表面，是不错的装饰物。

你瞧，寄居蟹为了使二手房更宜居花费了多大的心血呀！但和装修、改造相比，显然捡别人装修好的更省事。

二手房"抢"购交易市场

随着身体不断长大，寄居蟹也要不断更换房子，去二手房交易市场是最好的选择。

如果一只寄居蟹发现了一个比较大的贝壳，自己用不了，它不会离开，而是在原地等待。一段时间后（几分钟到几小时不等），周围就会聚集起各种体型的寄居蟹。神奇的是，这些寄居蟹会按照体型由大到小排队，然后相继去检查这个大贝壳是否适合自己，一直等到有一只寄居蟹能用上这个大贝壳为止。这种现象叫作"空缺链现象"。

这只大的寄居蟹脱掉原来的壳，进入新贝壳后，后面较大的寄居蟹也会丢掉自己的贝壳，进入之前那只寄居蟹丢掉的贝壳里。以此类推，后面的寄居蟹按照次序，依次换房。

当然了，这种和谐的换房局面是比较少见的。

多数情况下，寄居蟹看中别人的房子后，会直接去抢。为此，一些寄居蟹聚集成"抢房团"，帮助大寄居蟹抢别人的壳，这样按照空缺链现象，团体里的其他寄居蟹就都可以换房了。

动物的耳朵都长在脑袋上，没有长在腿上的吗？

螃蟹是一种美味的食物，也是个十分搞笑的家伙，因为它的"耳朵"长在腿上。

把"耳朵"安在腿上

螃蟹属于节肢动物门软甲纲十足目甲壳类动物，它生下来身体是软的，随后慢慢变硬，形成了坚硬的铠甲。但这副铠甲不会自然生长变大，所以螃蟹要定期蜕壳。

螃蟹的"耳朵"位于附肢上，而且它的"耳朵"只是一些简单的触觉感受器，并不像哺乳动物的耳朵那样拥有外耳、中耳和内耳。

触觉感受器连接着附肢的运动和感觉神经，能敏锐地"侦察"到水流和空气的震动，并通过神经把震动信息传递到大脑，螃蟹就能"听"到声音了。

螃蟹的"耳朵"用处多

螃蟹的"耳朵"除了可以辅助寻找食物外，还能当电话用呢！

沙蟹是一种小型螃蟹，生活在海洋和陆地交界的潮间带，通常在沙滩上寻找浮游生物和藻类作为食物。沙蟹经常摩擦螯足或敲打地面向同类宣示自己的领土范围。这种声音传播得很远，最远能达到 10 米左右。其他沙蟹"听"到这种声音，就会离得远远的，以避免争端。

招潮蟹的"耳朵"能辨别低于 100 赫兹的震动。它们喜欢通过敲打地面来跟同伴"聊天"。虽然这种声音人耳听不到，但对于招潮蟹来说，哪怕相距很远，也能听得很清楚。

节肢动物的军备竞赛

和螃蟹同属于节肢动物的昆虫，听觉就比较发达了。

昆虫拥有正常的听觉器官，主要由接收振动的鼓膜和感受振动的受体器官组成。科学研究发现，昆虫的听觉器官可能是由弦音器进化来的，这是一种能感受机械振动的器官。

昆虫全身上下都有弦音器，所以它们的"耳朵"和螃蟹一样，位置也很随便。例如，蛾子的"耳朵"在胸部和肚子之间。

夏威夷地区的蛾子能听到的声音频率的范围，与当地捕食蛾子的蝙蝠发出的超声波频率一致。这样，当周围有蝙蝠在捕食时，蛾子就能及时听到，从而赶紧逃命。

有嘴巴长在腹部的动物吗？

海星的身体像一个五角星，十分漂亮，可是它吃东西时的动作非常不雅观，而且很可怕呢！

海星的"锁子甲"

海星是有棘目海燕科的棘皮动物。棘皮的意思是表皮下方分布着刺或者棘状的突起。

海星体表的棘状突起属于骨骼的一部分，主要成分是含钙的盘状物，另外掺杂着 10% 左右的碳酸镁。所以，海星相当于穿了一件大理石"锁子甲"在身上。

神奇的是，海星的"锁子甲"会随着身体的长大而长大，所以海星不必像螃蟹那样经常蜕壳。

吃东西就是要狼吞虎咽

海星的身体结构非常奇特，它的嘴巴位于肚子下边，肚子里有两个胃：一个叫贲门胃，在嘴巴附近；另一个叫幽门胃，在身体里面。

一旦遇到美食，海星才不会优雅地小口咀嚼呢，而会张开大嘴，把贲门胃吐出来，贲门胃就像一个大口袋一样把猎物包裹住。

这个"大口袋"里可大有乾坤，内壁上有许多小结构称为"胃突"，可以分泌消化酶，把食物分解成利于消化吸收的小块。而不容易消化的食物会进入幽门胃，被幽门盲囊分泌的蛋白酶、淀粉酶和脂肪酶进一步消化。经过两轮精细加工，海星便可以更好地吸收食物的营养。

这种吃饭方式虽然看起来不雅，但能避免坚硬的贝壳类食物伤害内脏，看来海星还挺聪明的。

神奇的再生能力

海星的腕足很不可思议。海星没有"大脑"，神经系统分布在腕足内，每一条腕足都是独立运动的。而且，幽门胃会向各腕足伸出一条幽门管，因此每一条腕足都拥有独立的消化系统。这样看来，海星的腕足是独立的。

独特的机能使得海星的腕足具有再生能力。如果海星的一条腕足被砍掉，不久之后还会长出新的腕足，砍下来的腕足甚至还会长成一只小海星。

生物学家研究发现，海星的再生能力和某种基因有关，这种基因可以控制细胞与身体组织相互合作。但具体功能并没有被证实。也许在不久的将来，人类可以发现海星再生能力背后的秘密，并用于断肢再造。

世界上有粉身碎骨还能活下来的动物吗？

　　海底世界缤纷多彩，也凶险万分。弱小的动物在遇到危险时，为了活命，无所不用其极。而海参就选择了一种十分惨烈的方式。

海参是个"直肠子"

　　海参是棘皮动物门海参纲动物的统称，它们的身体看起来像圆筒。虽然海参身体两端长得很相似，但也有头尾之分。

　　海参是个"直肠子"，这不是说它的性格，而是指它的身体构造。海参的消化系统相较于人类来说特别简单。从嘴巴开始，食物沿着食道进入肠管，并在这里完成消化和吸收，肠管末端直接连接着肛门，残渣从这里排出体外。

　　整体看起来，海参就像一根中空的香肠，肠道就是这根"香肠"内一条畅通无阻的通道，从头到尾没有弯弯绕绕。

为了活命，吐出内脏

别看海参的消化系统很简单，关键时刻可是保命神器呢！

海参和海星一样，具有非常强的再生能力。如果生活环境发生剧烈变化，比如水质变差、氧气减少，或者遇到捕食者追击时，海参就会强力收缩身体，把消化系统连同其他内脏一起从肛门"拉"出去，这种现象叫作"排脏现象"，俗称"吐肠"。

就好像火箭升空时会喷出火焰一样，海参也可以借助排脏的反冲力，快速跑到安全的地方。捕食者被海参的"肠子"吸引，就会放弃追杀它。大约 50 天之后，海参就可以重新长出一副内脏。

多生孩子准没错

海参在海底依靠短小的管足移动，平均每小时爬行 4 米，说真的，这速度比蜗牛还慢。就算海参吐出内脏迷惑捕食者，它们似乎也跑不远，最终还是会被捕食者吃掉。

海参 6 亿多年前就出现在地球上了，跑不快又没有利器和毒素防身，它们是怎样存活下来的呢？

它们的绝招就是多生孩子。

一只成年雌海参一次排卵可达 500 万枚，虽然只有万分之一的卵能存活下来，但基数很大呀。靠着超级能生的本事，海参的子子孙孙不断繁衍至今，比其他厉害的捕食者活得都久。

动物的嘴巴都是用来吃东西，就没有用来排便的吗？

海底世界，无奇不有。你相信吗，在大海里，有一种奇怪的动物，它的嘴巴既能用来吃东西，还能用来排便，它就是水螅！

水螅的身体像个布口袋

水螅是螅形目水螅科的通称。大约 5 亿年前，它们就定居在地球上的各个大洋里了。水螅体长几毫米到十几毫米不等，看起来像一根柔软的树杈，由躯干和 6~8 条触手组成。

水螅是时尚达人，它们的"衣服"有白色的、粉红色的、绿色的和褐色的，光彩夺目。

水螅的身体呈细细的圆筒形状，全身上下只有一个"开

口"，看起来像一个细长的布口袋。水螅吃东西的时候，这个"开口"就是嘴巴，食物从"开口"进入消化腔。但消化腔终端并没有排泄口，所以，消化完的食物残渣还要通过"开口"排出去。

也就是说，水螅吃饭和排便都通过这一个"嘴"解决。

水螅是个暗器高手

水螅属于刺胞动物门，之所以叫"刺胞"，是因为这个"门派"的生物都是暗器高手。

以水螅为例，它的触手上长满了刺细胞，表面看起来没什么特别，但里面却藏着刺丝和毒液。

当遇到猎物时，水螅先将猎物束缚住，随后从刺细胞里射出刺丝和毒液。猎物一旦被刺丝和毒液击中，就只能听天由命，任水螅宰割了。

好家伙，水螅的每一条触手都握着数不清的暗器呀！

生孩子靠"发芽"

水螅生孩子的方式才令人大跌眼镜呢！

水螅通常有两种生孩子的方式，具体用哪一种，要看生活环境。

如果生活环境非常好，食物充足，没有猎食者，水螅就通过"发芽开花"的方式生孩子。

水螅身体下端大约三分之一的地方叫作出芽区。水螅生孩子时，出芽区会像春天树木发芽一样长出芽。一般情况下，一只水螅能长出 6 ~ 7 个芽，最多的能有十几个，这些芽呈螺旋状分布在出芽区。芽慢慢长大变成小水螅，然后相继脱离母体。

假如生活环境恶劣，尤其是早春和深秋温度较低时，水螅身体里就会长出卵巢和精巢，从而进行有性生殖。

为什么航母看到水母要绕着走？

航母是名副其实的海上巨无霸，然而你绝对想不到，水里有一种不起眼的小东西，竟然是航母杀手！

水中的透明降落伞

深海潜水时，你会发现一种透明的、好像降落伞一样的生物，它们就是水母。

水母属于刺胞动物，由"外壳"和"内胆"组成。水母身体的含水量一般可以达到 95% 以上，它们身上还有很多"丝带"。不过这些"丝带"不是用来跳舞的，而是捕食的陷阱。"丝带"上长满了刺细胞，碰到猎物就会射出毒刺。

大多数水母是透明的，但有些"爱美"的水母会用各种颜色把自己打扮得非常时尚，有的水母甚至能发出各种颜色的光。

研究发现，有些水母体内含有一种名为埃奎明的蛋白质，这种蛋白质和钙离子混合后，能发出蓝光。由于埃奎明的含量不同，水母能发出淡绿光或者蓝紫光。

　　这些会发光的水母在海中游动时，就像一颗颗霓虹灯球。

水母是航母终结者

　　水母表面优雅时尚，其实内心很坏。人类如果不小心碰到它的"丝带"，就会被蜇伤，严重的甚至要截肢。

　　此外，水母"喜欢"破坏航母或者海上战舰。航母依靠强大的螺旋桨向前航行，而水母偏偏喜欢缠绕住螺旋桨，让航母失去动力。不仅如此，水母还会钻进航母的进水管道，让航母完全瘫痪。而最容易被水母破坏的是航母的压缩机。

为了防止水母破坏航母，科学家想了很多办法，比如，在航母周围安装声呐装置驱赶水母。还有科学家研制了一种特殊的涂层，只需要将其涂在航母的表面，就能阻止航母被水母粘住，进而防止它们对螺旋桨进行破坏。

水母耳风暴预测仪

虽然水母是航母杀手，但它们也能为人类做好事。

海上风暴对于渔船和海上运输船来说是巨大的灾难。海上风暴来临前，海浪与空气剧烈摩擦发出 8~13 赫兹的次声波，人耳听不到，但水母能够感受到。于是科学家研究水母的感觉系统，制造出了水母耳风暴预测仪，用以接收风暴发出的次声波。水母耳风暴预测仪不仅能指示风暴方向，显示风暴强度，还能提前 15 小时预测海上风暴，对海上运输和渔业有着重要意义。

你知道蜗牛哪个部位比老虎还厉害吗？

老虎能成为百兽之王，一口锋利的牙齿功不可没，成年东北虎的咬合力超过 450 千克，是名副其实的"绞肉机"。然而，和老虎比起来，蜗牛也毫不逊色!

世界上牙齿最多的动物

蜗牛是个"软骨头"，体内没有硬质骨骼，所以必须穿着铠甲保护自己。蜗牛喜欢吃植物嫩芽和绿叶，与哺乳动物的牙齿长在牙床上不同，蜗牛的牙齿长在舌头上。

蜗牛的舌头叫作栉舌，表面有很多微小的锯齿状突起，这就是蜗牛的牙齿。蜗牛吃饭时，舌头在口腔内前后移动，牙齿就像锉刀一样把食物搅碎。

非洲有一种陆生蜗牛，叫非洲大蜗牛，是蜗牛中的巨人，

体长通常在 8 厘米左右，最大的能达到 20 多厘米。它的栉舌上有 2.5 万颗牙齿，堪称食物粉碎机。

蜗牛世界里的奇特牙齿

蜗牛的牙齿不仅多，功能也很奇特。

锥螺是海里的一种蜗牛，它的栉舌上有一个特殊武器，最前端的一颗牙齿是一根尖锐的空心管，就像注射器的针头。一旦遇到猎物，锥螺就像射箭一样把"针头"射出去，刺中猎物后，针头内的毒液会让猎物瘫痪或死亡。因此，科学家把这种牙齿叫作鱼叉牙。

海蝎子是锥螺的海底邻居，它拥有一副"铁齿铜牙"。它的牙齿中含有丰富的铁氧化物，这是天然磁铁的主要成分，所以海蝎子的牙齿叫作磁铁石牙。磁铁石牙非常坚硬，能轻松咬碎海底岩石和珊瑚礁，是自然界已知最坚硬的生物性材料之一。

蜗牛是材料学大师

科学家在研究利马斯螺这种海洋蜗牛时，发现它的牙齿硬度高达 5GPa，比合金还硬，而抗断裂能力也很强，能承受 3 千克的重量。

利马斯螺的牙齿之所以厉害，是因为它的牙齿中有一种含铁的蛋白质，形成了纳米级别的纤维结构，能充分吸收和扩散外界冲击力。

目前，科学家正试图通过模仿利马斯螺的牙齿结构制造出坚固耐用的新材料，用于制造航天器、飞机等。

动物会乞讨食物吗？

在动物王国里，有一个以"懒"出名的家族。这个家族的成员从不工作，全靠"要饭"生存。它们就是线形动物家族。

"瘦成一条线"的线形动物

线形动物是一个庞大的家族，家族成员大约有 50 万种，而我们已知的只有 1.5 万种。

线形动物十分在意自己的身材，身体呈细长的圆柱体，看上去像是一条线，所以叫线形动物。

线形动物身体柔软，表面有一层角质保护身体。身体里面有从头到尾贯穿的消化道，从口开始，到肛门结束，分成前肠、中肠和后肠。其中，中肠是主要的消化食物和吸收营养的器官。

蛔虫的"人体大旅行"

　　线形动物家族有3大分支，分别是自由生活类、寄生类和腐生类。其中，寄生类都是"吸血鬼"。常见的寄生类线形动物包括蛔虫、铁线虫和蛲虫。它们喜欢寄生在人和动物的肠道内，从中吸收营养，过上"躺平"的生活。

　　以蛔虫为例，蛔虫是人体肠道内最大的线形寄生虫。蛔虫是个不安分的家伙，几乎每条蛔虫的幼虫都要完成一次"人体大旅行"才能长大。

　　蛔虫卵孵化成幼虫后，会分泌透明质酸酶和蛋白酶。这些物质会在人体的小肠黏膜上"挖个洞"，蛔虫则通过其钻入人的血管和淋巴管，再顺着静脉"游"到肝脏、肺部，经过气管钻进食道，经由胃进入小肠，完成一次"人体之旅"。这时的蛔虫幼虫再经过 4 次蜕皮，就变成成虫了。

线形动物都是"破坏之王"

线形动物在人和动物的体内"躺平"，不仅白吃白喝，还经常搞破坏。

蛔虫幼虫在"人体旅行"的过程中，会使人患上肺炎、肠穿孔、胆囊穿孔等疾病，严重的还能造成肺水肿。而成年蛔虫由于"偷走"人体的营养，会使人产生食欲不振、腹痛、腹泻等症状。

人如果感染了蛲虫，轻者食欲减退、失眠、消化不良；严重时，蛲虫会进入人的肝脏、肺脏、膀胱等器官里，导致器官病变。

人如果感染了铁线虫，除了消化不良和腹泻外，还可能因铁线虫进入耳朵或喉咙里引发炎症，导致失聪、声音嘶哑等。

防止线形动物寄生和感染的方法很简单——饭前便后勤洗手，不吃不干净的食物。

有像变形金刚一样会变形的动物吗？

动物武林"能人"辈出，有的牙齿锋利，比如狮子；有的善于用毒，比如眼镜蛇。而有一类动物，它们竟然会改变身体的形态，堪称动物界的变形金刚。

结构精巧的昆虫家族

昆虫是节肢动物中一个巨大的家族。据统计，人类已发现的昆虫多达 100 多万种，占整个动物物种总数的 80%以上。

和鱼类、两栖类、哺乳类等脊椎动物不同，昆虫体内没有骨骼，但体表有一层坚硬的几丁质外壳。这层"铠甲"不会随着昆虫的身体长大而变大，所以昆虫需要不断蜕壳。

昆虫的身体分为头、胸、腹三部分，每部分又有很多

"节"，所以昆虫属于节肢动物。昆虫身体的三个部分犹如三个指挥部，负责不同的任务。

头部属于"遥感中心"，长着触角和复眼或者单眼，主要负责探测周围的环境；胸部是"运动中心"，长着三对足，有的还会长两对翅膀，帮助昆虫跳跃和飞行；腹部则是"营养繁殖中心"，主要负责呼吸、消化和繁殖。

为什么说昆虫是动物界的变形金刚？

昆虫"长大成虫"必须经过几次变形，这在生物学上叫作变态发育。

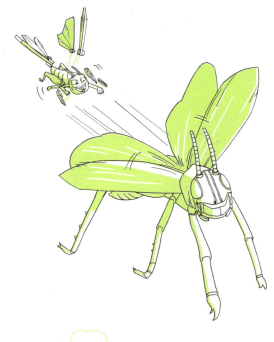

以蝴蝶为例，婴儿时期的蝴蝶是一颗圆圆的卵。卵在合适的温度和湿度环境下孵化，从婴儿变成儿童，身体变形成圆滚滚的毛毛虫。毛毛虫生活在山林、田野中，每天吃绿叶、晒太阳，非常惬意。

等毛毛虫长到少年时期，就会变成蛹。蛹像一个太空休眠舱，毛毛虫在里面休眠。又过了一段时间，蝴蝶由少年长到成年，就会从蛹里钻出来，变成一只漂亮的蝴蝶。

蝴蝶一生需要经过四个发育阶段，从卵到幼虫，再到蛹、成虫，每个阶段的样子都不一样，所以叫作完全变态发育。

而蝗虫在生长过程中虽然也变形，但只经历卵、幼虫和成虫三个阶段，并且幼虫和成虫长得几乎一模一样，只不过大小不同，所以叫作不完全变态发育。

哪种动物的眼睛能看到身后的东西？

鲨鱼给人的第一印象是残忍凶猛，但有一种鲨鱼却长得"萌萌哒"，头部形状与清朝格格的发型很像。这种鲨鱼就是双髻鲨。

双髻鲨凭什么能"眼观六路，鼻嗅八方"？

双髻鲨和其他鲨鱼不同，它的头部不是锥形的，而是像清朝格格的发髻一样，像个锤子，所以它又被称为锤头鲨。

双髻鲨的"锤头"能长到 1.5 米，几乎是身长的一半。这种"锤头"学名叫作头翼。别看双髻鲨长得憨憨的，它可是"眼观六路，鼻嗅八方"的高手！

双髻鲨的眼睛和鼻孔分别位于头翼的两侧，这让它拥有了独特的双眼视角，也就是两只眼睛能独立看到周围的猎物。

并且，双髻鲨的视野范围能达到 360°，这就意味它能将前、后、左、右、上、下都看得清清楚楚。

它的鼻孔也分开在两侧，能清楚地分辨出气味的方位，区分出身体两侧的气味浓度差异，进而提高追踪猎物的能力。

头翼让双髻鲨运动更敏捷

双髻鲨的头翼还是游泳"外挂"，不仅能提高它们的游泳速度，还能让身体更灵活。

科学研究表明，双髻鲨在水中急转弯的速度比普通鲨鱼快 2 倍，追击猎物时拥有更好的机动性。

此外，普通鲨鱼不会仰头和低头，只能依靠摇尾巴提供游泳动力，而双髻鲨能做低头的动作。别小看这个简单动作，这赋予了双髻鲨上下弯曲身体的能力，在游泳时能增加额外的动力，让它们游得更快。

头翼是灵敏的海底探测器

鲨鱼几乎都佩戴着"海底探测器"，叫作劳伦氏壶腹。这是一种位于鲨鱼头部下方皮肤表面的特殊结构，看上去像一个个小黑点，实际上是很多细微的孔洞。

双髻鲨由于头又大又长，所以拥有更多的劳伦氏壶腹，能够感受到动物身体发出的电磁场，就像雷达一样，哪怕猎物藏在泥沙中，双髻鲨也能探测到。

海洋生物研究专家凯勒在《科学》杂志刊登过一篇研究论文，他介绍说双髻鲨用头翼在海底扫描、寻找猎物时，能边扫描边在大脑中形成"导航地图"。凭借着这种高科技装备，没有猎物能逃得过双髻鲨的眼睛。

电鳗放一次电能启动多少辆汽车？

1799 年，意大利物理学家伏打发明了"伏打电堆"，也就是世界上第一个可以产生稳定、持续电流的装置。然而早在千百万年前，有一种淡水鱼就在使用"电"了。

谁也惹不起的放电鱼

在南美洲的亚马孙河，生活着一种"超能鱼"——电鳗。从名字不难看出，电鳗的超能力就是放电。

电鳗身体细长，没有腹鳍、背鳍及尾鳍，体表光滑没有鳞片，就像一条胖乎乎的蛇。

据测量，一条成年电鳗一次放电的电压最高达 800 伏。要知道高压电的下限是 1000 伏，也就是说，电鳗的放电量直逼高压电。

　　电鳗为什么要放电呢？因为它生活的淡水河流像个大杂院，里面什么动物都有，垃圾自然也多，水质差、混浊，在水里游泳能见度很低。久而久之，电鳗的视觉就退化了。为了生活，电鳗选择依靠电流代替眼睛来探测周围的环境。

电鳗是一个超级电池组

　　生物体都有"电"，细胞内外含有带正电的钠离子、氢离子，以及带负电的氯离子等。

　　其他生物不发电，是因为带电离子产生的电压都会被消解掉，只有电鳗等少数动物能把这些电储存在特殊的电细胞里。

　　电鳗体内含有 6000 ～ 10000 个电细胞，每个电细胞都相当于一节干电池，能产生 0.15 伏的电压。这么多"电池"串联在一起，就使电鳗变成了头部是负极、尾巴是正极的超级电池组。遇到危险时，电鳗能瞬间释放出 600 ~ 800 伏的电压，足以电死一头美洲水牛。

一般汽车的蓄电池电压为 12 伏，这样算起来，一条电鳗放电一次，能启动至少 50 辆汽车。

电鳗为什么不会电伤自己？

电鳗放电的电压虽然高，但电流很微弱，只有 1 安培；并且放电时电流不是连续的，而是以每秒钟 50 次的脉冲释放。

另外，电鳗自带一套绝佳的绝缘服，它的电细胞周围填充着脂肪和结缔组织，能有效隔离电流，保护体内器官。

不过，假如把电鳗放在干燥的空气中，由于空气的电阻比它身体的电阻大，电鳗放电时就会形成通路，导致电伤自己。

鱼也可能被水淹死吗？

鱼生活在水里，是名副其实的游泳健将。然而你知道吗，鱼游泳的时候也有很多注意事项，其中最要命的是潜水深度，如果掌握不好，鱼很可能被"淹死"。

鱼为什么能在水中自由上浮和下沉？

凡是在水里的物体都会受到水的浮力，如果物体的密度比水大就会下沉，反之就会上浮。

鱼能在水中自由地上浮下沉，是因为它有一个快速改变身体密度的法宝——鱼鳔。

鱼鳔是鱼类体内的气囊，里面充满空气。释放鱼鳔内的空气，鱼身体的密度变大，于是就会下沉。当往鱼鳔里充气，鱼身体的密度变小，于是就开始上浮。

　　鱼类正是靠着鱼鳔这个"游泳圈"，实现了在水中自由上浮和下沉。据说，潜水艇就是从鱼身上获得灵感制造出来的。

为什么深海鱼到了海面上身体会膨胀？

　　虽然鱼类天生带有"游泳圈"，但并不代表它们能随意在任何深度的水域内游泳。

　　当大海中发生火山喷发、地震或者海啸时，海滩上会出现很多"胖"鱼，它们的身体胀得像皮球，甚至有的内脏都喷出来了。这些鱼并不是被突如其来的灾难吓死的，而是被"压"死的。

　　深海的水压特别大，在一万多米深的马里亚纳海沟中，水压能把汽车压成铁饼。生活在深海的鱼，为了适应高压环境，身体内部的压力也很大。当海底发生重大灾难时，深海鱼逃到海面，其周围的压力突然减小，而体内还保持着高压，身体内外压力失衡，它们的身体就会膨胀"变胖"。

所以有的时候，变胖了不是因为长肉了，而是压力大造成的。

潜水减压症是怎么回事？

据估算，人潜水时每下潜 10 米，身体承受的压力就会增加一个大气压。由于外界压力增加，人体血液能溶解更多的氧气、氮气。如果快速从深海游到海面，由于压力突然降低，血液中的氮气溶解度下降，在几秒钟内血液中多余的氮气会变成气泡释放出来，聚集在关节、血管壁附近，轻则引发皮下组织淤血、水肿，严重的会在血管内形成空气栓塞。以上情况会导致皮肤瘙痒，以及关节和肌肉疼痛等症状。这就是减压症。

所以喜欢深海潜水的人，在上浮时不要着急，要缓慢上浮，让身体慢慢适应从高压到低压的过程，避免减压症。

鱼整天泡在水里，是不是就不用喝水了？

鱼天天在水里悠游，应该不用喝水吧，你如果这么想就错了。鱼在水里也是需要喝水的，不然就会渴死。

硬骨海鱼的海水净化大法

海水又苦又咸，越喝越渴。但海中的硬骨鱼不怕，因为它们学会了海水净化大法。

海水的含盐量特别高，而鱼体内只有淡水，这就导致鱼体内的渗透压比体外的渗透压低。在物理学上，水总是由渗透压低的地方向渗透压高的地方流动。所以，如果海鱼不喝水就会因为海水的高渗透压，引发体内水分流失。

为了补水，硬骨鱼不得不喝海水。可是如果直接喝海水，体内盐分会急剧升高，硬骨鱼很可能就变成咸鱼了。于是，硬

骨鱼在鳃上"安装"了泌氯细胞，这种细胞与静脉淋巴等体液循环系统相连，能把血液中多余的氯离子和钠离子排出体外。

另外，泌氯细胞含有 ATP 酶（腺苷三磷酸酶），活化之后能吸收钾离子，吐出钠离子，在细胞膜两侧形成电位，调节渗透压，防止体内水分流失。

科学家从硬骨鱼净化海水的技能中得到灵感，制造出了电渗析法海水净化器，广泛用于海水净化、造纸、冶金等行业。

淡水鱼的渗透压大法

生活在河流与湖泊中的淡水鱼"喝水"的办法就很简单了。淡水的含盐量低，渗透压也低；相比之下，淡水鱼体内含有丰富的钠离子、氯离子等，渗透压高。淡水鱼哪怕闭着嘴，水分子也会在渗透压的作用下，通过皮肤和鳃"灌"到它们的身体里。淡水鱼不想喝水也得喝。

这样下去身体不就会被撑爆了吗？淡水鱼有办法，不停地撒尿就好了呀。

生活在深海的鲨鱼属于软骨鱼，它们喝水的方法与淡水鱼类似。鲨鱼血液中含有大量的尿素，这导致体内渗透压高于海水的渗透压，水分子就会被迫进入鲨鱼体内。

鱼都是在水里游吗？就没有鱼能爬树和飞行吗？

　　鱼类家族中有很多"显眼包"，个个都有神乎其神的能力。如果举办一场鱼类运动会，肯定非常精彩。

"攀岩"高手弹涂鱼

　　弹涂鱼又叫跳跳鱼，因为它们的弹跳能力特别强。

　　弹涂鱼生活在浅滩或者红树林区，它的腹鳍有很强的吸附能力，当它爬上树干时，腹鳍就充当吸盘。为此，弹涂鱼练就了一项爬树的本领，可以爬到高处，躲避敌人追杀。

　　弹涂鱼的鳃很特别，周围有很多小孔，能储存水，相当于随身携带了氧气瓶，不怕离开水之后无法呼吸。

　　此外，弹涂鱼的皮肤外有一层黏液，能使它保持身体湿润，辅助"呼吸"空气中的氧气。

"飞行大师"飞鱼

在中国南海和东海南部，生活着一种能飞的鱼，叫飞鱼。

飞鱼的胸鳍又宽又大，一直延伸到尾部，在水里像"船桨"。当飞鱼离开海洋到了空中，胸鳍就变成了"翅膀"。

飞鱼在海中游泳的速度非常快，达到了每秒10米。当它跃出水面时，蹿起十几米高，然后拍打胸鳍，能在空中飞行超过40秒，飞行距离可以超过400多米。

靠着这门技能，飞鱼能够轻松地躲避海中的猎食者。

"射击冠军"射水鱼

在印度洋和太平洋中，有一种精通射击的鱼，它就是射水鱼。

射水鱼之所以成为射击高手，得益于它的"吃货"本质。射水鱼喜欢吃昆虫，于是它把身体改造成了一把高压水枪。

射水鱼口腔顶部有一个凹槽管道，像水枪的枪管。当射水鱼瞄准水面上的昆虫时，鳃盖快速闭合，形成强大的压力。与此同时，射水鱼用舌头顶住口腔的凹槽，嘴里的水就会被压进凹槽管道里，喷射而出。射水鱼喷出的水柱最远可达2米。

光会射击还不行，射水鱼生活在水中，当它们从水下看水面上的猎物时，由于折射作用，猎物的实际位置会比看到的位置高一些。为此，射水鱼的眼睛作为瞄准器也发生了进化，使它们能自动调整折射作用造成的误差。

　　射击时，射水鱼还会考虑到水柱射出后的重力下坠作用。由此可见，它们为了吃一口"肉"，真是煞费苦心呀！

哪种鱼离开水也能活下去？

鱼离不开水，这是最基本的常识。然而有些鱼浑身长满"反骨"，偏要用亲身经历证明鱼离开水也能活。

鱼类在水下是如何"呼吸"的

和陆地动物用肺呼吸不同，鱼在水中靠鳃呼吸。

鳃由鳃盖、鳃弓、鳃丝构成。鳃丝是从水中获取氧气的主要器官，由很多薄片状小囊袋排列形成，这些薄片叫作鳃小片。鳃小片组成鳃丝，鳃丝排列在鳃弓上，构成鳃片。

呼吸时，鱼首先张开嘴，让水流进入口咽腔，同时鳃盖关闭，水流经过鳃，鳃丝就像"氧气筛"一样，能把水中的氧气"筛"出来。鳃小片则充当"氧气搬运工"，把氧气送进血液。同时，血液中的二氧化碳也会通过鳃小片"转运"到水中。

最后，鳃盖打开，水流从鳃流出去，就完成了一次呼吸。

鱼类的陆地辅助呼吸系统

大多数鱼用鳃呼吸，只能生活在水中，想要搬家到陆地生活是痴心妄想。

而有些鱼十分渴望到陆地上看一看，于是进化出了鳃上器官。这种呼吸器官由鳃弓的咽鳃骨、上腮骨及其周围的组织异化而来，相当于安装了一套在空气中呼吸的辅助系统。

斗鱼、胡子鲶、攀鲈等鱼类都有这类器官。有了鳃上器官，这些鱼不仅能在水里呼吸，在陆地上也可以短暂存活，不过前提是保持鳃部湿润，否则它们也无法呼吸。

还有一些鱼，比如黄鳝、弹涂鱼、鲇鱼等，可以借助皮肤呼吸。它们的皮肤表面布满血管，能像两栖动物那样通过皮肤从空气中获得氧气，辅助呼吸。

鱼类的体内辅助呼吸系统

鳂（wèi）科的鱼类能利用食道黏膜呼吸，泥鳅能利用肠道呼吸，下口鲶可以用胃呼吸。而荫鱼、肺鱼和雀鳝等，竟然可以利用鱼鳔呼吸。

以肺鱼为例，它们的鳃严重退化，通过鳃获取水中的氧气完全不能满足它们的身体需求，于是肺鱼会像海豚和鲸鱼那样，隔一段时间就浮出水面呼吸。

　　肺鱼的鱼鳔是主要的呼吸器官。在严重干旱时，肺鱼用泥把自己包裹起来，靠呼吸空气渡过难关。有记录表明，肺鱼离开水能存活三年。雨季来临时，肺鱼就会摆脱泥壳，恢复生机。

　　其实，从普通鱼用鳃呼吸到肺鱼用鱼鳔呼吸可以推断出，陆地上的四足脊椎动物就是远古鱼类登上陆地之后进化而来的。

一到下雨天青蛙就"呱呱"叫，原来它们在做这些事！

每到下雨天，青蛙就会集体出来开"演唱会"。为什么青蛙偏偏在下雨天出来唱歌呢？其实呀，青蛙不是在唱歌，而是在举行集体婚礼！

下雨天的相亲大会

青蛙是两栖动物。所谓"两栖"，就是既能在水里生活，又能在陆地生活。

两栖动物都是卵生，婴儿时期在水中生活并用鳃呼吸，长大后在陆地上生活并用肺呼吸。两栖动物和昆虫类似，也是"变形金刚"，整个成长过程要经历变态发育。

以青蛙为例，它们的受精卵在水中孵化，先变成蝌蚪，用鳃呼吸，在水里生活。慢慢地，蝌蚪长出四肢，尾巴消失，最终变成青蛙。

下雨天，池塘里会响起"咕呱咕呱"的叫声，这是青蛙在集体相亲，雄蛙通过嘹亮的叫声吸引雌蛙的注意力。

研究表明，雨水能刺激雄性青蛙分泌垂体促性腺激素，促进其生殖器官的发育，让它们主动向雌蛙求爱，而雌蛙喜欢响亮的叫声。于是，雄蛙就卖力歌唱，以吸引雌蛙的注意，进而与它们结婚生子。

动物们花样百出的求爱方式

在动物世界里，雄性动物有着让人眼花缭乱的求爱方式，其根本原因在于动物界的"女孩"都喜欢长得帅气、有房、有才艺的"男孩"。

雌孔雀选择"老公"的标准就是帅。所以，雄孔雀为了得到心爱之人的青睐，就会展开尾部华丽的羽毛，尽情展示自己的"时尚穿搭"。

织巢鸟偏爱房子，所以每只雄织巢鸟婚前必须准备好婚房。房子不仅要大，而且装潢要时尚前卫，比如用各种漂亮石头把房子装修得漂漂亮亮。

天鹅有很强的艺术细胞，每到相亲的季节，雌雄天鹅会自由地在水面畅游，遇到心仪的对象就靠近彼此，跳一段双人舞。如果跳得开心，就"牵手成功"；如果跳得不开心，只能黯然离场。

而找对象最麻烦的要数娇鹟（wēng）了。雌娇鹟除了希望自己的"白马王子"长得好看之外，还希望对方精通舞蹈和唱歌。求婚时，雄娇鹟会在雌娇鹟面前纵情歌舞，有的时候还要表演"太空步"。

可以说，动物界里的"男孩"为了"娶"到喜欢的"女孩"，真是拼尽全力呀！

有动物吃自己的肉补充营养吗？

　　缺乏营养物质对于任何生物来说都是致命打击。植物通过根系从土壤里吸收营养，动物则通过食物获得营养。而有一种动物非常神奇，它们有时会吃自己的尾巴以获取营养。

尾巴补钙，一口气爬五楼不费劲

　　蜥蜴属于爬行动物，种类繁多，生活中最常见的蜥蜴是壁虎。壁虎平时吃蚊虫，是有益动物。

　　蜥蜴有一项绝技，当遇到危险时会断尾逃生，生物学上称之为自截现象。而拥有"自截"绝技的动物往往还会"再生术"。

　　蜥蜴断尾可不是随便断掉尾巴，而是从椎体中间的软骨

横隔处断开。这种构造是蜥蜴在尾椎骨化过程中形成的独特部位，其他动物都没有。遇到危险时，蜥蜴使劲儿收缩尾部肌肉，在肌肉的拉扯下，软骨横隔处断裂，尾巴就掉了。

除此之外，蜥蜴的尾巴还有另一种用处——营养仓库。蜥蜴的尾巴中含有丰富的钙元素，当蜥蜴"手头不宽裕"，缺少食物时，它就会断尾供粮，自给自足，吃一顿"尾巴大餐"，用来补钙。

蜥蜴的断尾再生术有什么秘密

早在 2022 年，美国南加州大学的研究人员就对蜥蜴断尾再生做了深入研究，2023 年 8 月 10 日，他们的研究成果成功发表在《自然通讯》杂志上。

研究发现，蜥蜴断尾再生主要分四个阶段：原始尾巴、炎症阶段、芽基阶段、再生稳态。科学家对每个阶段都做了单细胞 RNA 测序，发现在蜥蜴尾巴再生的过程中，有包括免疫细胞、成纤维细胞、骨桥蛋白、硫酸酯酶-1 等多种物质的共同作用。

蜥蜴断尾再生时，处于静态的成纤维细胞先被激活，表达出骨桥蛋白等基因，随后巨噬细胞分泌因子发出信号，成纤维细胞变成"修理工"，慢慢"移动"到尾巴的破损处，开始修补工作。

另外，蜥蜴的断尾处还会出现破隔细胞群，这些细胞就像"工程监理"，能分泌一种特殊因子，让"修理工"成纤维细胞对 Hedgehog（Hh）信号更加敏感，而 Hedgehog 信号是诱导芽基软骨形成的关键。如果没有破隔细胞群，断尾就会立即形成疤痕，无法再生。

鳄鱼潜水时，竟然自带潜水镜？

深海潜水或者在污浊的河中游泳时，都要戴潜水镜保护眼睛。然而生活在水里的鳄鱼，经过亿万年的进化，自己"生产"出了收缩式潜水镜。

鳄鱼真的有第三个眼睑吗？

鳄鱼经常藏在水下伺机偷袭岸边的动物。为了在水下侦察时能看清楚，鳄鱼必须在水中睁着眼睛。但水中的细菌、病毒等有害物质很容易伤害眼睛。为此，鳄鱼给自己"安装"上了第三个眼睑，叫作瞬膜。

瞬膜是由上、下两个眼睑的内壁延展出来的，像推拉门一样可以左右、上下甚至斜向推拉，遮住眼球。瞬膜是透明的，当鳄鱼潜水时，瞬膜打开，就像戴上了潜水镜，不仅不

影响视线，还能保护眼球。

研究发现，鳄鱼的眼睛有眼球沉浸反应。当鳄鱼在水中睡觉时，一闭上眼，眼球就会自动沉到眼窝里，减少眼球和水的接触，保护眼球。

鸟类飞行时会戴上飞行眼罩

一般认为，鸟类是恐龙的后代，而恐龙是爬行动物，这样算起来，鸟类和爬行动物还算是远房亲戚呢。因此，鸟类的眼部也像爬行动物那样有一层瞬膜。

虽然鸟类不潜水，但它们是飞行员。高空飞行时，空中有沙尘等微小颗粒，很容易伤害鸟类的眼睛。所以它们"起飞"后会自动打开瞬膜，相当于戴上了飞行眼罩，避免迎风流泪，就算遇到风沙也不怕。

此外，鸟类的瞬膜还有助于它们捕猎。鹰捕猎时，要长时间盯着猎物，这会导致其眼睛发干，影响视力。为了保持眼球湿润，鹰会借助瞬膜"眨眼"，打开瞬膜再快速收回，就能润湿眼球。鹰眨眼的速度非常快，研究人员用每秒 28500 帧的相机才成功捕捉到它们眨眼的动作。

人每天眨眼超过两万次

其实，包括人类在内的哺乳动物，眼睛上也有瞬膜，只不过早已经严重退化了，只在眼睛内角靠近鼻子的地方留下白色的半月形皱襞残留。因此，哺乳动物不能依靠瞬膜润湿眼球，而是通过上、下眼睑开合的方式，也就是眨眼来润湿眼球。

眨眼是一种非条件反射，不用我们下意识地控制，身体就能独立完成。科学测量表明，人每分钟眨眼 15 ~ 20 次，一天下来大约眨眼 21600 ~ 28800 次。

鳄鱼张着嘴晒太阳，竟然真的是在吸收日光精华！

鳄鱼大概是动物界最喜欢晒太阳的动物之一，只有晒了太阳它们才会变得活跃。难道鳄鱼真的能吸收日光精华吗？

鳄鱼每天晒太阳，是在修炼"法术"吗？

鳄鱼是爬行动物，和恐龙是远亲。爬行动物有一个共同点，那就是不会自己调节体温。

外界环境变冷，鳄鱼的体温就会下降；外界环境变热，它们的体温就会上升。所以，爬行动物又叫变温动物，俗称冷血动物。

众所周知，动物捕猎、奔跑都需要能量。而能量是食物在生物酶的作用下分解产生的。生物体内的一切化学反应，都需要在合适的温度下才能进行，温度过低，生物酶活性低；温度过高，生物酶就会失效。

清晨，由于环境温度相对较低，鳄鱼的体温也很低，这就导致它们的新陈代谢变慢，能量供给不足，"没电"了。

无奈，鳄鱼只能化身"太阳能电池板"，把阳光的热量吸收进体内，提高身体温度，加速新陈代谢，从而产生更多能量。这样，鳄鱼就满血"复活"了。

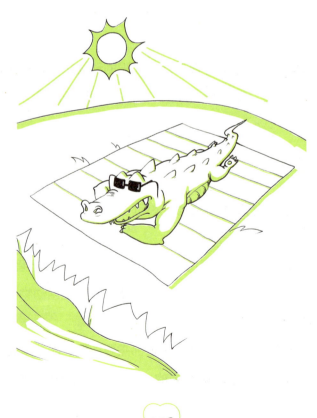

冷血动物也会发烧吗？

发烧的根源在于体内进入了"侵略者"——病毒和细菌。免疫系统拉响警报后，以巨噬细胞和白细胞为代表的先锋队率先抵达战场，和细菌、病毒展开厮杀。由于作战需要能量，人体细胞作为后勤保障部门就要加班加点工作，生产"能量"。同时，大脑会向全身发布"命令"，升高温度、收缩血管，减少热量散失。就这样，人体体温逐渐升高，人就发烧了。

这样看起来，发烧其实是人体支援免疫系统的表现。

对于冷血动物而言同样如此。鳄鱼一旦感染了病毒，由于它没有调节体温的神经中枢，大脑就会发布命令：寻找高温环境。于是鳄鱼就会到太阳底下，或者去水温较高的地方，借助外界环境为自己升温，帮助免疫细胞战胜病毒。

所以，冷血动物也会发烧，只不过它们的发烧是一种行为性发热。

蛇蜿蜒着爬行，是因为没有睫状肌，看不清路吗？

闭眼是很多动物都会做的动作。然而蛇却不会闭眼，它的眼睛永远是睁着的，哪怕睡觉的时候也一样。

戴着眼镜还近视的蛇

蛇虽然有一双大眼睛，但它"眼大无神"，是近视眼。因为蛇的眼睛没有睫状肌。

睫状肌是一种环绕在眼球周围的肌肉，通过收缩和舒张能改变眼球的屈度，类似照相机的聚焦，能根据物体远近的变化，改变眼球的焦点，这样就能看到远处和近处的物体了。由于蛇缺乏睫状肌，所以它的眼睛不能变焦，眼神差得很。

　　蛇不光缺少睫状肌，还没有眼睑，这就导致蛇无法闭眼。为了保护眼球，蛇把眼睛周围的鳞片变成了透明的，覆盖在眼球上，形成了透明眼罩。这层眼罩是和蛇皮连在一起的，所以蛇蜕皮时，眼罩也会随之蜕掉。

喙头蜥的头顶有一只"天眼"

　　喙头蜥属于爬行动物，但它不是蜥蜴，因为它身上融合了蜥蜴、鸟、龟和鳄四种动物的特征，是爬行动物中的"四不像"。

　　喙头蜥身上最吸引人的部位是头顶的"天眼"。在动物学中，这种"天眼"叫顶眼或者松果眼。

松果眼具有视网膜、晶状体、视神经等结构，但看不到东西，只能感知光线，通过感受光线的强弱，刺激松果囊，松果囊中的松果体就能分泌褪黑素，调节动物的睡眠模式和昼夜规律，相当于喙头蜥自带"作息规律表"。

蜻蜓真的有两万多只眼睛吗？

动物界中眼睛最厉害的还要数昆虫。

以蜻蜓为例，蜻蜓有一对大眼睛，如果你用放大镜观察，会发现蜻蜓的眼睛是由 28000 多只"小眼睛"构成的，所以蜻蜓的眼睛叫作复眼。大部分昆虫如苍蝇、蝗虫等也都有复眼。

复眼中的每一只"小眼睛"都有角膜、晶椎、色素细胞、视网膜和视杆等，是一只功能齐全的眼睛。

当蜻蜓捕食时，每一只"小眼睛"都能形成一个小图像，28000 多个小图像拼接起来就形成了清晰的猎物影像。有了复眼的帮助，蜻蜓捕食非常轻松，成功率高达 98%，是狮子的 4 倍。

科学家由昆虫的复眼得到灵感，发明了"蝇眼"航空相机。有了它，哪怕在光线很弱的环境下也能保证卫星和航天探测器拍出高分辨率的图像。

亚马孙丛林里的金刚鹦鹉为什么要吃土？

如果你去南美洲的亚马孙丛林游玩，看到色彩斑斓的金刚鹦鹉在闷头吃土，千万别以为它们太穷，恰巧相反，这说明它们的伙食非常好。这是为什么呢？

金刚鹦鹉的"土"方子

亚马孙丛林是世界上面积最大的热带雨林，号称"地球之肺"。

这里是鹦鹉的乐园，其中金刚鹦鹉以强健的体魄和缤纷的色彩，成为人气最高的明星。金刚鹦鹉的嘴锋利坚韧，靠着这张嘴，它成为"坚果"美食家，在"吃货"的道路上越走越远。

大多数植物的种子中含有具有毒性的生物碱，金刚鹦鹉贪吃，吃的坚果又多又杂，经常会食物中毒，导致胃肠黏膜破损。幸好它有个祖传的解毒"土"方子。

　　丛林附近有红土堆，其中含有高岭土。金刚鹦鹉一旦肠胃不舒服，就会去吃这种土。高岭土类似活性炭，能吸附生物碱毒素。

　　有了这个"土"方子，金刚鹦鹉就不担心中毒了。

精通草本疗法的黑熊大师

在动物世界里，有很多精通医术的高手，黑熊就是其中一个。

黑熊经过漫长的冬眠后，由于长时间没上厕所，容易便秘。俗话说，"久病成医"。容易便秘的黑熊竟成了数一数二的肠胃调理专家。

黑熊精通草本疗法，冬眠醒来第一件事就是寻找牙格达、山荆子等植物。这些植物具有润肠、助消化的功能。此外，黑熊还会寻找野果吃，加速肠道蠕动，缓解便秘。

"虫疗"传承人——黑猩猩

黑猩猩是人类的远房亲戚。生活在加蓬洛佩国家公园的黑猩猩是远近闻名的"虫疗"大师。这里的黑猩猩受伤后会寻找一种特殊的虫子，将其捣碎后敷在伤口上消毒止血。不仅如此，它们还会用这种方法给同伴治病。

黑猩猩不仅掌握了"虫疗"法，对付寄生虫的方法也是一绝。

蠕虫病是常见的寄生虫病，感染了蠕虫病的黑猩猩会专门去寻找扁桃斑鸠菊的茎来吃。这种植物含有特效抗寄生虫物质，能很快将黑猩猩体内的蠕虫清除掉。

企鹅半蹲着走路是因为它们腿短吗？

企鹅给人们的印象常常是没脖子，小短腿，走起路来一摇一摆的。其实这是刻板印象，企鹅可是拥有一双让人羡慕的大长腿呢！

企鹅竟然是半蹲着走路的

企鹅是鸟类，为了适应寒冷的气候，它们把自己吃成了"胖墩儿"，翅膀也变成了利于游泳的船桨形状。

企鹅看起来没脖子，其实它们的脖子比人类的脖子还长。人类的脖子由 7 块颈椎骨构成，而企鹅脖子的颈椎骨多达十几块。为了保暖，企鹅围上了由脂肪组成的"围脖"，脖子就"隐身"了。

企鹅的腿看起来很短，是因为它们被"啤酒肚"盖住了。

其实企鹅的腿几乎占它们身高的三分之一，是名副其实的大长腿。

为什么企鹅看起来腿很短呢？这是因为企鹅走路时是蹲着的，再加上"啤酒肚"太大，肚子上的羽毛像羽绒服一样把双腿包裹起来，所以企鹅的腿看起来特别短。

蹲着走路其实是企鹅节省体力的绝技

人蹲着走路会感觉大腿酸疼。但企鹅蹲着走路不仅不会难受，反而会觉得很舒服。

在四足动物中，人类直立行走的效率是最高的。这是由于人巧妙利用了重力来节省腿部肌肉能量。这种现象叫回收重力。

科学测量数据表明，人类回收重力的效率约为 65%，而企鹅回收重力的比例竟然高达 80%。原因在于企鹅的髌骨卡在股骨与胫跗骨关节处，能稳定膝关节，并且企鹅还能借助髌骨固持股骨与胫跗骨。这样走路时，肌肉不用长时间收缩，有效节省了能量。此外，企鹅蹲着走路，一摇一摆，更有助于回收重力，利用惯性节省体力。

这样看来，企鹅还真是节能省力的小能手呢！

企鹅拥有哪些鸟类纪录

南极帝企鹅能够承受南极 -60℃ 的低温，以及每小时 200 千米的暴风雪，是鸟类最抗冻纪录的保持者。

巴布亚企鹅在水中每小时能游 36 千米，是鸟类中的游泳冠军。

企鹅还是鸟类中的潜水冠军。企鹅一般能在水中潜游 20 分钟才浮上来换气，并且创造了下潜 500 多米的纪录。

麻雀站在电线上不会触电，竟然是因为这个姿势！

电线是很危险的，但麻雀练就了一门绝技，能安然无恙地站在电线上"开大会"，甚至打盹睡觉。它们是如何做到的呢？

麻雀有什么防触电秘诀吗？

麻雀属于脊索动物门鸟纲雀形目雀科麻雀属的鸟类，"麻雀虽小，五脏俱全"说的就是它。

麻雀通常成群出没，最喜欢站在枝头"唱歌"，有时会一排排地站在电线上"侃大山"。神奇的是，站在电线上的麻雀不仅不会被电到，还能悠闲地在电线上溜达，难道它们穿了绝缘服？

其实，麻雀不会触电和它们特殊的"步法"有关系。

　　麻雀是资深"电工"，它们很清楚两根电线之间存在电压差，如果两只脚分别踩在两根电线上，两只脚之间就会产生电压，身体里就会形成电流，即触电。

　　于是，麻雀站在电线上时，总会双脚同时落在同一根电线上，这样就不会产生电压，自然就不会触电了。

为什么麻雀走路时一蹦一跳的？

　　鸡鸭鹅或者鹰等大型鸟类走路时，会像人一样两腿交替行走。但麻雀不同，它们的脚上好像安了弹簧，总是蹦跳着走。这和它们特殊的腿部结构与生活习性有关。

　　麻雀的腿又短又细，主要由股部、胫部、跗部以及趾部组成，在胫骨与跗骨之间没有关节臼，不能像人的腿那样自由活动。另外，麻雀的腿很细，爪子很小，如果交替行走，单条腿不足以支撑身体的重量，很容易损坏脚掌。所以，麻雀只能蹦跳着前进。

麻雀腿部的肌肉很强，就像强力弹簧，不仅能蹦得很远，还能高频率蹦跳，不需要挥动翅膀辅助，可以节省很多力气。

麻雀的智商有多高

在鸟类中，麻雀的智商仅次于鹦鹉和乌鸦，排名第三，相当于5岁人类儿童的智商。由于生活在人类周围，很多麻雀学会了开垃圾桶、开瓶盖等技能。

麻雀拥有敏锐的听力和视力，甚至能听到超声波。麻雀生性机警，靠着敏锐的知觉，能迅速发觉并摆脱危险。

火烈鸟的粉红色羽毛是因为它们吃了粉红色食物吗？

火烈鸟是一种优雅美丽的鸟，拥有一双超模一样的大长腿！然而，你看到的腿可能不是腿。

为什么说火烈鸟的大长腿不是腿？

火烈鸟是大型涉禽，属于红鹳目红鹳科鸟类，又叫红鹳，通常生活在盐碱沼泽中。

火烈鸟是鸟圈的"时尚超模"，拥有一双让人羡慕的大长腿。可是你知道吗，我们平常看到的火烈鸟的大长腿，其实根本不是腿，而是脚丫。

原来，火烈鸟腿部中间向后弯曲的部分并不是膝盖，而是踝关节，相当于人类的脚踝；而踝关节下面类似"小腿"的部分是跖骨，也就是脚掌。踝关节上面长长的一段，才是火烈鸟的小腿。小腿根部，靠近肚子的位置，才是火烈鸟的膝盖，只是被羽毛遮挡住了。

这样看来，火烈鸟并不是有一双大长腿，而是有一双大脚丫。

为什么火烈鸟喜欢"金鸡独立"？

火烈鸟是功夫大师，天生就会"金鸡独立"。无论是觅食还是睡觉，火烈鸟都能单腿站立而不摔倒。

火烈鸟大部分时间在水塘里觅食，水塘中的水温较低，很容易造成火烈鸟体温下降。研究发现，温血动物泡在水里

时，体温下降的速度比在空气中快 25 倍，而热量散失的速率与动物接触水的面积成正比，这也是夏季时河马喜欢在水里降温的原因。

对于火烈鸟来说，脚踝以下经常泡在水中，这部分的表面积大约占全身的 4%，在水中损失的热量与其他部位在空气中损失的热量相当。而火烈鸟双腿站立在水中时，会比单腿站立时多损失 40% ~ 70% 的体温。所以，火烈鸟为了保持体温恒定，避免身体散失大量的热量，就选择单腿站立。

火烈鸟真的用脑浆喂自己的孩子吗？

除了大长腿，火烈鸟的另一个标志性特征是那一身粉红色的"晚礼服"。

其实火烈鸟小时候羽毛是灰白色或者灰色的。它们喜欢吃池塘中的藻类和小鱼小虾，这些食物中蕴含丰富的胡萝卜素。而胡萝卜素是一种天然色素，能呈现出黄色、橙色和红色。随着火烈鸟不断摄取带有胡萝卜素的食物，它们的羽毛就变成了粉红色或者深红色的。

火烈鸟的食道后端有一个叫嗉囊的器官，是鸟类的消化器官。在食物匮乏时，火烈鸟会把嗉囊里没有消化完的食物吐出来给孩子吃。由于火烈鸟吃的虾类富含虾青素，经过嗉囊消化后会变成红色的，看起来像血一样。

雏鸟有"认嘴"的特点，如果被妈妈喂习惯了，就不喜欢被爸爸喂。所以，当火烈鸟妈妈嗉囊里没有食物时，火烈鸟爸爸就会把嗉囊中的食物吐到妈妈头上，食物会顺着妈妈的嘴流进孩子嘴里。这样就很容易被误认为火烈鸟爸爸弄破了火烈鸟妈妈的头。

动物会进行"人脸识别"吗？

　　乌鸦是一种非常聪明的动物，它的聪明主要体现在善于使用"外挂"和"人脸识别"。

堪称"外挂"大师的乌鸦

　　乌鸦是雀形目鸦科鸦属鸟类的通称，它们日常穿着"黑西服"，像特工一样严肃。

　　乌鸦被称为最聪明的鸟。解剖学发现，乌鸦的脑容量与身体的比例在鸟类中是最大的。以美洲乌鸦为例，它们的大脑占身体的比例高达 2.3%，而鸡只有 0.1%，两者相差23 倍。

　　超大的脑容量让乌鸦能进行复杂的"思考"，并善于利用身边的"外挂"工具，比如，借助汽车的力量碾碎坚果，利

用小树枝掏取树洞里的虫子等。

乌鸦的高智商与其家族也有关系。乌鸦是群居动物，寿命一般为 15 ~ 20 年。乌鸦能从身边的亲友身上学到很多生存经验，因此它们的智慧可以一代代传承下去。

乌鸦的"人脸识别"技术有多强

乌鸦拥有"人脸识别"技术。科学家发现，乌鸦对人脸的相关记忆能够保存 10 年之久，堪称鸟圈的记忆大师。

美国华盛顿大学的动物学家约翰·马兹卢夫做过一项研究，他让实验人员戴上橡胶面具去抓乌鸦。之后，只要乌鸦看到戴这种面具的人，就会对其进行攻击。

约翰·马兹卢夫借助 FDG-PET 脑成像技术，通过测量标记的葡萄糖的吸收量来研究乌鸦"人脸识别"的神经活动。当乌鸦看到伤害它的人戴的面具时，大脑会激发与恐惧有关的区域；而看到给它投喂食物的人的脸时，大脑会激发联想、学习、饥饿等区域。

这表示，乌鸦拥有"人脸识别"的能力，是由于它们能够把视觉图像与情绪综合起来，进而影响自身的行为。

天下乌鸦并不是一般黑的

俗话说："天下乌鸦一般黑。"然而事实并非如此。

人们在非洲的坦桑尼亚发现了 3 种乌鸦，它们都不是纯黑色的。斑驳鸦的脖子上有一圈白色的羽毛，胸部羽毛也是白色的；白颈鸦的颈部、胸部和后背等部位都长着白色的羽毛；斗篷白嘴鸦的嘴巴是白色的。

而在日本和加拿大，竟然生活着全身雪白的乌鸦，它们堪称乌鸦界的"白衣天使"了。

公鸡打鸣那么吵，怎么没把自己震聋？

生活在乡村的人都知道，每天清晨，公鸡都会准时"喔喔"叫。难道公鸡自带"闹钟"吗？公鸡到底为什么打鸣呢？

为什么公鸡打鸣的时候要把脖子伸直？

公鸡打鸣之前有一套标准动作：吸气、伸脖子、张嘴……打鸣时，公鸡的脖子伸得笔直，就像唢呐的吹管一样。

其实，公鸡打鸣时伸直脖子还真的与唢呐的吹管有异曲同工之处。当公鸡伸直脖子时，肺部的空气通过气管快速通过声带，引起声带振动，从而产生声音。空气流动越快，声带振动频率越高，幅度越大，打鸣的声音越响。

假如公鸡不伸直脖子，肺部的空气无法加速，声带的振动就会很慢，甚至连声音都发不出。

为什么公鸡每天定时打鸣？

公鸡每天准时"打卡上班"，多亏了它体内有生物钟。生物钟是动物受到生物节律而产生的行为，是本能的一部分。

对于公鸡来说，影响它的生物节律的因素是光照。当光照减弱，公鸡大脑中的松果体就会分泌褪黑素，让公鸡产生"睡眠冲动"。而清晨光照由弱变强时，大脑会抑制松果体分泌褪黑素，公鸡就会重新活跃起来，开始打鸣。

另外，公鸡对光照感受能力的强弱和雄性激素也有关。雄性激素分泌越多，公鸡对光照越敏感，这样就越容易打鸣。所以，被阉割的公鸡往往不会打鸣。

公鸡打鸣时会把自己震聋吗？

公鸡打鸣的声音非常大。科研人员在距离公鸡 1 米远的地方放置测量设备，测得公鸡打鸣发出的声音响度达到了 100 ~ 126 分贝。要知道，工地上电锯的噪音才 120 分贝，飞机起飞发出的声音约为 130 分贝。

公鸡打鸣的声音这么大，它们自己不会被震聋吗？

还真不会！通过 CT 扫描发现，公鸡打鸣时，嘴巴会张到最大。此时，它们的耳膜松弛，如同松弛的皮鼓敲不出震耳的声音一样。耳膜松弛，振动频率下降，声音就不刺耳了。再加上外耳道外边覆盖着一层软组织，相当于戴了一副降噪耳塞。此外，公鸡耳朵里的听小骨在肌肉的牵动下，能把噪音降低到 10 ~ 20 分贝的效果。

在一系列"黑科技"加持下，公鸡完全不用担心把自己震聋。

叽叽喳喳的鸟类，在迁徙前要会多少种语言？

人类通过语言交流想法。动物也有自己的语言，而且出人意料的是它们还有方言和外语。其中，鸟类的方言和外语尤其多。

鸟类真的拥有自己的语言吗？

鸟类依靠鸣管和鸣肌"唱歌"，其叫声主要分为两种，一种是鸣唱，另一种是鸣叫。

鸣叫是短促的简单叫声，而鸣唱是时间长、音调复杂的长叫声。鸣唱只在两种情况下使用，一种情况是相亲，另一种情况是抢地盘。

到了繁殖季节，鸟儿们会去参加相亲大会，雄鸟一展歌喉，用优美的鸣唱赢得雌鸟的芳心。当有陌生人进入自己的

地盘时，雄鸟也会鸣唱，以此向敌人发出警告。

由此可见，鸟类的不同叫声代表着不同含义。

有意思的是，不同种的鸟叫声也不同。鸟儿们通过辨认叫声，可以避免与其他种类的鸟通婚，从而保持血统纯正。

鸟类也有自己的语言辞典

研究鸟类"语言"有重要意义。科学家通过研究鸟类语言，研发出了特殊设备，放在机场周围驱赶鸟类，避免飞行事故。而将这种设备放在农田里，就可以避免鸟"偷粮食"。

动物学家对鸟叫声进行汇总，编纂了《鸟类语言学辞典》。和我们使用的汉语词典不同，这本辞典记录的是叫声。比如，鸫鸟的叫声有 26 个"词句"；乌鸦的语言非常丰富，有 300 多种不同的叫声。

哥伦比亚大学动物行为学家海兰德·布鲁诺研究斑胸草雀时，发现相隔很远的同种鸟随着环境的变化和天敌的改变，会在叫声上做出细微的调整，从而形成新叫声，最终产生"方言"。

动物学家曾把法国布列塔尼的乌鸦报警的叫声录下来，播放给美国的乌鸦听，结果美国的乌鸦完全"听不懂"。

候鸟会"督促"孩子学习外语和方言

"方言"对于候鸟来说作用很大。

候鸟每年都会迁徙，在迁徙的过程中它们不会一直飞，累了会停在"服务区"休息。由于候鸟没在"服务区"长期生活过，这里有什么捕食者，有什么好吃的，它们一概不知。

为此，候鸟会"虚心"向当地鸟类学习"方言"。这样，当地鸟类发现捕食者并发出警报时，候鸟们也能及时逃跑。而当地鸟类发现食物时，候鸟们也可以和它们一起分享。

因此，在迁徙之前，经验丰富的候鸟父母会教孩子"方言"，提高它们的生存技能。

鸭嘴兽有 25 种性别吗?

陆地上的生物,无论是植物还是动物,大多只有雌性和雄性两种性别。然而鸭嘴兽理论上却有 25 种性别,这是怎么回事呢?

身为哺乳动物的鸭嘴兽真的会下蛋吗?

鸭嘴兽属于鸭嘴兽科鸭嘴兽属,因其独特的长相而闻名世界。鸭嘴兽的嘴和脚像鸭子,皮毛像水獭,尾巴像河狸,头部像啮齿动物……总之,鸭嘴兽像是由各种动物东拼西凑起来的物种。

其实,鸭嘴兽是最古老的哺乳动物,但它们又和哺乳动物有很大区别。

鸭嘴兽用乳汁喂养孩子,但它没有乳头,只在腹部有一片分泌乳汁的区域。小鸭嘴兽要爬到妈妈肚子上，用力挤压泌乳区才能吃到奶，这还真是"用上了吃奶的劲儿"呀！

鸭嘴兽生孩子的方式和哺乳动物不同。它是卵生的，鸭嘴兽妈妈用身体的温度把小鸭嘴兽孵化出来。

鸭嘴兽真的有 25 种性别吗？

如果鸭嘴兽有身份证的话，查验身份证的人一定会抓狂的。

人们通过基因测序发现，鸭嘴兽有 5 对独立的性染色体。在受精卵有丝分裂时，5 对性染色体重新组合，决定了鸭嘴兽的性别。从理论上讲，5 对性染色体进行组合可以产生 25 种不同的性别。

106

但实际上，鸭嘴兽只有雌、雄两种性别。雄性鸭嘴兽拥有5个X染色体和5个Y染色体，而雌性鸭嘴兽则带有10个X染色体。至于为什么没有出现4个X染色体和6个Y染色体，或者8个X染色体和2个Y染色体这种情况，现在科学家还不得而知。

鸭嘴兽有哪些神奇的技能？

鸭嘴兽的嘴巴看起来像鸭子嘴，但比鸭子嘴高级。它的嘴巴是柔软的，里面布满了神经纤维。鸭嘴兽捕猎时，嘴巴能感受到水中微弱的电波，并借此寻找猎物。鸭嘴兽还能利用嘴感受电磁波，以辨别方位。可以说，它的嘴巴就是一个雷达探测器。

鸭嘴兽看上去呆萌可爱，但它实际上可是用毒高手。雄性鸭嘴兽后肢上有一个空心的倒钩，长约2.5厘米，里面含有有毒物质。鸭嘴兽的毒液含有十几种毒素蛋白，涵盖了80多种毒素基因，混合起来能产生多种毒素，人被刺中后会引发炎症、神经损伤、肌肉萎缩等。

大象不会跳，是因为太胖吗？

如果动物界举办跳绳大赛，垫底的一定是大象。别看它是陆地上最大的动物，可它不会跳。

大象不会跳，是因为太胖吗？

大象是长鼻目象科的哺乳动物，拥有一条如同手臂一样灵活的鼻子和两只扇子一样的大耳朵。

别看大象胖乎乎的，人家可是个灵活的胖子呢！一头成年大象全力奔跑，最快速度能达到每小时 40 ~ 50 千米。大象还是个大力士，能轻松掀翻一辆汽车。

不过，不会跳是大象的软肋，这和它的腿部结构有关。

大象的腿和其他哺乳动物一样，都是由骨骼、肌肉、血管及神经组成的。但大象的脚趾和脚掌之间的角度接近90°，也就是说，大象平时是踮着脚走路的，像穿了高跟鞋。这种特殊的脚部结构让大象没办法"突然"发力，运用脚踝的力量和腿部肌肉跳起来。

不信，你可以试一试。先踮起脚尖，然后起跳，会比脚掌着地起跳难得多。

另外，大象实在"太胖"了，膝盖作为腿部的主要关节，承受着来自身体的巨大重量。以人类为例，我们行走时，膝关节能承受身体重量的 2 ~ 3 倍。可想而知，对于体重 3 ~ 8 吨的大象来说，膝盖要承受多大的重量呀！按照大象体重计算，哪怕它的腿是钢做的，只要一跳，腿也会折断。

虽然大象的腿不能让大象参与"跳绳"，但它还是很厉害，能稳定支撑几吨重的庞大身躯。

"肥胖"的动物有哪些应对体重的妙招?

动物界的"大块头"除了大象,最具有代表性的就是河马和鲸鱼啦。

一头成年河马重1～3吨,它的四条小短腿长时间支撑这么大的体重,很容易损伤。于是,河马潜心研究"浮力原理",借助河水的浮力,减轻体重对腿部的压迫。同时,在河水中还有助于降温,真是一举两得。

一头成年蓝鲸的体重超过150吨。如果在陆地上生活,鲸鱼就算拥有像恐龙那样粗壮的四肢,也会因为移动速度缓慢、无法获得足够的猎物而饿死。而生活在海洋中就不同了,鲸鱼不仅可以借助海水的浮力缓解体重对身体器官的压力,还能灵活地捕食,简直"美美哒"。

猪无法抬头是因为没有脖子吗？

几乎每个人都听过"井底之蛙"的故事。现实生活中，有一种"脑袋大脖子粗"的动物比井底之蛙还惨，它可能一辈子都没见过"头顶"的风景。

一生都"抬不起头来"的"二师兄"

提到"二师兄"，想必大家已经知道是什么动物了。

猪属于哺乳动物，在新石器时代就已经被人类驯化了。随着时间的推移，人类社会产生了艺术和文化，猪却没有成为"文艺青年"，不喜欢抬头 45° 斜视天空。

动物学家表示，猪是可以抬头的，只不过抬头的幅度没有那么大。

其实，猪没有必要抬头。家猪是由野猪驯化而来的，野

111

猪在寻找食物时都在地面上进行，食物不是在草丛里，就是在土里，加上它们很贪吃，大部分时间都是用鼻子在土里拱来拱去找吃的。

所以对猪来说，与其抬头看天，不如低头"干饭"。

猪一点也不笨，反而特别聪明

说起猪，人们的第一印象就是"笨"，所以有了"笨猪"这个词。但是你知道吗，猪的智商其实与人类3岁儿童的智商差不多。

英国剑桥大学的动物学家通过实验发现，猪在很多情况下比大多数的狗还聪明。比如，动物学家教猪和狗学习如何打开暖气。猪用一分钟就学会了，而狗花了两分钟。

除了智商高，猪的嗅觉也特别灵敏，是狗的 2 ~ 3 倍。即使相隔很远的距离，猪也能嗅出地下隐藏的危险物品。在国外，一些警局会专门利用经过训练的猪来寻找犯罪分子埋藏在地下的毒品。

猫头鹰的脖子是动物界最灵活的吗？

在动物界，没有谁的脖子比猫头鹰的更灵活。

猫头鹰眼睛又大又圆，但不能转动，因为它的眼球呈管状。眼睛不能转动，怎么发现猎物呢？猫头鹰有办法，那就是转脖子。

猫头鹰的脖子能旋转 270°。这是因为它的颈部有 14 块椎骨，增强了灵活性；其次，它的脖子上有连接着颈动脉和脊椎动脉的微血管系统，可以使血液在两条动脉之间自由交换；再加上它的颈椎椎管宽大，当头部转动时，完全不用担心血管被压迫。

犰狳身上的"铠甲"用子弹能打穿吗？

在自然界中，动物为了生存下去都练就了自己的家传绝技。老虎牙齿锋利，主要靠力量；猎豹奔跑迅速，主要靠速度；而有些动物，既没力量，也没速度，但有"重装铠甲"。

犰狳的"铠甲"能抵挡住子弹吗？

犰狳（qiúyú）是古老的哺乳动物，在地球上定居超过6000万年了，堪称哺乳动物中的"活化石"。

犰狳有一身"金刚不破"的"铠甲"。它的"铠甲"是由角质蛋白形成的鳞片，全身上下加起来超过15000片。遇到危险时，犰狳会把身体缩成球状，哪怕牙齿锋利的狮子都无从下嘴。

犰狳的鳞片到底有多硬呢？

动物专家研究发现，口径在 5 毫米以下的子弹根本打不穿犰狳的鳞片。犰狳的鳞片不仅能挡子弹，还能把子弹弹开，让子弹轨迹偏移，从而减弱子弹的冲击力。

科学家对犰狳鳞片防御子弹的功能进行了研究，希望能借此制造一种特殊的坦克装甲。

犰狳是一个行走的"毒气弹"

别看犰狳好像有点呆笨，它可是个危险"人物"。

犰狳是除人类之外，自然界中唯一一种携带着麻风分枝杆菌的动物。这种病菌是导致麻风病的病原菌，主要侵犯人体皮肤、黏膜和外周神经组织，晚期可侵入深部组织和脏器，有致残和致死的严重后果。

美国微生物学家理查德·杜鲁门认为，过去人们喜欢吃犰狳肉，麻风分枝杆菌就这样进入了人体。犰狳不仅会把麻风分枝杆菌传染给人，它自己也会得病，导致肾脏和肝脏衰竭。

由于麻风分枝杆菌的"保护"，人们再也不猎杀犰狳，它这才躲过了人类的"刀叉"。

为什么穿山甲的铠甲坚固又透气？

穿山甲和犰狳一样，也拥有坚硬的铠甲。

穿山甲的鳞片富含角质蛋白，这种蛋白高度结晶，形成网状结构，十分坚硬，拥有超强的抗压力。除了坚固，穿山甲的鳞片还有保湿功能，可以防止穿山甲在干燥环境下脱水死去。

虽然穿山甲的鳞片看起来厚厚的，但穿起来一点也不闷哦。因为这些鳞片上有非常特别的纹路，空气从中流过，能带走体表的热量，让穿山甲在酷暑中也能保持凉爽。

另外，每只穿山甲的鳞片形状都有差别，所以鳞片也是穿山甲辨别同类的依据，是它们的身份证呢。

既然人会被吓晕倒，那有会被吓晕倒的动物吗？

羊是一种温顺胆小的动物，那么你知道羊胆小到什么程度吗？有一种羊，只要受到惊吓，就会全身僵硬，立即晕倒，人称"装死大师"。

世界上胆子最小的"晕倒羊"

在美国的田纳西河岸生活着一种世界上胆子最小的羊，叫作田纳西羊。它还有一个有趣的名字，叫"晕倒羊"。顾名思义，晕倒羊是"晕倒表演艺术家"。

晕倒羊只要受到惊吓，身体就不受控制地僵硬成团，不能动弹。但几秒钟后它又会活蹦乱跳，恢复如初。

其实，晕倒羊并不是真的晕倒，也不是在装死，而是因为它患上了肌强直综合症。肌强直综合症指的是肌肉在收缩

用力之后不能轻易放松下来，一直保持紧绷的状态。

晕倒羊的这种病是基因缺陷。它的 CLCN1 基因中的一个碱基出现了错误，导致肌肉纤维中的氯离子降低，神经纤维传导生物电的能力变差。所以，大脑向肌肉传达命令时有时间延迟。这才导致晕倒羊肌肉收缩后再舒张，用的时间比正常羊长很多。也就是说，晕倒羊的"反射弧"比较长。

晕倒羊是其他羊的"替死鬼"

由于"爱晕倒"这个特点，很久以前牧民们把晕倒羊作为羊群的"保镖"。

晕倒羊这么弱，怎么对付狼等捕食者呢？它们保护羊群的方式就是"送命"。当狼群攻击羊群时，其他羊受到惊吓四散逃跑，晕倒羊则直接晕倒在地上，这种乖乖就范的猎物自然很容易吸引狼群的注意力，而其他羊也能趁机逃掉了。

如今，晕倒羊靠"晕倒装死"成为"国际巨星"，很多游乐场"邀请"晕倒羊表演晕倒艺术。随着知名度的打开，晕倒羊的身价也随之增长。

动物界还有哪些"装死"影帝？

北美负鼠的"装死"技术一点也不亚于晕倒羊。

负鼠遇到敌人时会立即倒地，吐出舌头，紧接着分泌出一种特殊激素，让皮肤失去血色，并停止呼吸和心跳。为了让表演更加真切，它还精通"妆造"——从肛门的腺体排出一种臭气，这种气体很像尸体腐烂的味道。负鼠往往能凭借其优秀的"演技"，让敌人不战而退。

东方铃蟾也是表演高手。它装死的时候弓起后背，四肢扭曲，整个身体翻转过来，并在脚底形成橙黄色的标记，警告捕食者"我有毒，不要吃我"。

这种动物堪称"君子"，打架只会吐口水，从不动手

如果评选动物中的"君子"，那非羊驼莫属；如果评选"最会恶心人"的动物，羊驼也肯定榜上有名。为什么这样说呢？

羊驼打架不动手，只会吐口水

羊驼穿着毛茸茸的"外套"，看起来像绵羊，其实它是骆驼科的哺乳动物。羊驼外表呆萌，一手"卖萌术"不亚于大熊猫。然而在自然界里，卖萌可没办法打败敌人。那万一遇到捕食者怎么办呢？

羊驼秉承着"君子动口不动手"的原则，遇到敌人只动口——吐口水。你没看错，吐口水是羊驼的防御手段。

　　千万别小看这一招，羊驼的口水气味很大，一般动物可受不了。并且，羊驼的"射击"技术十分了得，射速快，射程远，能将口水喷射到 3 米外。

　　此外，羊驼属于反刍动物，口水是从胃里回流的液体加上唾液混合而成的，含有胃酸和草料消化的臭味，不光刺鼻，还带有腐蚀性。捕食者一旦被喷中眼睛，很容易造成失明。

　　怎么样，没想到羊驼还是暗器高手吧！

动物圈的那些"射击"高手

　　自然界中像羊驼这种通过"喷射"来攻击敌人的动物比比皆是。

　　暴风鹱（hù）生活在北半球高纬度地区的悬崖峭壁上。

121

如果遭遇敌人，暴风鹱也会"吐唾沫"，射程可达2米。它的"唾沫"是一种黏稠的油，其他鸟类一旦被这种油粘住羽毛，就飞不起来了。

天鹅绒虫在地球上生活了3亿多年，它的触角下有管状腺体，能喷射黏液。这种黏液遇到空气立即硬化结块。猎物被喷中后，全身会被"冻住"，这时候天鹅绒虫就用下颚刺穿猎物的身体，注入消化酶将猎物溶解，然后就能饱餐一顿了。

射炮步甲又叫投弹手甲虫，它的天敌是蚂蚁。为了对付蚂蚁，射炮步甲发明了"生化武器"。它能分泌有毒的醌（kūn）类有机物。另外，它体内有一个特殊的腔，里面存储着过氧化氢。当醌类遇到过氧化氢时，会发生剧烈反应，生成温度很高的有腐蚀性的臭味液体。射炮步甲从屁股后边喷出这种液体时，伴随"嘭"的一声，就像开炮一样，不仅能吓住蚂蚁，还能对它们造成不小的伤害。

蓝鲸是世界上最大的动物，为什么它只吃小鱼小虾？

蓝鲸是世界上现存最大的动物，可是你绝对想不到，蓝鲸的食物竟然是比它小几千倍的小鱼小虾！蓝鲸为什么不吃大鱼呢？

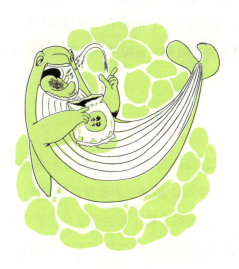

蓝鲸的牙口不好，是真的吗？

鲸鱼，虽然名字里有"鱼"，但它不是鱼，而是体温恒定、胎生的哺乳动物。千百万年前，鲸鱼的祖先生活在陆地上，由于环境巨变，它们去了海洋。经过漫长的演化，鲸鱼四肢退化，变成了现在的样子。

鲸鱼按照"牙口"好坏，分成两大类：牙口好的叫作齿鲸，比如抹香鲸、虎鲸等，它们的牙齿锋利，捕食大型鱼类和其他哺乳动物；而牙口不好的叫须鲸，它们的嘴里没有牙齿，只有 150 ~ 400 条角质须，就像梳子一样。

蓝鲸就属于须鲸。由于牙口不好，它只能吃手指大小的磷虾。蓝鲸吃东西时，先一头扎进磷虾群里，然后张开大嘴猛吞一口，连带海水一块儿吞进嘴里。然后，蓝鲸合上嘴巴，海水从它的嘴边流出来，而磷虾则被梳子一样的角质须挡在了嘴里。等把海水吐完，蓝鲸再一口把嘴里的磷虾吞进肚里。

蓝鲸到底有多大

一头成年蓝鲸体长 30 多米，相当于 10 层楼房的高度；体重可达 180 吨，和 30 多头非洲象差不多重。

蓝鲸的舌头重约 3 吨，相当于 2 台小轿车的重量；不仅如此，舌头的面积也大，能容纳 50 个成年人站在上面。

蓝鲸的肺重达 10 吨，相当于 2 头大象的重量。如果蓝鲸吸一口气，肺里能装满 15000 升空气，能让蓝鲸在水下待十几分钟。

蓝鲸的心脏大约重 500 千克，相当于两只成年东北虎的体重。蓝鲸体内连接心脏的主血管特别粗，能容纳一个小孩在里面钻来钻去。

为什么说座头鲸是歌唱家？

座头鲸和蓝鲸一样，也属于须鲸。座头鲸是鲸鱼中著名的歌唱艺术家。

座头鲸喜欢唱歌，能发出至少 7 个八度音阶，其歌声中的敲击音与纯正音的比例，跟西方交响乐中两者的比例非常类似。这说明座头鲸的歌唱不是"干吼"，而是经过"编曲"的。

座头鲸的歌声非常嘹亮，在海洋里能传播超过 30 千米，音高超过 180 分贝，有的甚至高达 200 分贝，比火山喷发的声音还要大，是名副其实的海洋"高音歌唱家"。

为什么现在的动物无法长得像恐龙那么大？

地球上有这样一种动物，它们生活在 2.3 亿到 6500 万年前，除了蓝鲸，其他动物在它们面前都是"小不点"。它们就是恐龙。

世界上最大的恐龙

恐龙的体形差别很大，小的和鸡鸭鹅一般大，大的比蓝鲸还要大。恐龙中的大家伙几乎都来自于蜥脚类家族，它们是素食主义者，但即使吃草，它们也能长得又高又壮。

目前已知恐龙中的"巨无霸"名叫阿根廷龙，生活在距今 1 亿年左右的白垩纪中晚期。人们在阿根廷发现了它们的化石，因此将它们命名为阿根廷龙。

现在人们已经发现的阿根廷龙的化石并不完整，只有一些椎骨、骨盆和后肢骨。其中一块脊椎骨高 1.5 米，宽 1.5 米，重达 2 吨。古生物学家格里瑞里·保罗根据这些化石估算出阿根廷龙大约高 12 米，体长 30～40 米，体重 65～75 吨。

要知道，我国国产大飞机 C919 全长只有 38.9 米，高 11.95 米，重 45.7 吨。也就是说，阿根廷龙几乎和 C919 一般大。

恐龙为什么能长这么大？

生物学家认为，恐龙长得"膀大腰圆"和当时地球的大气、温度、食物等多种因素有关。

在中生代时期，地球的"体温"偏高，赤道附近的平均温度高达 40℃。温暖的环境使得当时的植物中富含 C3（含有 3 个碳原子的有机物），这类有机物蕴含大量能量，恐龙吃下去后，很容易"发胖"。另外，恐龙吃饭不咀嚼，像猪八戒吃人参果一样直接吞掉，这种吃饭方式虽然不能细细品尝食物的味道，但进食效率很高。而且，食物在胃里储存，慢慢消化，能持续不断地为恐龙的生命活动提供能量。

蜥脚类恐龙和鸟类似，有复杂的气囊结构，相当于随身背着"氧气罐"，摄入的氧气量多了，新陈代谢产生的能量就多，自然就容易长肉。所以，恐龙想不变胖都难呀！

而现在的动物由于没有这些条件，很难长得像恐龙那么大。

为什么植物的身体大多是圆柱形的？

你有没有仔细观察过身边的植物，它们的"身材"多种多样，但大多数都是圆柱体，只有卫矛或者唇形科的植物拥有棱柱身材。为什么植物的茎大多数是圆柱形的呢？

圆形的神奇"法术"

圆柱体的横切面是一个圆形。圆形有一个神奇的特点，即圆心到圆弧上任意一点的距离都是相等的。如果把圆形放在三维空间，它就是球体，而圆形的特点赋予了球体一个厉害的"技能"：当球体受力时，圆弧面能像打太极拳一样，轻轻松松把"力"卸掉。这就是为什么鸡蛋很脆弱，但一只手握住鸡蛋，却很难将它捏碎的原因。

对于植物来说，圆柱体的茎让它们"腰杆"更硬，更能承受住来自四面八方的风吹雨打。无论刮风下雨，来自各个方向的"力量"，都会从植物圆弧形茎秆外缘的切线方向掠过去，从而降低对茎秆的摧残。

另外，植物的茎大多是圆柱形的还与它们体内的"高速公路"有关系。

植物体内真的有两类"高速公路"吗？

裸子植物、被子植物等高等植物的身体里面都有两类"高速公路"，分别是导管和筛管。

导管是上行路线，是水和无机盐的运输干线，负责把根从土壤中吸收的营养物质运送到植物全身各处；而筛管是下行路线，是有机物的货运干道，负责把叶子光合作用产生的有机物运送到根和其他地方。

导管和筛管在茎内，就像网线里面一根根的细线一样，被韧皮部包裹着。

圆形除了能分散作用力外，还有一个特点：与多边形相比，在周长相等的情况下，圆的面积总是最大的。这就意味着，植物圆柱形的茎能包裹更多的导管和筛管，能有更大的面积来吸收营养物质。

所以，植物把身材"练"成圆柱形的，是为了活得更加安全、健康。

地球上也有科幻电影里的发光植物吗？

很多科幻电影里会出现美轮美奂的发光植物。其实，地球上也生长着很多能发光的植物。它们为什么能发光，难道拥有什么神奇的魔力吗？

地球上有哪些会发光的植物？

在中国贵州的原始森林里，有一种名叫"夜光树"的植物。在漆黑的夜里，夜光树的树杈处会出现月牙形状的荧光，好看极了。此外，中国的灯笼树、非洲的某些芦荟以及"路灯草"和甲藻都能发光。

中国科学院的植物学家说，植物发光大多是由于其体内含有"发光二人组"——荧光素和荧光素酶。

荧光素容易被氧化，氧化时被激发，变得很兴奋。随后荧光素"慢慢冷静"，就可以发出微弱的光芒。

　　荧光素是"慢性子"，靠自己氧化非常缓慢，需要荧光素酶"督促"它。荧光素酶是一类催化酶的总称，能加快荧光素的氧化，从而让发光现象变得非常明显。

　　不过，并非所有的植物发光都是由于荧光素。有些植物发光是因为它们"吃"了很多磷，从树干和叶片中冒出磷化氢气体。磷化氢是"暴脾气"，室温下就可以燃烧，燃烧时会发出淡蓝色的光。

打着"灯笼"在海里钓鱼的鱼

除了植物，很多动物也会发光。

鮟鱇（ānkāng）鱼生活在深海，为了能填饱肚子，它们学会了"钓鱼"。鮟鱇鱼的头顶有一个细长的肉质突起，很像鱼竿。突起的顶端是个圆形的小球，里面有一种特殊的腺体细胞，能分泌荧光素。和发光植物一样，荧光素在荧光素酶的催化下可以发出蓝色的光。

在深海中，光对所有动物都是巨大的诱惑，大家会情不自禁地靠近光源。而鮟鱇鱼只需要张开嘴，坐等猎物送上门来，然后一口把猎物吞掉。

植物是 24 小时都在生产糖吗？

植物生下来就不用干活，不用加班，晒晒太阳就能吃饱肚子。它们是怎么做到的呢？

每一棵植物都有属于自己的"糖品加工厂"

植物晒晒太阳就有饭吃，原因是它们身体里有无数个"糖品加工厂"，这些加工厂名叫"叶绿体"。

叶绿体是植物细胞中一种特殊的物质，主要由外膜、内膜、类囊体和基质组成，其中类囊体和基质是主要的糖品加工车间。

类囊体是由一片片类似烧饼的基粒堆在一起组成的，上面含有叶绿素 a 和叶绿素 b 两种叶绿素。而基质则像一锅浓汤，里面富含生物酶、蛋白质、核糖体等。

当植物受到太阳光照射时，在类囊体和基质内就会发生光合作用，叶绿体把二氧化碳和水加工成糖等有机物，并释放出氧气。这样，植物就有源源不断的食物可以吃了。

光合作用是怎样发生的

植物生产糖的过程非常复杂，主要可以分成光反应阶段和暗反应阶段。

光反应阶段在类囊体"车间"内发生，叶绿素a和叶绿素b两个"工人"承担着全部生产任务。

部分叶绿素a和全部叶绿素b拿着"聚光镜"，将太阳光聚集起来，"转运"给剩余的叶绿素a。剩余的叶绿素a属于"高级技工"，它们被光激发，产生电子，电子把水分解成氢和氧，并释放出能量。其中，能量被"打包"在二磷酸腺苷（ADP）中，二磷酸腺苷获得了能量，就变成了三磷酸腺苷（ATP）。到这里，光反应就完成了，接下来要进行暗反应。

暗反应不需要光和叶绿素参加，在"车间"基质中发生。

各种生物酶和三磷酸腺苷是这个阶段的生产主力军，它们用氢、水和二氧化碳为原料生产出糖，产生的"废弃物"——氧气会被释放出去，最终把能量贮存在糖里。

这样，整个食物生产过程就完成了。

正是因为有了这种"糖品加工厂"，植物才可以过上"躺平"的生活。

你绝对想不到，这种植物曾经是恐龙最喜欢吃的！

陆地上有很多看似普通，实际上却很古老的植物，有些甚至比恐龙的年龄还大。

桫椤为什么被称为"活化石"？

桫椤（suōluó）是现存唯一一种木本蕨类植物，被很多国家列为一级濒危植物。在中国，桫椤主要生长于华东南部、西南南部及华南地区。

早在 3.5 亿年前的泥盆纪时代，桫椤就是陆地植物中的"大哥"了，那时银杏等裸子植物，以及桃树等开花植物还没有出现。而恐龙也要到 1.5 亿年后的三叠纪才会出现。

历经数亿年的岁月变迁，恐龙和很多蕨类植物都灭绝了，

　　"老寿星"桫椤依然坚挺到现在，变成了喜欢"晒太阳"的老爷爷。因此，桫椤被称为植物界的"活化石"。

　　恐龙出现后，桫椤和其他蕨类植物就成为它们可口的饭菜。

蕨类植物的"种子"结在叶子上吗？

　　蕨类植物是植物界中最古老的陆生植物，3.5亿～2.7亿年前是地球上蕨类植物最繁盛的时期，那时蕨类植物是陆地的绝对霸主。

　　二叠纪时，蕨类植物大量灭亡，被掩埋在地下变成了煤炭。只有少数幸存下来的蕨类植物一直繁衍至今，常见的有铁线蕨、蕨菜、卷柏等。

蕨类植物不善于"打扮"自己，它们不开花，也不结果，但会"结种子"。蕨类植物的"种子"叫孢子，生长在叶片的边缘，形成一群群的"水泡"，好像虫卵。

孢子成熟之后，会从叶片脱落，遇到适宜的环境就会生根发芽，长成一棵新的蕨类植物。

为什么蕨类植物都有"两条命"？

蕨类植物都有两条命，因为它们能产生两种不同的孢子。一种是完全成熟的孢子，可以直接发育成植物，叫作孢子体。另一种是"早产"的孢子，也能生根发芽，但长成的植物叫作配子体。配子体发育不良，生存能力差，长大之后会长出颈卵器和精子器，精、卵结合之后二次发育，才能变成成熟的孢子体。而随着孢子体长大，配子体就会死去。

蕨类植物的配子体和孢子体世代交替，这也是它们能快速繁殖并占领地球的原因之一。

世界上最大的花为什么会散发臭味？

在热带和亚热带的丛林中，生长着一种自带两个世界纪录的花——世界上最大的花和世界上最臭的花。它到底是什么花呢？

世界上最大的花

大王花是大花草科大王花属肉质寄生草本植物，它长得特别漂亮，是世界上已知最大的花。

大王花的中心像一个大坛子，"大坛子"周围有 5 片花瓣。目前，人们发现的最大的大王花直径大约 1.4 米，重达10 千克。

然而，大王花虽然长得又大又美，却特别懒，它不会进行光合作用生产食物。怎么办呢？大王花有办法——偷。

大王花的叶片和茎都退化了，只剩下一朵花，而吸收营养的根也变成了类似蘑菇一样的菌丝体。这种菌丝体就像"手术刀"，能在其他植物身上"切开"一道小口，然后伸进去，"偷"别人的营养。

　　这样，大王花就过上了"躺平"的寄生生活。

大王花竟然是"臭屁王"

　　别看大王花长得好看，但它一点也不注意"个人卫生"，整天臭气哄哄，人称"臭屁王"。大王花的臭味让人难以忍受，就像臭鸡蛋发出的气味，它也因此被公认为世界上最臭的花。

大王花散发恶臭是因为它有一种特殊的基因，能够合成很多硫化物和甲硫醇。这两种物质不稳定，挥发到空气中容易被氧化，形成甲基硫醇。而硫化物氧化的过程中，产生了具有臭味的硫化氢等物质，这便是大王花臭味的由来。

由于"擅长"散发臭味，大王花还有一个别名叫"腐尸花"。

为什么大王花要散发臭味呢？

大王花的臭味其实是它的"保护伞"。

森林中有很多昆虫和鸟类，它们喜欢甜甜的花蜜和香气，所以会啃食植物香甜的花朵和叶子。大王花为了保住自己，"故意"散发臭味，这样就能把敌人熏走。

可是把昆虫熏走之后，谁帮它传粉呢？别担心，还有苍蝇呢！

苍蝇是少数喜欢臭味的家伙，别人避之不及的臭味对苍蝇来说十分"美味"。并且苍蝇不会伤害大王花，所以在吃大王花臭臭的花蜜时，就帮它传粉了。

这几种水果虽然美味，但可能并不是真正的"果实"！

水果大多是各种植物的果实，含有丰富的营养。然而，植物的果实也分真假，你会相信吗？其实，从植物学上来说，并不是所有的水果都是"果实"。

每颗种子都有三层"防御铠甲"

种子是植物的"婴儿"，一颗种子在合适的环境下，能长成一株完整的植物。

植物为了保护这个"婴儿"，特意给它"制作"了3层铠甲——外果皮、中果皮和内果皮，3层果皮和种子一起构成了果实。不过呢，日常生活中，我们所说的果实，其实指的是果皮。

果皮是种子的"保镖"和"司机"。之所以说是"保镖"，是因为果皮把种子紧紧包裹在中心，保护它的安全。而之所以说果皮是"司机"，是因为果皮甘甜美味。动物被美味吸引，吃掉果皮就能带着种子去旅游，到了合适的地方，种子就可以扎根生长，变成一株新的植株。

为什么果实会有真假之分？

我们都知道，果实是由花"变形"而来的。

果皮是花朵的子房，相当于动物的子宫。而种子则是由受精卵发育而来的，相当于动物子宫里的小婴儿。像这种果皮由子房"变身"而来的水果就叫作"真果"。

然而，有些花"变形"能力差，子房不能存储营养物质变成果皮，就需要花朵的其他部分来帮忙，比如花萼、花托等。像这种由子房和其他部分一起"变身"变成果皮包裹种子的果实就叫作"假果"。

生活中有哪些常见的真果和假果？

　　桃子、李子、杏都是典型的真果。

　　它们甜美多汁的部分都是由子房变成的。果实的中心是种子。它们的种子都有一层厚厚的壳，实际上这层壳就是内果皮。而果实的"外皮"是外果皮，多汁的果肉属于中果皮。

　　苹果、梨和草莓属于假果。

　　苹果的"果肉"并非是真正意义上的果实，而是花托身材走形，"变胖"后形成的。那么苹果的果皮在哪呢？切开苹果的核心，你会发现种子外边有一层硬硬的、白色的壳，这层壳和周围部分果肉才是子房，里面黑色的就是种子。

　　草莓也和苹果一样，红色的好吃的"果肉"是花托膨大而成的，真正的果实其实是表面的小黑点。在小黑点里面，是草莓的种子。

为什么香蕉是弯弯的而不是直的？

香蕉之所以长得弯弯的，其实是由阳光造成的。

阳光是如何让香蕉变弯的？

香蕉是芭蕉科芭蕉属的草本植物的果实，它的花属于穗状花序，也就是很多雌花和雄花密密麻麻环绕在一根花序轴上，就像稻穗一样。

香蕉的穗状花序的每一朵花都能发育成一根香蕉，这就导致所有的香蕉会挤在一起。香蕉在"儿童"时期身体是直直的，为了争夺更多的阳光和空气，它们就努力向上生长。这个过程中，每一根香蕉总是一面背对着太阳，一面正对着太阳。

香蕉想要长大，需要生长激素，生长激素是植物体内由分裂和增大活性的细胞分泌的，可以调控植物的生长速度和方向。

植物体内的生长激素是吲哚（yǐnduǒ）乙酸，它"性格"矛盾，既能促进植物生长，又能抑制植物生长。如果吲哚乙酸浓度高，植物就长得慢；如果其浓度低，植物反而长得快。

阳光是影响吲哚乙酸浓度的重要因素，对于香蕉来说，光照较多的一面，吲哚乙酸的浓度偏低，所以长得快；而背对阳光的一面，吲哚乙酸浓度偏高，所以长得慢。

久而久之，香蕉就变弯了。

不同颜色的光对植物的生长有不同的作用

阳光是由可见光、紫外线和红外线组成的。可见光由红、橙、黄、绿、青、蓝、紫等七色光组成。

研究发现，红色的光能增加植物的叶绿素、类胡萝卜素和糖的积累，促进植物"长胖"和"长高"。所以，总被红光照射的植物不仅高大，而且枝叶繁茂，树冠很大。

此外，红光还能影响植物开花，如果植物长期暴露在红光下，它的花期会延长。红光也能影响植物的"味道"，因为红光能增加植物中某种油脂的浓度，从而让植物的叶子变苦。

蓝光是"变胖"光。因为植物中有一种叫作隐花色素的感光器，在被蓝光照射后会抑制植物生长激素的产生，于是植物就不会纵向生长，只会横向"变胖"。另外，蓝光能抑制果实周围的叶片生长，从而把更多的营养输送给果实，让种子长得胖胖的。

植物也会像动物一样有性别吗？

动物和人都有"男女"的分别，植物也有。植物有的是雌雄同体，有的是雌雄异体。想弄清这个问题，首先要知道花的结构。

植物的花为什么能结出果实？

我们经常把花当成装饰品，因为花拥有缤纷的颜色和香甜的气味。不过，对于植物来说，花其实是"婴儿产房"。

花由花萼、花托、花瓣、雌蕊和雄蕊组成。雌蕊的底部连接着子房，子房里面有卵子；雄蕊的"头"上顶着花药，花药里面有花粉，花粉中有精子。

由于植物不会动，想生孩子必须由昆虫来"助孕"。昆虫在花朵里走来走去，使雄蕊花药中的精子落到雌蕊的柱头上，精子进入子房就能和卵子结合，发育成种子。作为报答，花朵经常会给昆虫甜美的花蜜。

风也是很好的"助孕专家"，不过它的办法比较野蛮，是通过"摇晃"花朵，使得花药中的花粉坠落到雌蕊上，从而实现精卵结合的。

如何判断植物的性别

动物和人的性别通过性征就能看出来。那么植物的性别如何判断呢？

雌蕊和雄蕊是判断植物性别的关键。

一般情况下，雌蕊和雄蕊同"住"一朵花，这样的植物

就是雌雄同株同花植物，比如小麦、水稻、桃树等。

如果一棵植物长出不同性别的花，有的花只有雌蕊，有的花只有雄蕊，这样的植物称为雌雄同株异花植物，比如玉米，它的雄花在玉米秸秆的顶部，而雌花在腰部。

而如果一种植物的雌花和雄花长在不同植株上，也就是有的植株只有雌花，有的植株只有雄花，这样的植物称为雌雄异株植物，比如银杏、千年桐、开心果等。

为什么有的银杏树能结果，有的却不能？

银杏树是银杏科银杏属的乔木，平均高达 40 米，是中国特有的珍稀树种。早在恐龙生活的年代，银杏就已经生存在地球上了，如今成为孑遗物种。

银杏是典型的拥有性别的植物。一株银杏树，如果它的染色体是 22+XX 型，开雌花，那么它的性别就是"女"；如果它的染色体是 22+XY 型，开雄花，那么它的性别就是"男"。

和动物一样，只有开雌花的银杏树才能被授粉"怀孕"，结出果实。而开雄花的银杏树虽然能开花，但不会结果。

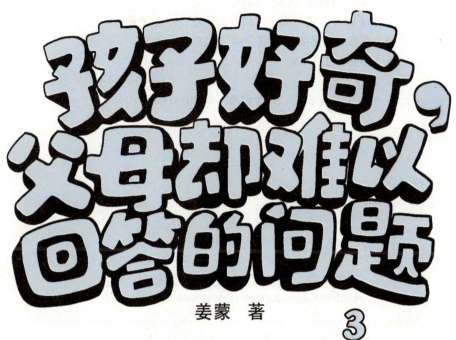

孩子好奇，父母却难以回答的问题

姜蒙 著

3

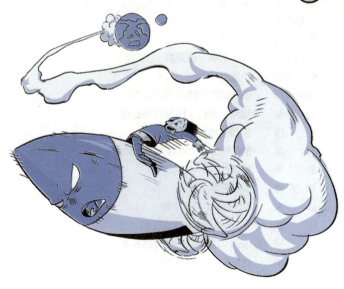

成都地图出版社

图书在版编目（CIP）数据

孩子好奇，父母却难以回答的问题 . 3 / 姜蒙著 .
成都 : 成都地图出版社有限公司 , 2025. 2. -- ISBN
978-7-5557-2737-8

Ⅰ . Z 228.1

中国国家版本馆 CIP 数据核字第 2025JA 4087 号

孩子好奇，父母却难以回答的问题 3

HAIZI HAOQI, FUMU QUE NANYI HUIDA DE WENTI 3

著　　者	姜　蒙
策划编辑	郭　靖
责任编辑	陈　红
封面设计	丫丫书装·张亚群
内文排版	小蘑菇
出版发行	成都地图出版社有限公司
印　　刷	运河（唐山）印务有限公司
经　　销	全国各地新华书店
开　　本	880 毫米 x1230 毫米　1/32
总 印 张	21.75
总 字 数	380 千字
版　　次	2025 年 2 月第 1 版
印　　次	2025 年 2 月第 1 次印刷
书　　号	ISBN 978-7-5557-2737-8
定　　价	152.00 元（全 4 册）

目录
CONTENTS

手机之间是如何连接的？

看不见摸不到的"声音"到底是什么？

无论是打电话，还是面对面交谈，本质上我们只使用了一种交流工具，那就是声音。

声音很奇特，不能被眼睛看到，不能被鼻子闻到，也不能被嘴巴品尝到。它飘荡在空气中，一旦没有了空气，我们也就听不到声音了。

那么，声音到底是什么呢？

你可能玩过这个游戏：将一把尺子放在桌子边缘，一只手按住尺子的一头，另一只手拨动尺子的另一头，尺子剧烈颤动，发出"嗡嗡"声。这时，把手放在尺子上，尺子停止振动，声音也就消失了。

如果你把电视机音量调到最大，把手放在扬声器附近，你会感到电视机"扯着嗓子"大喊，以至于"身体"都在颤抖。这种颤抖来源于扬声器。

不难发现，喇叭和尺子之所以能发出声音，是由于振动，这就是声音的本质。

物体的振动，传递给空气，引发空气振动，空气又把振动传递给我们的耳膜，我们就能听到声音了。

手机是如何"听懂"人话的？

我们平时通过语言交流，需要用到两个重要器官：嘴巴（声带）和耳朵（耳膜）。

嘴巴说"话"，耳朵听"话"。

手机同样也有自己的"耳朵"和"嘴巴"，也就是录音筒和扬声器。

当我们对着手机说话时，我们的声带受到肌肉牵引发生振动，传递给空气，空气又把振动传递给录音筒中的振膜。振膜下边安装着磁铁和线圈，振动时通过磁铁和线圈把振动转化成电信号，手机芯片将这些电信号进行处理后，手机就能"听懂"我们说话了。

当你用手机给朋友发信息时，你发了什么？

那么手机又是如何把我们说的话传出去的呢？

当我们的声音被手机"听懂"之后，手机芯片会把电信号转化成二进制数字，这个过程叫作数字化。

芯片会产生一种高频电磁波，叫作载波，顾名思义就是能够携带信息的波，相当于一辆"信息专车"。已经被数字化的语音信息坐在"信息专车"上，它们合起来形成高频的电磁波信号。

电磁波是一种携带着能量的电磁场，即使在真空中也能传播，无线电、光、微波等都属于电磁波。

手机形成电磁波信号之后，通过手机天线发射到空气中，经过传输和处理，最终被朋友的手机接收。

所以说，当你用手机给朋友发信息时，其实你发射的是一段电磁波。

我发给朋友的信息在空中传播，会被别人接收吗？

无论是座机还是手机都有一个号码，相当于身份证。

当你用手机给朋友发送信息时，相当于发了一件带有身份信息的电磁波"快递"。

电磁波"快递"首先来到信号塔，这里相当于快递发货站。在信号塔，电磁波信号被增强处理，然后发送给卫星。

卫星是中心枢纽，能把整个地区的所有电磁波"快递"分类处理，然后发往不同地区的"驿站"——接收方地区的信号塔。

当你朋友所在地区的"驿站"接收到你的电磁波"快递"之后，会将这个电磁波"快递"发送到你朋友的手机里，这样就完成了一次信息的传递。

因为有了电话号码作为唯一的身份识别，所以发送给你朋友的信息才不会传到其他人的手机里。

不过，有种特殊的情况，那就是没有插电话卡的手机，只要联网也能通过交友软件给朋友发信息。这种通信使用的是移动互联网，而身份识别是软件服务商的服务器提供的。

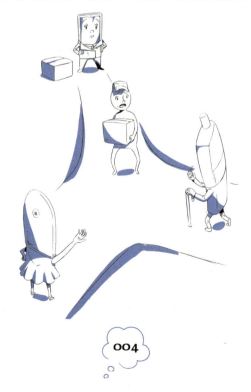

在月球上开演唱会，应该做哪些准备？

声波真的像水波一样吗？

物体受到外力的刺激，突然激动地"颤抖"，产生了声音。比如火车车轮从铁轨上轧过去，引发铁轨的振动，发出了"咣当"的声音。

不过神奇的是，哪怕你离铁轨很远，"咣当"声也能传到你耳朵里，这是怎么回事呢？

让我们拿出神奇放大镜，将火车车轮和铁轨接触的那一点放大，你会惊奇地发现，振动的根源实际上是铁轨中铁原子和碳原子受到挤压，偏离了原来的位置。无可奈何的铁原子和碳原子只能被迫地上下移动，这就是最初的振动。

不过，本着"有福同享，有难同当"的原则，被迫振动的铁原子和碳原子挤压旁边的同伴，一个挤一个，带动所有

005

的原子舞动起来，于是铁轨内部的原子们全都上下疯狂摇摆起来。这就是振动的本质。

铁轨中的原子是很有"国际"观念的，它们不光带动铁轨中的原子振动，还感染了空气中的分子，空气分子很快也跳动起来，并且以某点为圆心，由近及远，形成了一圈一圈的波浪，向远处传去。

当你的耳膜遇到跳动的空气分子时，耳膜便会随跳动的空气分子振动，于是你就听到铁轨的声音了。

如果这时有人用真空泵把你周围的空气全部抽干净，周围什么分子也不存在，振动就无法传递给你，你也就听不到声音了。也就是说，声音传播时，是需要能够振动的原子（分子）的，也就是介质。而且，传播速度还会因为介质的不同而不同。毕竟不同介质的原子（分子）不同，振动快慢也不同。

声音在15℃的空气中的传播速度大约是每秒340米，在25℃的水中的传播速度大约是每秒1500米，在铁中的传播速度大约是每秒5200米。

航天员在月球上戴着头盔说话能听清楚吗？

登上月球的航天员都要穿着厚厚的航天服，带着大大的头盔，哪怕是面对面说话时，也不能摘掉头盔。一方面是因为月球表面温度极低，另一方面是因为月球上没有空气。

没有空气，声音就没有办法传播，哪怕是摘掉头盔面对面大喊，对方也听不到你的声音。因为没有可以传播声音的介质。

那么航天员在月球上是如何交流的呢？秘密就在航天服上。

航天服有特殊的天线，能发射无线电——一种波长较长的电磁波。电磁波是相互交织的电场和磁场，它们不用借助任何介质，即使在真空中也能传播，于是就成为航天员们交流的唯一工具。所以，航天员戴着头盔交流时，能听得特别清楚，甚至还能听到对方的呼吸声和心跳声。

不过无线电也有缺点，那就是容易受到宇宙辐射比如太阳风的电磁干扰。而且在真空中，电磁波和光一样是直线传播的，不能拐弯。假如两名航天员分别在月球的正面和背面，那么他们就没办法直接通过无线电联系，必须借助中转站。

在月球上能开演唱会吗？

以如今的科技水平，在月球上开演唱会还有点异想天开。但在不远的将来，哪怕去火星开演唱会也很有可能，前提是需要有月球基地或者火星基地。

月球基地内就像地球表面一样，有着充足的空气，可以架设表演舞台。基地外一般会建设大型通信天线，同时在月球的轨道上，还有和地球表面通信的中继卫星以及轨道环绕器等。这些都可以保证月球基地内的演唱会能通过地球卫星转播到千家万户。

不过需要注意的是，月球和地球的平均距离约为 38 万千米，即使电磁波以光速传播，从月球发射出去的信号也要花费 1.28 秒的时间才能到达地球。

如果想去现场观看，可以乘坐地月旅行火箭。注意哦，在演唱会现场不要过分激动，因为一不小心跳起来的话，很可能直接撞到屋顶。

声音能被放大和缩小吗?

声音是如何拐弯的呢?

声音是物体振动产生的。声音在介质中传播时，本质上是将"振动"的能量通过介质分子一个接一个传递下去。

以空气和墙壁为例，当声音在空气中传播时，忽然遇到了墙壁，空气分子就会将振动传递给墙壁中的分子，从而引起墙壁中分子的振动。

不过墙壁中的分子很懂得"知足常乐"，它们得到"振动"能量之后，不会全部收下，而是收下一部分，将剩余的"振动"能量返回给空气分子。返回去的这部分"振动"能量依然能让其他空气分子振动，随着返回去的"振动"在空气中越传越远，声音就发生了反射。这就是声音遇到障碍物会拐弯的原理。

如果墙壁表面光滑平整，反射回去的声波就会朝着单一方向传播，这种反射叫作"镜面反射"。

　　如果墙壁表面凹凸不平，墙壁中的分子振动的方向各不相同，就会导致声波朝各个方向反射，这种反射叫作"漫反射"。

天坛回音壁隐藏的秘密

　　天坛回音壁实际上是一堵直径 65.2 米的圆形围墙，使用磨砖对缝砌筑而成。当人们站在回音壁前说话时，声音会在墙壁内侧发生规则的反射。即使两个人距离很远，声音在墙

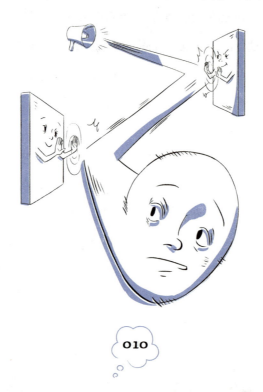

壁上经过不断地反射，最终也会传到另一个人的耳朵里，这就是回音壁传声的秘密。

古代皇帝在天坛祈福时，站在回音壁的中间位置说话，声音经过周围墙壁的反射汇聚到中间，加上不同反射的声音之间有时间延迟，混合在一起之后，就出现了声音悠长且洪亮的现象，给人一种"天人感应"的效果。

由此可见，回音壁并不是某种声音开关，不能缩小声音。

如何"听"出地下石油的位置呢？

勘探石油有一种利用声音的方法。

在需要勘探的地方埋上炸药，并在附近放置一系列声波探测器。引爆炸药时，爆炸产生的振动波向地底深处传播，遇到石油或者水就会发生声波的反射。勘探技术人员通过分析反射声波，就能判断哪里有石油了。

在海上如何"听"出敌人的方位？

海军在海上执行任务时，舰艇上除了雷达还会装备声呐。声呐是利用声音在水中的传播特性，用来搜索水面以下物体的声波装置。

由于电磁波在水中衰减得很严重，所以声呐是探测敌军水下潜艇和鱼类的重要装备。声呐能够发出声波，声波在水中传播时，遇到敌军潜艇就会反射回来。通过分析反射声波的特性，就能判断出敌军潜艇的方位坐标和距离。

此外，声呐还可用于水下资源勘探、海底地形地貌探测等。

为什么声音会有不同？

声波也有身份证吗？

生活中有各种各样的声音，比如乐器发出的声音、建筑工地的噪音以及医院的 B 超机发出的声音等。虽然都是声音，但乐器的声音听起来好听，工地的噪音听起来难听，而 B 超机的声音却听不到。也就是说，声音也像人一样，各有各的"长相"，各有各的"性格"。那如何区分声音呢？

我们知道，声音的本质是物体分子的振动。既然是振动，那么振动的幅度和快慢都会有差别，我们可以利用振动幅度和振动快慢来区分声音。

声音的振动幅度叫作振幅，振幅越大，声音越响亮；振动的快慢叫作频率，频率越大，声音越尖锐。

一般情况下，可以按照频率的高低将声音分成三类。

1. 次声波

频率小于 20 赫兹的声音叫次声波。这种声音频率低，人耳听不到。地震和海啸时常伴随次声波。

2. 正常声波

正常声波频率为 20 ~ 20000 赫兹，是人耳能听到的声音范围。

3. 超声波

频率大于 20000 赫兹的声波是超声波。这种声音频率高，人耳也听不到。声呐、B 超机等发出的就是超声波。

蝙蝠身上安装着雷达系统吗？

蝙蝠是一种夜行生物，它们总在漆黑的夜晚出来捕食。如果你接触过蝙蝠，你会发现蝙蝠的"视力"特别好，在丛林中飞行时，能轻松躲避所有的树枝树杈。

其实，蝙蝠是个"睁眼瞎"，它的眼睛不太好使，之所以能躲避障碍物，全靠自身进化出来的天然雷达。

蝙蝠的脸部结构比较特殊，能通过鼻腔和口腔发出高频声波——超声波。当超声波遇到障碍物时发生反射现象，反射的超声波被蝙蝠的耳朵听到，它就知道障碍物的大小和方向了。

蝙蝠就是靠着这套精密的"雷达系统"，在森林中躲避树枝的。这套"雷达系统"被称为"回声定位"。

回声定位的原理在各个领域都有广泛的应用，比如军舰上的声呐。

电磁雷达是根据蝙蝠的回声定位技术而发明的吗？

军机或者军舰上都会安装电磁雷达系统，和声呐不同，电磁雷达是通过发射电磁波探测敌军的位置。很多人认为雷达的发明是受到蝙蝠回声定位的启发，其实这是一个误会。

世界上第一台雷达装置是德国物理学家克里斯蒂安·侯斯美尔在 1904 年发明并应用在船只上的。这得益于电磁学的快速发展。

而美国生物学家唐纳德·格里芬和罗伯特·加兰博斯在 1938 年才搞清楚蝙蝠回声定位的秘密。那时，雷达已经应用在航海和航空上很久了。

所以说，雷达的发明并不是从蝙蝠身上"抄袭"而来的，只不过在使用雷达之后，科学家才惊讶地发现，原来蝙蝠比人类先进多了。它们早就掌握了回声定位技术。

老虎的叫声能穿透丛林，
是因为它的声音会钻空子吗？

声音也会穿墙术吗？

当你在高楼林立的城市中旅游时，你有没有想过一个问题：你周围有很多高大的障碍物，为什么隔壁街道的汽车声还能传过来，听得那么清晰呢？

更有甚者，哪怕你处在一个密闭的房间内，周围全是墙壁，声音依然能从外面传过来。难道声音会穿墙术？

没错！声音的穿墙术有一个专有名词：衍射。

衍射的意思是，当声波遇到狭窄的小孔、缝隙时，就好像拥有了智能一样，能"自动"改变原来路线，沿着一条弯曲的路线行进，绕过障碍物。

衍射是声波的固有性质，声音在任何介质中传播时，都能发生衍射，不过衍射程度有所不同。

影响衍射最主要的因素之一就是波长。声波的波长越长，衍射能力越强；波长越短，衍射能力越差。

超声波测距仪之所以能用来测量距离，就是因为它波长短、频率高，拥有"走直线""不拐弯"的特点。

声音产生后，为什么会消失？

声音是物体振动产生的。既然有振动，就拥有机械能，包括动能和势能等。

声音在介质中传播时，能量也会跟着传播。

正在行驶的汽车突然熄火失去动力之后，会在马路上滑行一段距离后停下来，这是由于摩擦力在阻止汽车前进。同理，声音在介质中传播，也会受到相似的阻碍，造成能量的消耗。直接后果就是，声音在传播一段距离之后，会变得越来越小，最后就消失了。

那什么样的声音能量大呢？既然声音携带的能量是机械能（动能或势能），那么能量大小就和幅度有关系。这也是为什么振幅越大的声音，响度越大。

老虎的叫声有什么秘密？

老虎的声音能穿透丛林，还能传播得很远，主要因为老虎学会了两个绝技：一是老虎叫声响度大，能量大；二是老虎声音的衍射能力强。

老虎的声带构造和人类不同，它能发出特别大的叫声。所以，老虎吼声振幅大，响度大，在空气中能传播很远的距离也不会有明显的能量衰减。相反，人类的喊声振幅小、能量小，百十米的距离内，声音就衰减得听不到了。

另外，老虎的声音有着复杂的成分，除了人耳能听见的声音外，还有人耳听不到的次声波。次声波的特点就是频率低、波长长，在丛林中更容易发生衍射，而不会被障碍物反射和遮挡。

这两个原因叠加起来，就使得老虎的声音即使在丛林深处，也能传播很远的距离。

动物能提前感知地震的到来，是因为它们住在地洞里吗？

地震来临前真的静悄悄吗？

打雷、下雨、海啸、台风，哪怕是火山喷发，在发生前都会有明显的征兆，而且在发生时会产生巨大的响声，让人有所警觉，提前做好准备。

然而，地震偏偏不走寻常路。地震来临时，明明地下已经"天崩地裂"，而地上什么动静也没有。直到地震波传到地面，天摇地动时，我们才会发觉。

其实，在地震来临之前，动物们就已经有所察觉了。在农村，鸡、鸭、猪、狗等禽畜在地震发生前，都会上蹿下跳，不要以为它们在搞动物联欢，实际上这是动物在预警。也就是说，地震来临前，并不是静悄悄的，它也会发出"脚步

声”。而地震的“脚步声”就是次声波。

动物的听觉范围比人类广，而次声波又是一种比人类能听到的声波频率还要低的声音，所以人类听不到。

为什么说次声波是“魔鬼声波”？

次声波的波长长，频率低，所以能传播很远的距离。虽然我们听不到次声波，但有时候却能感受到它的存在。比如在一些幽暗的环境里，我们总是感觉头皮发麻，心里惴惴不安。会产生这种"害怕"的感觉，就是因为环境里有次声波的存在。

有学者做过研究，在播放恐怖片的电影院放映厅里，次声波的能量要比其他放映厅多。这说明，在恐怖片的电影音效中，常伴随着很多次声波，这样就能营造恐怖氛围。

正是因为这样，大家把次声波叫作"魔鬼声波"。

次声波有什么用处？

次声波虽然让人起"鸡皮疙瘩"，但在工业生产或军事领域，却有着广泛的应用，属于"明星声波"呢！

在机械制造和冶金领域，一些铸件在生产时，内部难免会混入空气，造成空鼓，导致强度大大降低。如果空鼓的铸件安装在大型机械中，使用时会造成灾难性后果。另外，一些大型机械如盾构机、挖掘机等，使用时间长了，内部会有磨损。

无论是空鼓还是内部的磨损，通过外观都是看不到的，于是人们把次声波请了出来，开发了探伤工具。只要用次声波在检查部位一测，就能发现内部的空鼓或磨损。

在军事领域中，次声波也被用来制作次声波武器。由于次声波频率低，只要慢慢提高次声波的频率，让它和人的心脏跳动的频率接近，就能引起共振效应，损害人体心脏和其他器官。

远处放烟花时先看到烟花后听到声音，是因为眼睛长在耳朵前边吗？

声音和光赛跑，谁能得第一？

烟花在天上绽放的一瞬间，五颜六色，绚烂无比。看似璀璨的表面之下，其实隐藏着一场别开生面的"短跑"比赛。

这场比赛的主角就是声音和光。

声音我们已经很了解了，光是一种特殊的物质，不过它也会表现得像声波一样，所以我们暂时将它当作声波对待。在这场比赛中，烟花亲自担任发令枪，冲上天空的一瞬间，声音和光就开始了冲刺。

声音在 15℃的空气中每秒钟大约能跑 340 米；而光呢，它有一项神奇的技能，无论在哪，速度永远保持不变，大约是每秒钟 30 万千米。也就是说，光的传播速度大约是声音的

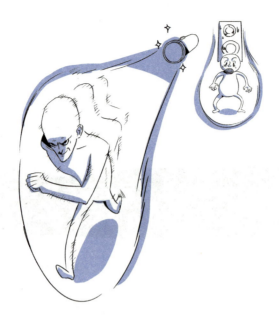

传播速度的 100 万倍。声音刚起步，光就已经跑没影了。

　　这就是在很远的地方看烟花时，先看到烟花绽放，后听到声音的缘故。和下雨时先看到闪电，后听到雷声的道理是一样的。

为什么战斗机突破音速时，腰上会穿条"白纱裙"？

　　虽然音速和光速比显得很慢，但和人类的奔跑速度比却是飞快的。众所周知，目前人类最快短跑纪录是百米"飞人"博尔特保持的，跑 100 米用了 9.58 秒。而音速是博尔特的30 多倍。

虽然人类的体能跟不上，但人类发挥智慧，创造了超音速飞机。在航空领域，经常使用"马赫"这个单位描述飞行器的速度。马赫是飞行器的速度和音速的比值。在标准条件下，1马赫就是1倍音速。

飞机在空中不断加速，当接近1马赫时，飞机腰上会出现白色的像锅盖一样的"裙子"，同时发出剧烈的爆炸声，这是怎么回事呢？

飞机在空中飞行时，会将空气向两边推开。当速度越来越快，前面的空气来不及向两边躲开，就被一直向前顶。结果飞机前面的空气越来越厚，就形成了一堵空气墙，叫作"音障"。飞机想要继续加速，就必须撞破这堵墙，于是就会发出巨大的爆炸声，叫作"音爆"。音爆时，由于空气被剧烈压缩后又被突然释放，气压骤然变化，空气中的水蒸气凝结成小水珠，就在飞机腰上形成了"白纱裙"。

为什么说"声音"能作为距离的标尺？

声音在空气中的传播速度基本上是固定不变的，速度很快，但又不会像光速一样快到让人反应不过来。于是人们利用声音速度的优势，发明了音速测距，最常用的就是超声波测距仪。

超声波频率高，指向性强，能量消耗慢，应用最广的就是无人驾驶汽车、军舰和智能机器人。

　　无人驾驶汽车前端安装超声发生器和传感器，能像蝙蝠那样发出超声波，用传感器计算反射回来的声波的时间，再乘以音速，就知道前方障碍物的距离了。无人驾驶汽车可以利用超声测距自动停车、分析车距、躲避行人和障碍物等。同样，军舰利用超声波测距仪能检测到敌人和危险物的位置。智能机器人利用超声波测距仪能快速绘制环境全景图，便于中央处理器做出相应的决策。

假如乘坐光速飞船从地球出发，到太阳需要多久？

光能跑多快？

光到底是什么？

这个问题从古至今一直困扰着科学家们。荷兰物理学家惠更斯认为，光像声音一样，是一种波；而英国物理学家牛顿则认为，光是由一颗颗微粒组成的物质。这场争论持续了几百年，随着量子力学的发展，物理学家们达成一致观点，认为光是个"两面派"。

光同时具有波和微粒的特性，称为"波粒二象性"。而且，光无论在介质中还是在真空中，都能传播。真空中的光速是自然界中最快的速度，每秒钟光可以跑 299792.458 千米，大约可以绕地球赤道 7.48 圈。

光跑得那么快，如何测量光速？

17 世纪前，人们认为光速是无限的，没有固定数值。然而意大利物理学家伽利略却不这么认为。1607 年，伽利略设计了世界上第一个测光速实验。他让两个人分别站在两座距离 1.5 千米的山顶上，想借助两个人看到灯光的时间差来测算光速。可惜，因为光速太快，1.5 千米的时间差太短，根本测不出来。

1676年，丹麦天文学家罗默发现木星的卫星发生卫星蚀（类似月食）的时间比实际推算的时间晚，以此推断光速是有限的。后来惠更斯根据罗默的推论，计算出了科学史上的第一个光速值：214000千米/秒。

第一个在地面上测出光速的是法国物理学家斐索。他设计了旋转齿轮结构，由于存在不足，数据并不准确。

美国物理学家迈克尔逊总结经验，利用"旋转八面棱镜法"最终计算出光速是299796千米/秒，因此获得1907年度诺贝尔物理学奖。

随着科技的发展，人们对于光速的测量越来越准确。

1972年，美国国家标准局用测量激光频率和真空中光的波长的方法，测得光速为299792.458千米/秒。

这一数值最终被作为国际推荐值使用。

过去的宇宙长什么样？

回到最初的问题，假如有一个航天员乘坐光速飞船飞往太阳，多长时间能到呢？

地球和太阳的平均距离大约是1.5亿千米。用距离除以光速，就能知道航天员大约需要8.3分钟的时间才能到达太阳。反过来，太阳发出的光要经过大约8.3分钟才能到达地球。

仔细想一下：这句话隐含着怎样的信息？

人之所以能看到周围的物体，是因为它们要么发出了光，要么反射了光，这些光进入人眼，我们就看到了它们。同理，我们能看到天上的太阳，也是因为太阳光进入了我们的眼睛。

然而，我们接收的阳光其实是 8.3 分钟之前的。也就是说，我们看见的太阳也是 8.3 分钟之前的太阳。由于地球和太阳之间存在这么长的距离，所以我们永远也看不到此时此刻的太阳。

如果把这个有趣的事实推广到宇宙中，夜晚天空中那些闪闪发光的星星，其实是它们几年、几百年甚至几千年前的样子。

科学家利用这一点，制造了大型天文望远镜，著名的包括哈勃空间望远镜、韦伯空间望远镜等。它们能够接收 100 多亿年前宇宙诞生时发出的光，借此就能看到宇宙诞生时的样子。

视频、图片和文字是如何在光纤里传播的？

上网时，当你点开一个视频，网线中发生了什么？

互联网已经是生活里不可缺少的东西。每当你打开电脑，连上网线，网络中的东西就会顺着网线"流入"你的电脑里。那么你知道网络浏览器中的图片、视频和文字到底是怎么在网线中传播的吗？

其实呀，网络中所有的信息都存储在服务器中，此时它们还是二进制的形式，无论是视频、图片还是文字，它们都是由 0 和 1 组成的字符串。

当你在电脑端点开一个视频时，就相当于发出了一个指令，指令里包含了你电脑在网络上的地址等信息。服务器接到指令就会把你想看的视频信息通过光纤网线"快递"到你的电脑中。

你的"快递包裹"在光纤这条"高速公路"中是以电磁波的形式存在的，那么谁是"快递员"呢？答案就是光。

光纤里面，是光携带着"快递包裹"全速奔跑，进入你的电脑，被芯片解析之后，变成二进制数字，又经过显存芯片解析成影像，你就能看到视频内容了。

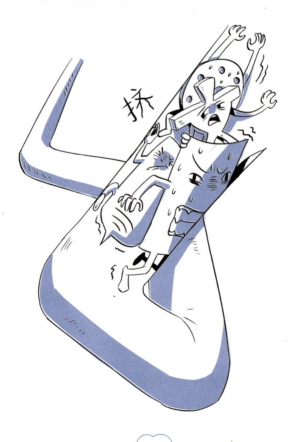

光从光纤中跑掉怎么办？

光纤，表面上看起来充满了科技含量，其实这条网络高速通路是由玻璃制成的。光纤由几千几万根极细的玻璃纤维组成，网络信息就在这些玻璃纤维中以光的形式传播。

要知道，光是可以在玻璃中传播的，那么为什么光纤中的光不会跑出来呢？

光和声音一样，在不同介质中传播时，速度也会发生改变。光在介质中传播的速度快，这种介质就叫作光疏介质。相反的，就叫作光密介质。空气就是光疏介质，而玻璃就是光密介质。

光在两种不同介质的交界面传播时，如果入射角度适合，由光密介质进入光疏介质时，就不会发生折射，而是发生全反射，重新回到光密介质。此时的光密介质就相当于一个"囚笼"。

光是"一根筋"，喜欢按直线运动。当它在玻璃纤维中传播时，遇到拐弯不会拐，撞在玻璃纤维和空气的交界处。由于光纤的巧妙设计，光在玻璃纤维和空气的交界处发生了全反射。这样，光就没办法"逃离"出去了。

全反射在生活中有哪些应用？

自行车的尾灯自己不会发光，但是在晚上却非常亮。这是由于尾灯被夜晚的灯光照亮，发生了全反射，这有利于提醒后车司机注意骑行人的安全。

手机指纹解锁和防盗门指纹锁同样使用了全反射。手指接触屏幕时，内部发生了受抑全反射，能快速准确地记录指纹信息。

有一种全反射荧光显微镜，它利用光线在全反射时产生的波，激发距离全反射界面很近的荧光分子，并完成成像。这种显微镜分辨率高，在生命科学中对于细胞膜附近区域的成像非常有用。

如果人的眼睛也能像小猫小狗那样"发光"，会出现什么情况？

为什么说我们天生自带两台"傻瓜"相机？

眼睛是动物身上最精妙的器官之一。眼睛到底有什么神奇的结构，能让我们看见东西呢？

其实呀，想要了解眼睛的结构，我们可以把它比作一台相机。

相机是出门旅游必备的东西，过去用胶片相机，现在用数码相机。无论哪一种，其结构和原理都和眼睛有异曲同工之妙。

相机的主要结构包括镜头、镜片、暗箱和感光底片（胶片）。

眼睛的主要结构包括角膜、巩膜、葡萄膜、晶状体、视网膜等。

角膜相当于相机的镜头，可以把物体反射或者发出的光

035

进行聚焦，集中到眼睛里面。

巩膜包围着整个眼球，相当于相机的外部框架。

葡萄膜在巩膜以内，属于中层的结构，富含黑色素和血管，起到了遮光的作用，相当于相机的暗箱。

晶状体为双凸形扁圆体，相当于相机的镜头。晶状体两侧有睫状肌，睫状肌可以通过拉伸和舒张来改变晶状体的体形，这样就能改变聚光的焦点，帮助眼睛看清不同距离的物体，功能类似相机的变焦。

视网膜是一层透明的膜，和视神经相连，能够感受光照

的刺激，角膜和晶状体聚焦的光全都汇聚到视网膜上。视网膜把物体的像通过视神经传给大脑，经过大脑加工，我们就能看到东西了。

所以说，我们天生自带两台"傻瓜"相机。

小猫小狗的眼睛为什么能在夜里"发光"？

大多数人都有这样的经历，晚上上厕所，经过客厅时，看到两道明亮的绿光，吓得一哆嗦。开灯一瞧，原来是自家的宠物狗或者宠物猫。

为什么小猫和小狗的眼睛在晚上能发光呢？

首先要纠正这个误解，并不是小猫小狗的眼睛会发光，而是因为它们拥有一种人眼没有的特殊结构，使得眼睛会反光。如果你用手电筒照射小猫或者小狗的眼睛，它的眼睛会更亮。

动物眼睛的视网膜上有两种感光细胞：一种细胞的形状像锥子，叫视锥细胞；另一种细胞的形状像杆，叫视杆细胞。视锥细胞对亮光敏感，视杆细胞对弱光敏感。小猫小狗这样的夜行性动物，视杆细胞比人类多，所以能捕捉到更多的弱光，晚上捕猎或者活动时，才能看得更清楚。

同时，小猫小狗的视网膜后边有一个特殊结构叫绒毡层，简单来说就是个镜子，能够把穿过视网膜的光重新反射到视网膜上，这样就能看得更清楚。

但这样做的结果就是，反射的光会原路"逃出"眼睛，当进入人的眼睛时，人们就会看到它们的眼睛在发光。

老虎、狼等都是夜行性动物，它们的眼睛都会"发光"。

不过不同的动物，它们的眼睛"发出"的光的颜色也不同，这是由绒毡层所含的主要物质不同导致的，比如核黄素或锌。此外，视网膜中包含的色素也会影响动物眼睛"发光"的颜色。

由于人眼的视杆细胞比夜行性动物的少，对弱光不敏感，而且也没有绒毡层，所以人眼在夜晚是不能"发光"的。

海市蜃楼是因为光拐弯产生的吗?

空气的密度为什么会发生变化?

我们经常说的"空气"其实不是成分单一的物质,而是对一个大家族的称呼。这个家族里包含氧气、氮气、水汽、二氧化碳、臭氧等。它们混合在一起,形成空气家族。

正常情况下,家族中每一个成员各自生活,相互不影响。然而,在一些特殊情况下,它们就会聚集或者疏远,这时空气的密度就发生了变化。比如温度升高时,天气炎热,氧气、氮气这些家伙嫌拥挤,于是都想远离周围的亲人,空气密度就变小了。而温度降低时,天气寒冷,家庭成员抱团取暖,于是就聚集在一起,导致空气密度变大。

当然,海拔的变化也是影响因素之一。地面的生活热闹精彩,所有成员都喜欢在靠近地面的地方待着,所以高空"人烟稀少"。这就导致随着海拔升高,空气密度会变小。

光在空气中的传播速度为什么比在真空中慢？

平时，我们提到的光速一般指的是它在真空中的传播速度。真空中什么也没有，光能随意奔跑，不会受到任何阻碍。然而光在空气中传播时，速度就会减慢，虽然减慢的程度很小，但仍然会比在真空中慢。

这是因为空气属于空气家族的领地，光想要穿过空气去别处，必须交"过路费"。但光可是自然界速度最快的，它心高气傲，才不会交"过路费"呢。于是空气家族的成员们就想方设法阻止它穿越空气。

空气中的氧气、氮气、二氧化碳等分子，在光进入空气时，纷纷跑过来阻挡它。可是光速太快了，"啪啪啪"就把这些分子"撞飞"了。在撞击空气家族成员的过程中，光的速度也有损失，于是速度就减慢了。

海市蜃楼和光"拐弯"有什么关系？

空气的密度会受到温度、海拔等因素的影响，尤其是在海面和沙漠中受到的影响很明显，在这些区域空气很容易就变成分层"蛋糕"。有的层密度大，空气分子比较集中；有的层密度小，空气分子很少。当光在分层的空气中奔跑时，不同层的空气分子对光的阻碍效果不同。比如光在密度大的空气层奔跑时，速度就慢；而在密度小的空气层奔跑时，速度就明显快些。而速度的变化，导致光的奔跑路线也发生了偏折。

人眼之所以能看到东西，是由于物体发出的光或反射的光线进入人的眼睛。

当你站在海边，海对面的楼房反射了光线，这些光线原本按照直线射入高空，是不会进入你的眼睛的，然而由于空气密度的变化，导致光的传播路线发生了偏折（折射），在

天上拐了个弯进入你的眼睛，于是你就能看到海对面原本不存在的楼房。再加上人的大脑不知道光已经拐弯了，认为光一定是沿着直线从天上射下来的，于是你看到的楼房就"飞"到了天上，出现在云层里，变成了海市蜃楼。

除了这种折射，有时候海面附近空气密度大，发生全反射，也会出现海市蜃楼。

蓝色的天空能变成红色的吗？

牛顿在光里施了什么魔法？

牛顿是经典力学的奠基人、牛顿运动定律的建立者，他最伟大的发现是万有引力定律。不过，他对光也有着很深的研究，曾经偶然的机会，竟然在光里发现了"魔法"。

在牛顿生活的年代，所有人都认为光是世界上最纯净的物质。但光穿过玻璃或者云层时，会出现多种颜色。光到底是什么？这让牛顿非常感兴趣。

有一天，他把自己关在一间漆黑的屋子里，只拉开窗帘让一道光线照射在一个三棱镜上。神奇的现象发生了，透过三棱镜，照射到墙壁上的光竟然被分成了紫、蓝、青、绿、黄、橙、红七种颜色。

后来又经过反复验证，排除了光和玻璃发生反应的可能性，牛顿提出白色的光本身就是由 7 种颜色的光混合而成的。

如今，几乎所有人都知道这个简单的知识。混合的白色光通过三棱镜时，由于不同颜色的光拥有不同的频率和波长，在穿过玻璃时，与玻璃中的分子发生碰撞，导致不同颜色的光的传播路径发生了偏转，于是从三棱镜出来时就"各奔东西"了。

这种现象被称为光的色散。彩虹就是阳光在空气中传播时，遇到空气中的水滴发生折射和反射形成的，和三棱镜的原理一样。

天空为什么是蓝色的，而不是红色的？

天空之所以是蓝色的，是由于光在空气中传播时，一部分的光走了"歪路"造成的。不过这次不是折射和反射，而是散射。

散射，顾名思义，就是光从不均匀的介质中路过时，一部分光偏离原方向的现象。偏离方向的那部分光就叫作散射光。

我们已经知道白光是由 7 种颜色的光组成的，每种光的波长都不同，从短到长排列为紫、蓝、青、绿、黄、橙、红。

空气中除了氧气、氮气、二氧化碳等分子外，还有水汽、尘埃。这些细小的微粒和分子都是光"行走"路上的绊脚石。这些绊脚石专门欺负波长较短的光，蓝紫光惹不起这些绊脚石，遇到它们只能改变路线。

所以当阳光来到地球，进入大气层之后，你会发现黄光、红光沿着直线"唰"一下到达了地面，而蓝紫光则因为躲避绊脚石，一会儿这么走，一会儿那么走，在整片天空来回"乱窜"，于是我们看到的天空就是蓝色的了。

空气密度随着海拔升高而变小，假如你坐着火箭飞向宇宙，在这个过程中，你会发现天空的颜色从蓝色变成青色，又变成暗紫色，最后变成黑色。

傍晚时，为什么晚霞都是红色的，而不是蓝色的？

阳光是白色的，无论是初生时还是日落时。但为什么早晨和傍晚的太阳是黄橙色的，而且朝霞和晚霞也是红色或者橙红色的呢？

这是由于太阳初生，或者日落时，由于阳光到达我们眼睛的过程中，走过的路相对较长，大部分蓝紫光都被空气分子和尘埃散射掉了，而没有散射掉的黄橙光穿过空气和云彩，到了我们的眼睛中。于是，我们看到的云彩就变成橙红色或者红色的。

有趣的是，大海之所以是蓝色的，也是类似的道理。

阳光射入大海，由于海水吸收红光和橙光的能力较强，所以红、橙等长波的光都被吸收掉了，而蓝紫光反而被反射到空气中。于是，我们的眼睛接收到了蓝紫光，海水看起来就是蓝色的了。

无线电波到底是"电"还是"波"呢？

电磁波总共有多少种？

无线电，表面意思是不用电线就能传播的电。实际上，无线电是一种波长比较长的电磁波。

既然是"波"，就有波长和频率。人们按照波长，将电磁波分成以下几种。

①无线电波：1毫米～3000米（微波：1毫米～1米）。

②红外线：0.76微米～1毫米。（1微米是1米的百万分之一）

③可见光：0.38微米～0.76微米。

④紫外线：10纳米～0.38微米。（1纳米是1米的十亿分之一）

⑤X射线：1皮米～10纳米。（1皮米是1米的万亿分

之一）

⑥γ 射线：0.1 皮米～1 皮米。

⑦高能射线：小于 1 皮米。

生活中的手机信号、电视转播、雷达等使用的都是无线电。而激光则属于高能射线。

为什么手机通信要用无线电而不用激光呢？

物质的原子受到外部高能刺激时，身体一激灵。这时原子不高兴了，为了报仇，鼓足肚皮，"噗"的一下发出高能射线，这就是激光。激光同样是电磁波，只不过它的能量非常大，按道理可以用于通信。然而激光有个毛病，喜欢走直线，而且不会发散。

据说，人类第一次使用激光照射月球时，激光在月球表面的光斑竟然不到两千米。要知道，地球和月亮之间的平均距离约为 38 万千米呢，可见激光的聚合性有多强了。

不发散，在传递信息时有一个大问题，那就是一旦遇到障碍物，激光就很难绕过去。另外，除了激光行走的方向，其他方向几乎不能接收到激光的信息。

而无线电则不同，它大大咧咧，由于波长较长，在空气中传播时懂得变通，遇到障碍物就发生衍射，拐个弯继续走，不和障碍物起"冲突"。另外，无线电传播时，不像激光那样走直线，而是四面八方，哪有路往哪走。这样，在信号发射源附近形成球形的覆盖区，俗称信号区。只要在信号区内，无论天上地下，都能接收到信息。

最重要的是，激光属于高能射线，哪怕是钢铁，都能被穿个洞，可以说是无坚不摧。如果真的用激光在地球上传递信息，那地球还不得千疮百孔了呀。而无线电则安全很多，它的能量低，对人体和动植物几乎无害。

灯泡放在无线充电板上能被点亮吗？

无线充电板里的电会不会跑到空气中？

很多人第一次使用手机无线充电板时都会好奇，无线充电板没有和手机连线，电是怎么跑到手机里的呢？难道是通过空气传输？如果真是这样，电会不会通过空气电到人呢？

其实大可不必有这样的担心。

电和磁是一对好兄弟，它们经常结伴同行，无论做什么事都在一起。

19 世纪 30 年代，英国物理学家法拉第对电和磁这对兄弟产生了浓厚的兴趣，于是投入了大量时间去研究。他发现，如果把一根能导电的金属棒放在磁场中"蹦迪"——来回运动，金属棒体内就能产生电流。而如果金属棒不动，改由磁铁"蹦迪"，那么由于磁场发生变化，金属棒体内也会产生电流。这就是伟大的电磁感应现象。后来人们根据这个现象，发明了电动机和发电机。

而看似神秘的无线充电板也是应用了电磁感应现象。

无线充电板其实是一个导电线圈，而能够进行无线充电的手机上也有一个感应线圈。当充电板通电时，它就变成了"大型舞厅"，而其中的导电线圈就变成了音响，开始播放"动感音乐"——磁场。当手机靠近充电板时，内部的感应线圈被"音乐"感染，内部就产生了电流。

无线充电的手机之所以能充电，必须满足两个必要条件：充电板变化的磁场和手机感应线圈。缺少其中一个，就没办法产生电流。

所以，不用担心充电板的电流会跑到空气中。

无线充电板能点亮灯泡吗？

回答这个问题之前，我们先回忆一下，电池拥有正极和负极，日光灯管的末端有两个插脚，电器的插头一般都有两个插脚（有的有三个）……

为什么都是"两个"呢？这是因为任何电器都相当于一个游览景点，电流就像一名游客。电流想要去电器内部游玩，要有一个入口；而玩好了，要离开电器时，就需要有个出口。所以，电器插头的两个插脚、日光灯管的两个插脚都相当于

"出口"和"入口"，能够让电流自由出入。

而白炽灯泡，它的出入口分别是螺旋口和底部的接触点。也就是说，只有当这两个点都接入电路时，电流才能进入电灯泡"游览"，电灯才能点亮。

很显然，无线充电板依靠电磁感应给手机充电，是通过电磁的能量转换产生电能，并不能直接把电能传递给灯泡，所以灯泡放在无线充电板上并不能被点亮。

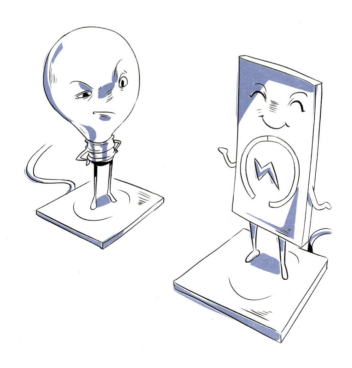

手机的"NFC"功能是什么?

电磁感应的原理除了用于手机充电,在很多地方都有应用。

有些手机具有"NFC"功能,NFC 是近场通信的英文缩写,指的是在 10 厘米范围内,使用频率 13.56 兆赫的电磁波进行信息交换。

和单纯的充电不同,NFC 还需要传递和解读电磁波的信息。NFC 相当于"神秘特使",它带着主设备的"密信",快速跑到从设备里,从设备利用电磁感应解读"密信",然后再写回信。整个过程中,两个设备互不接触,只依靠 NFC 电磁感应来完成。

NFC 功能不仅能用于手机线上支付、充值刷卡,还能用于门禁卡、公交刷卡等。

电在电线里，是像水在河里一样流动吗？

电是怎么产生的？

宇宙万物主要是由原子组成的，这已经是一个基本常识了。而原子由质子、中子和电子组成。其中，质子带一个正电荷，电子带一个负电荷，而中子则不带电。原子的质子数和电子数都是相等的，所以原子正常情况下是不带电的。

我们平时所说的"电"其实主要指的是带有负电荷的电子。

在原子内部，电子是最不老实的，它无时无刻不在"折腾"，从没有安静的时候。正常情况下，质子和中子组成原子核，对电子产生强烈的"吸力"，电子无论怎么"闹腾"，都跑不出原子的范围。一气之下，电子就绕着原子核疯狂运动，极其不规律，几乎没人知道它在哪。

但假如电子获得了外部的能量，突然变得很强大，挣脱了原子核的"吸力"，就会离开原子，跑到外边去。由于没有了原子核和它做伴，电子带的负电荷就暴露出来，这时就产生了"电"。

电流不是"流"

电流是一种形象的说法，实际上，"电"在电线里并不是像流水一样。我们已经知道"电"是因为电子离开了原子核产生的。

一般的电线是铜线。铜线内部有无数铜原子，铜线不通电时，每一个铜原子核靠着"吸力"把各自的电子束缚在自己身边，这些电子没人管教，像野孩子似的毫无秩序，自由自在地动来动去。

当铜线的两边加上电压之后，会瞬间形成电场。电场就好像一名威武将军，它一出现，铜原子核周围原本上蹿下跳的电子顿时就老实了，一个个排列整齐，组成了一支庞大的电子军队。紧接着，电场"将军"一声令下："进攻！"电子大军就朝着电场"将军"指的方向开始移动。这时铜线内部就形成了电流。

不过，电子的移动，并不是真的像军队行军一样，反而像跳棋。每个电子都有自己的"格子"，当电场"将军"下令

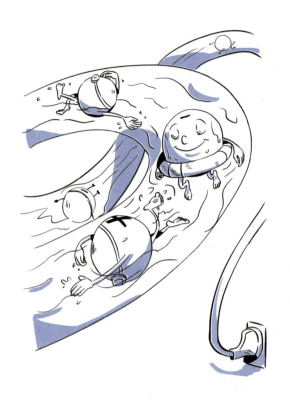

出击时，电子 A 向前"跳"一格，后面的电子 B 跳到电子 A 原来的位置，电子 C 又跳到电子 B 的位置……就这样电子们像跳棋一样，蹦蹦跳跳着向前移动，感觉好像流水一样。

直流电和交流电有什么区别？

指挥电子大军行军的电场"将军"有两个：一个是"一根筋将军"，它从不会改变方向，认准了一个方向就一直走下去，所以名叫直流电；另一个是"善变将军"，它从没有固定的方向，一会儿向左，一会儿向右，不断变来变去，所以名叫交流电。

直流电喜欢住在电池里，生活中几乎所有的电池产生的都是直流电；交流电则喜欢住在发电机里，一般来说，发电机产生的电都是交流电。

由于直流电是"一根筋"，带领电子大军从不改变方向，所以在电线中能够传输更远的距离，并且产生的能量损耗很小；而交流电的方向变来变去，电子大军在电线中被搞得"晕头转向"，所以产生的能量损耗大。

但交流电也有优势，它像孙悟空一样会七十二般变化。交流电在变压器的帮助下能够随意变大变小，所以生活中任何电器都能使用；而直流电则不行，它"一根筋"，想要改变它的大小要费很大劲儿。

正是由于交流电和直流电的这些特点，所以生活中很多电器使用的都是交流电，只有少部分使用电池中的直流电。

毛衣上的静电能让灯泡亮起来吗？

毛衣上真的有"噼里啪啦"怪吗？

秋冬的夜晚，每当入睡前脱衣服时，很多人身上都会产生"噼里啪啦"的电火花，严重的时候甚至电得后背发麻。哪怕是白天，手碰到金属物体时，也会"啪"的一声，疼得人赶紧缩回手。

有人说，每到了秋冬季节，就会出现一种名叫"噼里啪啦"的怪物，它最喜欢附在人身上搞恶作剧，那些电得人浑身难受的火花就是它制造出来的。

其实呀，根本就不存在"噼里啪啦"怪，衣服上的电火花都是电子搞的恶作剧。

之前我们已经说过了，电子有"多动症"，时时刻刻都不老实，围绕在原子核周围疯狂"折腾"。秋冬季节，天气干燥，衣服和皮肤、衣服和衣服之间随着我们活动发生剧烈摩擦。

组成衣服的原子周围的电子一看有热闹可以凑，于是拼命运动，结果就脱离了原子核的束缚，在衣服表面左一堆、右一堆地聚集了起来。

不过，这些电子和电线中的电子不同，由于没有电场"将军"指挥和下达口令让它们移动，这些电子就只能一动不动地待在原地，没办法形成电流，所以叫"静电"。

不过，静电并不是"安静"的电子，它们会随时出来搞破坏。一旦衣服表面的电子聚集到一定程度，形成电压差，就放电，这就是我们看到的电火花。

哪些衣服容易产生静电呢?

生活中任何两件东西接触之后再分开都能产生静电，只不过静电的多少不同而已。

经过科学测算，涤纶、腈纶等化纤类的衣服，它们的原子比较强势，就像强盗一样喜欢从别的东西身上抢夺电子，所以化纤类的衣服很容易带负电。

而羊毛、蚕丝和头发等角质蛋白组成的物质，它们的原子比较懦弱，总被别人欺负，从而失去自己的电子，结果带上了正电。

试想一下，假如秋冬季节，你穿着一件涤纶的衣服，留着长长的头发。当你脱衣服时，涤纶的衣服和头发发生摩擦，涤纶抢走了头发的电子带上负电，头发带上正电，它们之间产生了电压差，形成了电场。于是涤纶的电子在电场"将军"的指挥下，从涤纶"流向"头发，原本"安静"的电子变成了电流，电就产生了。

那么什么材质的衣服不容易起静电呢? 经过测算，棉麻类的衣服既不容易丢电子，也不会抢电子，是不太容易产生静电的衣服。所以秋冬季节，很多人选择棉麻类的衣服。

静电到底有多可怕？

曾经有人使用静电电位计测量过经过摩擦的毛衣的表面，惊讶地发现毛衣表面的静电电压竟然高达 7000 多伏，简直就是高压电啦！好在静电"不会动"，不然后果难以想象。

然而，即使如此，静电也是个捣蛋分子，经常引发严重的灾难。

往小了说，静电能够引起人体皮肤干燥、精神烦躁、失眠等；静电积累在电视机屏幕、手机屏幕等上面，容易"招惹"灰尘、细菌，影响健康。

往大了说，在加油站、加气站等地方，如果有静电，产生电火花，就会"点燃"空气中的燃油，引发火灾和爆炸。还有一些高精尖的机械，比如航天器、战斗机、卫星等，如果有静电，甚至能破坏上面的电子设备，造成短路和烧毁，造成不可估量的损失。

那么如何防止静电呢？

日常生活中，首先选择穿不容易产生静电的衣服，其次日常保持房间空气湿润，勤洗手，多喝水。在工业领域，在重要电子器械和危险区域，安装消除静电的设备。

事物有好的一面，就有坏的一面。静电也并不是毫无用处，静电有吸附作用，可以用于除尘、打印和喷涂。

LED 灯是如何发出五颜六色的光的?

原子也有身份证吗?

组成宇宙万物的原子都有一个特点,那就是当受到外界高能量的"侵略"时,原子核周围闹腾的电子会首先发起反击。

当电子被高能量击中时,会变得非常生气。它首先吸收高能量让自己变强大,然后憋足了劲儿,大吼一声,把吸收的能量连带自身的能量一股脑儿发射出去,用来震慑"敌人"。

电子发出的这些能量,最终以光的形式从原子内射出去。

不同的原子,它们的电子发出能量的多少有差别,于是射出的光的频率也各不相同,结果就是呈现出的颜色也各不相同。

不同原子发出的光形成专属于自己的光谱，这种光谱就变成了原子的身份证。比如，氢原子能发出红色的光，二氧化碳能发出白色的光，汞蒸气能发出蓝色的光，钠原子能发出黄色的光，等等。

科学家通过研究原子光谱，能够判断太阳、火星以及宇宙中更遥远的天体的组成元素。

霓虹灯发光时，里面发生了什么？

城市的夜晚，到处都闪烁着五颜六色的霓虹灯。霓虹灯是怎么显示出多彩颜色的呢？

一般的霓虹灯，主要是由灯管、两个电极和灯管内的气体组成的。当灯管通电以后，两个电极之间就会产生非常强的电场。

电场如同将军，一声令下，电极内的电子立即排列整齐，形成纪律严明的军队。它们沿着电场指示的方向，以接近光速的速度从一个电极飞向另一个电极。

然而，两个电极之间的灯管内，还有其他的气体原子。它们不带电，所以不受电场的控制，在灯管内自由自在地飘着。

这时，电子大军"嗖"一下飞过来，由于气体原子挡住了它们的路，电子"啪叽"一下撞击在气体原子身上，气体原子被撞得头晕目眩，连带着原子内部的电子也摇摇晃晃起来。气体原子的电子无缘无故被撞，能答应吗？于是它们吸收了电极电子的能量，"嘭"的一下以光的形式发射出能量。

于是，在霓虹灯管内，就产生了独特的颜色。

常见的霓虹灯管内会加入氖气（橙红色）、氦气（粉红色），有时也会加入氖气和氩气的混合气体，呈现出由蓝到绿的不同颜色。

如果电线是用铁做的，会发生什么？

电子在电线里会遭遇"打劫"吗？

我们已经知道，电流是由于电子在导体中沿着同一方向运动而形成的。但是你知道吗，电子在导体中运动时，并不是一帆风顺的，反而会经常遭遇"强盗"。

以铜线为例，铜线是由无数铜原子按照特定的晶体结构堆积而成的。大量电子在铜线中运动形成电流时，电子在晶体结构中穿过，打扰了铜原子。铜原子不乐意，要求电子拿出"买路财"，电子是个火爆脾气，一言不合就和铜原子"打"了起来。

当然，电子和铜原子之间的战斗是以最原始的"碰撞"进行的。电子高速奔跑，"嘭嘭嘭"地和铜原子发生剧烈碰撞。每一个铜原子都被附近的铜原子用吸引力固定着，这种吸引力叫作"金属键"。金属键特别坚固，所以电子的撞击并不能撼动铜原子，反而是电子受到反作用力，把自己撞得飞了出去。

于是，一部分电子能够穿过铜原子的"法阵"，顺利到达目的地（电器），而另一部分电子则被撞飞，不能跟随大部队继续前进，这部分电子被称为"散射电子"。

正是由于铜原子的阻挡，导致电子不能全部通过，所以从外部看来，铜线就产生了电阻。

不同导体由于结构的不同，电阻也是不同的。

为什么电线用铜而不用铁呢？

和铜线相比，铁线最大的缺点就是电阻太大。当电流从铁原子之间经过时，铁原子凭借着"蛮力"，将绝大部分电子阻挡住了，只有可怜的小部分成为"漏网之鱼"幸存下来。如果使用铁线代替铜线连接电路，那么灯泡能获得的电流很少，就变得非常昏暗，失去了照明的作用。

而被铁原子"截住"的那部分电子，不能按时到达目的地（灯泡），有气没处撒，就在铁线内部横冲直撞，导致温度剧烈升高。所以铁线通电时，非常容易变热。久而久之，热量散发不出去可能会损坏电器甚至引发火灾。而铜线则不会，铜线具有良好的导热能力，它不仅不会产生那么多的热，还能将电器内部产生的热量导引出去。

另外，铁原子比铜原子"外向"。它除了阻挡电子能力强之外，还喜欢和空气中的氧气、水汽"玩耍"。每次一起"玩耍"之后，铁线都会"脏兮兮"的，全身氧化生锈。如果用铁做成电线，暴露在空气中，用不了多久就会生锈断裂。

　　而铜比较"内向"，不善于交往，就算氧气、水汽主动找它玩儿，铜也爱搭不理，很难被"腐蚀"。所以铜线暴露在空气中很长时间，依然光亮如新。

酒明明在胃里，为什么酒精检测仪能从肺呼出的气里检测出酒精？

喝过酒的人为什么有"酒气"？

我们都知道，一个人喝了酒之后，浑身上下都散发着"酒气"，那么酒气是怎么来的呢？

酒的主要成分是乙醇。乙醇是个不太安分的家伙，喜欢当风一样的男子，即使溶解在水中，也对天空充满了向往。于是，有事没事，乙醇就从水里跳出来，飞到空气中，到处飘啊飘。这就是乙醇的挥发。

当一个人喝了酒，乙醇首先进入胃里，它不会被胃酸消化，只会沿着消化道在身体里流动，然后施展"穿墙术"，穿过消化道内壁黏膜，进入血管，溶解到血液中。

众所周知，血液是人体的"货物运输车"，氧气、糖、蛋白质、维生素等营养物质全都通过血液"快递"到全身各处。与此同时，血液也承担着"垃圾车"的角色，将二氧化碳、尿素等废弃物运到肺部、肾脏等部位排出去。

当乙醇乘坐血液"卡车"来到肺部时，就混入二氧化碳等废物中，一起被血液"卸"出去，进入肺部，随着呼吸离开人体，进入空气中。

于是，喝了酒的人一出气，就有一股浓重的酒气。酒气，其实就是从身体血液中挥发出来的乙醇。

酒精检测仪怎么知道你喝了多少酒？

喝了酒的人呼出的气中的乙醇含量和血液中的乙醇含量是有一定的比例关系的，所以只要测量出呼气中的乙醇含量，就知道血液中的乙醇含量了。

酒精检测仪中有一个叫作气敏电阻的电子元件，它通常是电化学传感器、光离子传感器

或者燃料电池传感器。无论是哪种传感器，它们的原理都是一样的。

传感器内部拥有阴极和阳极两个电极，正常情况下，两个电极之间的电流是稳定不变的，所以检测仪没有任何读数。当乙醇分子进入传感器之后，两个电极之间的电流发生变化。变化的电流大小，和乙醇分子的浓度有关系。检测仪可以根据电流大小推算出乙醇浓度，进而检测出被测试者血液中的乙醇浓度。

生活中还有哪些气体传感器呢？

日常生活中，到处可以见到能够检测气体的传感器。

工业生产会产生很多有害气体，比如一氧化碳、二氧化氮、二氧化硫等。这些家伙一旦进入人体，就会破坏肺脏、肾脏、肝脏等器官。更可气的是，大部分有害气体都是"隐形"的，飘浮在空气中，人眼根本看不到。

为了对付它们，科学家发明了多种多样的气体传感器，比如一氧化碳传感器、甲烷传感器、二氧化硫传感器等。一旦环境内出现这些有害气体，传感器就会发出警报提醒人们。

日常使用的汽车发动机里安装着氧气传感器。氧气就是燃油的"粮食"，如果氧气不足，燃油燃烧就没劲儿，结果就是发动机"无力"，无法带动汽车行驶。氧气传感器就是专门检测氧气浓度，计算空燃比的。

有没有磁铁能吸住铜和铝？

铁块的内部是什么样的？

任何原子都是由原子核和周围的电子构成的。铁原子当然不能搞特殊。由于原子核带正电，电子带负电，它们俩玩不到一块去，所以就各玩各的。

如果把一个铁块比喻成一座大楼的话，那么铁的原子核相当于这栋大楼的钢筋骨架，而电子类似填充在骨架中的混凝土。只不过，电子这种"混凝土"可以在"骨架"中自由活动。

铁块的"骨架"有很多种类型，以立方体为例，常见的有三种。

第一种是阿尔法结构，8个铁原子分别在立方体的8个顶点上。棱边、面上、对角线都是空的。

第二种是伽马结构，除了立方体的 8 个顶点上有铁原子之外，6 个面的中心也各有一个铁原子。

第三种是德尔塔结构，即在阿尔法结构的基础上，在立方体的中心有一个铁原子。

当温度发生改变时，这三种结构可以相互转化。

由于铁原子核被限制在了"骨架"中，所以它们不能胡乱动。但是当受到外力挤压时，铁原子构成的"钢筋骨架"就会变形，这也是铁块能被锻造成各种形状的原因。

磁铁为什么对铁"情有独钟"？

铁原子核不能乱动，但它们一点也不无聊，因为每个铁原子核手中拿着一个指向标——磁矩。一般情况下，每个铁原子核的磁矩能随心所欲，想指哪，就指哪。假如某一天，所有的铁原子核的磁矩都指向同一个方向，神奇的事情就发生了——它们组成的铁块有了磁性。

自然界中就存在这种铁块，严格意义上说，这是铁的氧化物矿石——磁铁矿。磁铁矿的主要成分是四氧化三铁，它内部的磁矩仿佛受过专业训练一样，拥有很强的纪律性和组织性，永远指向同一个方向，所以磁铁矿天然具有磁性。

中国四大发明之一的指南针，就是用磁铁矿做成的。

磁铁矿内部的磁矩具有很强的"号召力"，当它靠近一个普通的铁块时，铁块内部的铁原子核立即就会变身"仪仗队"，整齐划一地把磁矩指向磁铁的方向。于是，铁块就被磁铁"吸"住了。

但是呢，并不是所有的物质都能像铁原子核那么听话，比如铜、铝、金等金属，还有玻璃、塑料等物质，它们内部没有磁矩，哪怕再强的磁铁也不能让它们乖乖听话。所以，这些东西不能被磁铁吸引。

不过，铁原子核有个小毛病，没有毅力。磁铁在的时候，它们的磁矩能保持一致，而磁铁一离开，铁原子核们就又各玩各的了。所以一个铁块被磁铁磁化之后，磁性也不能保持太久。

除了铁，磁铁还能吸引哪些金属？

常温下，除了铁，钴（gǔ）、镍和钆（gá）三种金属都具有铁磁性，都能被磁铁吸引。温度很低时，铽（tè）、镝（dī）、钬（huǒ）、铒（ěr）和铥（diū）五种元素也具有不同程度的铁磁性。不过由于这几种元素比较稀有，并且铁磁性产生的条件太苛刻，不太适用于日常生活、工业制造。因此，工业上，使用最多的仍然是铁、钴、镍三种金属。

信鸽不迷路是自带导航系统吗？

地球的构造真的类似鸡蛋吗？

如果有人告诉你，我们生活的地球其实是个巨大的鸡蛋，你会相信吗？

地球诞生于几十亿年前，那个时候太阳系还是一团"雾霾"，主要由氢气和各种尘埃组成。后来这团"雾霾"越变越大，处在中心的氢气被周围的物质挤压，温度越来越高，最后忍无可忍，发生了核聚变反应，太阳就诞生了。

太阳诞生的时候"惊天动地"，聚变产生了大量残骸，这些残骸受到"惊吓"，抱团寻找安慰，于是越抱越大，就形成了八大行星，地球就是其中之一。

地球刚刚形成的时候，处于熔融的状态，就像一个熔化的铁块。后来温度慢慢降低，表面的物质冷却变硬，成了岩石，就像鸡蛋壳。岩石下边是半熔化状态的地幔物质，就像鸡蛋清。再往里就到了地球的内部——地核，是一团高温的熔化状态的铁、镍，就像鸡蛋黄。所以说，地球的构造还真的像是一个鸡蛋呢。

地核内部的铁镍融化物能够流动。前面我们已经讲过，铁和镍的原子核具有磁矩，当它们流动的时候，绝大部分的磁矩都指向了同一个方向，于是就产生了磁性。也就是说，地球其实是一个类似鸡蛋构造的大磁铁。

既然是磁铁，就有南极和北极。我们平常所说的北极，其实是地磁南极，而南极其实是地磁北极。

信鸽真的自带"导航系统"吗？

古时候没有电话和电报，信鸽就成为古代邮局的专用邮递员。信鸽飞那么远的距离，为什么能认识路线不会迷路呢？

其实，信鸽之所以能成为古代通信系统的重要组成部分，是因为它天生就会两大技能：一个是恋家，另一个是"活地图"。

信鸽十分恋家，在一个地方生活时间长了，就会对那里产生感情，哪怕家里发生了翻天覆地的变化，它也能认出来，这就是归巢本能。

当然，信鸽能在古代当邮递员，除了归巢本能，"活地图"的技能才是关键。

信鸽的嘴巴附近有个重要的器官，叫作磁感受器，顾名思义，这个特殊的器官能够感受地球的磁场方向和强度。信鸽飞在天上时，磁感受器就如同一个指南针，不断校正方向，这样信鸽就不会迷路了。

信鸽正是凭借着这两大天赋，凭一己之力"垄断"了古代的通信业务。

不过需要说明的是，由于归巢本能的限制，一只信鸽只能固定地往一个地方送信。比如，你是广州人，你到了上海，想给家里送信，就需要购买一只老家是广州的鸽子。如果你买了一只北京的鸽子，那不好意思，你的信会被送到北京去。

和平鸽未必代表和平

19 世纪 50 年代末，英国空军的一个军官从鸽子身上得到灵感，突发奇想地想要训练一些鸽子作为"轰炸机"，投放化学武器。

他的设想是这样的，鸽子自带"导航系统"，能利用地球磁场认路，只要把信件换成微型炸弹，鸽子就能将其准确投放到目标地点。

鸽子"轰炸机"有三个重要的优势：第一，投放目标准确；第二，不容易被雷达探测到；第三，飞行距离远。

他甚至专门训练了一些鸽子进行飞行测试，比如测试飞越 300 千米，鸽子能否准确落在指定地点，飞越核辐射区，鸽子是否还安然无恙。经过测试，发现鸽子"轰炸机"取得了惊人的效果。

当然，后来由于种种原因，这名军官的想法并没有付诸实践。否则的话，和平鸽代表的就不是和平，而是杀戮了。

磁铁是如何指挥铁砂形成一圈圈的图案的？

每个磁铁真的都有自己的"势力范围"吗？

我们已经知道，磁铁内部由于所有的磁矩都朝向一个方向，所以磁铁能对铁、镍等金属发布"命令"，让它们永远向自己靠拢。古代将军发布军令有令旗或者令箭，以此来控制军队。那么磁铁对铁、镍发布命令是靠什么呢？

磁铁内部的磁矩整齐划一地指向同一个方向时，它们就开始跳"大秧歌"，一边跳，一边甩一条细线。它们把各自手中的细线从磁场北极甩到空中，形成一条条弧线，然后进入磁场南极。这种细线叫作磁感线。对于一个磁铁来说，会有数不清的磁感线从北极进入南极，于是在磁铁周围就形成了一个磁感线球体。

这个磁感线球就相当于磁铁在自己周围划定的势力范围，凡是进入这个范围内的铁或镍，就会受到磁铁控制。这个势力范围叫作磁场。

就像古代中央朝廷对周围行省的控制一样，靠近京城的地方，皇帝就盯得紧；而离京城远的地方，皇帝就够不到。磁场也是一样，越靠近磁铁，磁感线越稠密，磁场强度就强；离磁铁越远，磁感线就越稀疏，磁场强度就低。

实际上，磁感线是不存在的，这只是我们为了方便描述磁场而"假想"出来的。不过磁感线也有实际的意义，磁感线上任意一点切线的方向都和磁场方向一致。也就是说，磁感线可以看作是无数个磁感线方向的点汇聚形成的。

磁铁如何指挥铁砂围成一圈圈的图案呢？

磁铁之所以能让铁"围着自己转"，是因为它可以用磁场控制铁体内的磁矩。一大块铁体内有无数磁矩，假如把铁打碎成细砂，每一颗铁砂就可以看成是一个小磁矩。这样就很好理解了。当铁砂进入磁铁的"势力范围"时，磁感线就像是一根弯曲的竹签子，而每一颗铁砂就像一颗颗蘸了糖浆的山楂，被磁感线像糖葫芦一样串起来。紧接着，这些铁砂就不受自己控制了，不由自主地顺着磁感线的方向排列成一队。由于磁感线本身就是弧线，所以这些铁砂也排列成弧形的队伍。

就这样，我们看起来，铁砂就变成了一圈一圈的，围绕在磁铁周围了。

不过，由于磁铁形状的不同，磁感线的形状也不一样。比如，圆棍形的磁铁，铁砂就是一圈一圈的；长条形的磁铁，铁砂就一圈一圈地形成两个大耳朵的形状。

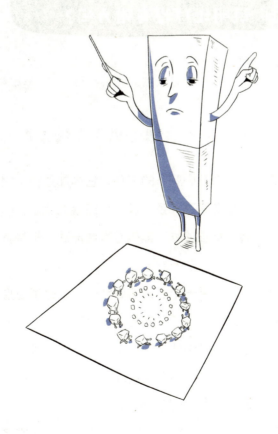

金属制造的飞机能飞离地面，说明地球没有磁力吗？

为什么地球不会把飞机吸在地上？

地球是一个"铁石心肠"的家伙，它内部是铁、镍组成的核心。由于温度非常高，铁、镍成了熔融的状态。随着地球公转或者自转，地核的铁、镍核心就会流动，于是就形成了地球磁场。

地球可以被看作是一个长条的磁铁，所以磁感线形成的"环"就像两个大耳朵一样，分布在地球两侧。

那么问题来了，既然地球是一个如此巨大的磁铁，为什么像飞机、高铁、卡车这种钢铁制成的东西，不会被吸在地球表面，反而能到处跑，甚至飞离地面呢？

想要解答这个问题，就不得不说地球的磁场强度了。我们知道，磁感线越密集的地方，磁场强度越高。对于地球来说，各个地方的磁场强度都不一样，但平均计算的话，地球表面的磁场强度大约是 5×10^{-5} 特斯拉。

这个磁场强度是大还是小呢？我们和永久性磁铁来比较一下。普通氧化铁磁铁附近的磁场强度大约是 $0.4 \sim 0.7$ 特斯拉，大约是地球磁场强度的 10000 倍。而像钕（nǚ）磁铁这种强力磁铁，磁场强度达到 1.4 特斯拉，大约是地球磁场强度的 30000 倍。也就是说，单纯从磁场吸力来说，地球对

飞机、高铁等的吸力几乎为 0。所以说，地球表面的铁或者镍金属制品，不用担心会被地球吸住。

地球磁场真的能挡住太阳发飙吗？

虽然地球磁场很微弱，但对于地球上的生命来说，却是"金钟罩"和"铁布衫"一样的存在。

地球上的生命离不开太阳，因为所有的能量都是太阳"赏赐"给地球的。阳光照射在地球上，"能量工厂"绿色植物吸收阳光，随后将二氧化碳和水变成有机物，最后把"阳光"加到有机物中。这样，太阳的能量就储存在植物中了。

植食动物吃植物，肉食动物吃植食动物，动物死后又被微生物分解成无机物，无机物通过水又进入到植物体内。就这样，能量一直在自然界循环着。

不过，太阳每隔一段时间就"故意"找茬，欺负地球。比如，太阳突然释放出很多带电粒子，形成太阳风"吹"向地球。

带电粒子虽然小，却是宇宙第一杀手。比如，宇宙中的空间站、宇宙飞船等，一旦遭受太阳风，轻则电子设备瘫痪，与地球失去联系；重则甚至引起爆炸，"站毁人亡"。

而太阳风进入地球，能穿透动植物的身体，直接进入植物的细胞内切断其 DNA（脱氧核糖核酸），所有生命都会被杀死。

可怕吧？好在地球从不怕太阳风。

由于带电粒子也具有磁性，当它们进入地磁场后，地磁场"啪"一下狠狠来一记大耳光，带电粒子就会被"扇"得偏转方向，从而不能进入地球内部。极地地区出现的极光，就是地磁场"扇飞"带电粒子时形成的。所以说，地磁场对于地球来说，是名副其实的保护。

不过，哪怕是太阳风受到地球磁场的限制，无法进入地球内部作祟，但只是在地球周围出现，也容易引发地球上的通信瘫痪，也就是磁暴。

磁悬浮列车的轨道是用磁铁铺的吗？

磁铁同极相斥，异极相吸是怎么回事？

大家小时候肯定都玩过磁铁，两块磁铁，当两个南极或者两个北极靠近时，两块磁铁就会把彼此"推开"；而当南极遇到北极时，就会相互"吸引"。这是怎么回事呢？

其实，想要搞清楚这个问题，可以用高速公路上的堵车来解释。

我们假设每块磁铁只有一条磁感线，相当于一条高速公路，起点是北极，终点是南极。正常情况下，汽车从这条高速上驶过，平安无事。当两块磁铁的两个南极面对面"相遇"时，从两个北极出发的汽车就会相向而行，发生车祸。一辆辆汽车"嘭嘭嘭"相撞，就产生了排斥力。

反过来，假如两块磁铁的南极和北极相遇时，两条高速

086

的起点和终点连在一起，所有汽车从第一块磁铁的北极出发，驶到第二块磁铁的南极，就不会发生车祸，汽车有条不紊地行驶，所以不同的磁极就产生了吸引力。

从这个简单的类比可以看出，两块磁铁之所以会产生排斥力和吸引力，实际上都是因为磁场和磁感线。

电流也能产生磁力吗？

19世纪，英国的物理学家麦克斯韦创立了麦克斯韦方程组，将电和磁统一到了一起。从那个时候开始，人类社会进入了电气化时代，也就是第二次工业革命。

电和磁就像一对好姐妹，它们总是形影不离。当电子在电路中"百米冲刺"时，就会在周围产生磁场，最早发现这个现象的是丹麦物理学家奥斯特，所以电流的磁效应也叫作"奥斯特效应"。

如果此时你身边有一节干电池、一根铜导线和一个指南针的话，就可以复原奥斯特在1820年前后所做的电流磁效应实验。

将铜导线分别连接在干电池的正负两极，然后将导线慢慢靠近指南针。这时，指南针就好像受到了某种"感召"，忽然跳起了"华尔兹"。而且，改变导线的位置，指南针的方向也会变化。

这个简单的小实验直接证明了通电的铜导线周围产生了磁场，就是这个磁场让指南针"激动"地跳了起来。

后来，人们根据电流的这个效应，发明了电磁铁。制作电磁铁其实很简单，就是把铜导线一圈一圈缠绕在经过特殊处理的硅钢片周围。通电时，每一圈铜导线都能产生磁场，不过这些磁场各玩各的，很分散。这时，硅钢片就可以施展它的看家本领，将导线的磁场"收集"起来，聚拢到自己周围，这样就形成了强大的磁场。

电磁铁常用于大型起重机，比如在钢铁厂起吊钢材，在码头起吊集装箱等。

磁悬浮列车的轨道是磁铁铺成的吗？

磁悬浮列车实际上就是利用了磁铁同极相斥的原理制造出来的。

不过，磁悬浮列车的铁轨可不是磁铁铺成的。首先，天然磁铁在自然界属于"稀有物种"，数量很少；其次，天然磁铁的强度很低，承受不住列车这个大家伙，很容易被压碎；最后，天然磁铁的磁性会随着时间、温度、压力的变化而减少。所以，天然磁铁不适合作磁悬浮列车的铁轨。这时，电磁铁就成为首选。

以上海磁悬浮列车为例，铁轨上铺设的是一条长长的电磁铁，通电时，电磁铁会产生很强的磁场。而列车则穿着一双电磁铁做的"鞋子"，当列车通电时，这双"鞋子"同样也会产生很强的磁场。

　　于是，当列车"踩到"铁轨上，开始全力奔跑时，它就会发现自己的脚根本没接触到铁轨，而是在排斥力的作用下"悬浮"在半空中，列车"飞"起来了。紧接着，推进装置开始加速，列车就越跑越快。

钕磁铁的"吸力"比其他磁铁强是怎么回事？

钕磁铁的"钕"是什么？

钕磁铁号称"万磁王"，是目前地球上最强的永磁体。

虽然叫作钕磁铁，其实它是由钕、铁和硼三个兄弟组成的"磁力天团"。钕、铁和硼三种元素经过特殊的冶炼，可以形成 $Nd_2Fe_{14}B$ 化合物。这是一种四方晶系晶体。

"磁力天团"的名字以"钕"命名，说明天团的核心是钕元素。钕，音同"女"，化学符号是 Nd，在元素周期表中排行 60，来自周期表最特殊的镧系家族。镧系家族有一个被人熟知的称呼——稀土元素。

钕是很活泼的元素，在空气中能和氧气迅速结合，发生氧化反应；它不能洗澡，因为遇到水就会和水反应。

钕在加入"磁力天团"之前其实很普通，因为它具有很强的顺磁性。顺磁性，就是对磁场的反应一点都不敏感。这一点和铁、镍相比可差远了。

"万磁王"是如何炼成的？

钕磁铁的诞生过程十分复杂，需要经过配料、制粉、压型、烧结等十几道工序，可以说是经过千锤百炼。经过艰辛的"锻炼"，才拥有了规则的晶体结构。晶体结构相当于钕磁铁的"骨架"，骨架强硬了，钕磁铁的身体素质才会变得非常强。

钕磁铁的"骨架"之所以强硬，是因为在钕磁铁内部，钕、铁和硼三种原子"规规矩矩"排列成整齐的方阵。它们在锻造过程中，被施了"定身咒"，不会离开自己的位置半步，所以由它们组成的方阵特别稳定。

钕磁铁锻造完成之初，就像刚出生的小孩，虽然有了强健的身体，但不吃奶也不行。钕磁铁吃的奶就是磁力，叫作充磁。经过充磁的钕磁铁，拥有了磁力，再加上它稳定的内部结构，让钕磁铁拥有了强大的高抗退磁性和磁饱和度。简单来说，就是它从此之后拥有了强大的磁场，成为名副其实的"万磁王"。钕磁铁的磁场强度大约为 1.4 特斯拉，而普通氧化铁磁铁的磁场强度是 0.4～0.7 特斯拉，两者相差一倍多。

钕磁铁除了磁场强度高之外，性格也很好，它对谁都很随和，"可塑性"也很强，想让它变成什么形状就变成什么形状。而铁氧化物磁铁就显得很"清高"了，从不接受随意锻造，如果强行锻造，就会碎裂。所以，钕磁铁在很多领域逐步取代了铁氧化物磁铁。

钕磁铁有什么应用？

钕磁铁因为它强大的磁场，在很多领域"身兼多职"。

钕磁铁能治病。在医疗上，钕磁铁是磁共振成像系统的重要组成部分，帮助医生诊断肿瘤、脑血管的疾病。另外，钕磁铁精通"磁疗"，产生的磁场可以缓解高血压、关节炎、失眠、胃肠炎等疾病带来的痛苦。

钕磁铁是音乐大师。在很多音响设备的扬声器中，可以看到钕磁铁的身影。它可以"指挥"电信号转化成声音震动，演奏美妙的音乐。

钕磁铁是大力士。在很多小型磁力起重机上，钕磁铁利用强大的磁力搬运铁块、圆柱形钢材。

此外，在电动自行车电机、计算机驱动电机、空调电机、汽车驱动电机中，钕磁铁也发挥了不小的作用。

总之，钕磁铁在现代工业中"忙"得不可开交，是电子工业中的重要角色。

同样是铁杆，为什么冬天能粘住舌头，而夏天不能？

物体的"身材"变形记

我们平常所说的物体，就像积木一样，是由一个个原子堆积而成的。原子这种积木目前已经发现的达 100 多种，它们形状各不相同，"性格"也有很大差别。有的活泼，有的懒惰；有的是金属的，有的是非金属的。这么多原子积木，拼成各种各样的形状，组成了宇宙中的物体。

既然物体是原子积木搭建的，那么就会出现有的积木连接得紧，有的连接得松，于是物体的"身材"就会发生变化。

原子积木之间连接的紧密程度可以分成三个等级：紧密、一般和松弛。

如果原子积木之间连接得紧密，每个原子之间的距离靠得很近，凭着"人多力量大"的优势，物体的身材就很"强壮"，拥有比较高的硬度和强度，身材不容易变形，比如不能流动，也不能被压缩。这样的物体能保持自己的身材固定不变，所以叫作"固体"。

如果原子积木之间的连接"一般"，每个原子之间的距离比较远，那么物体的身材就会变得柔弱无骨，不能保持身材固定不变，只能装在容器中。此时物体很容易变形，而且能流动。它们的身材会随着容器的形状而改变，但是不能被压缩。这样的物体就叫作"液体"。

如果原子积木之间的连接很松弛，每个原子之间的"感情"变淡了，所以离很远很远，那么物体不仅没有固定的身材，还会显得很"缥缈"。此时的物体的身材可以随便变化，忽胖忽瘦，不仅能流动，还能在空中飘动和扩散，如果受到压力，还会被压缩变形。这样的物体叫作"气体"。

理论上，任何一种物体都有气、液、固三种形态，不同形态在一定条件下可以相互转化，这就是物体"身材"变化的秘密。

水是如何学会"川剧变脸"的？

你看过川剧的变脸表演吗，变脸大师能在眨眼之间变换出不同的相貌。你知道吗，日常生活中的物体在特定情况下，其"相貌"也会发生变化。

以水为例，和其他所有物体一样，水拥有三副面孔，分别是液态、固态和气态。那么，水是如何学会"川剧变脸"的呢？

水在正常状态下是液态的。当温度降低时，组成水的水分子感觉到"寒冷"，为了取暖，它们像积木一样，连接的程度变得紧密起来，所以它们也就不能随便乱动了。也就是说，水不能流动了，就变成了固体，也就是冰。这个过程叫作凝固，反过来叫融化。

固态的冰"冷酷无情"，这是水的三副面孔中最让人害怕的一副面孔。

反过来，假如温度升高，水分子们感觉越来越热时，由于受不了高温，水分子们就模仿鲤鱼跳龙门，纷纷从水里跳向凉爽的空气中。这样，水分子之间的距离就拉大了，它们变得越来越自由，想往哪飘就往哪飘，于是水就变成了气态的水蒸气。这个过程叫作蒸发，反过来叫液化。

气态的水"热情奔放"，是水的三副面孔中最兴奋的一副面孔。

当然啦，气体也可以直接变成固体。当温度突然由高降低时，水分子们突然被"冻"到一起，没有经过液化的过程，而直接变成了冰。这个过程叫凝华，反过来就叫升华。

冬天用舌头舔铁杆被粘住是怎么回事？

寒冷的冬天，尤其是在中国的东北地区，温度经常保持在 -20℃。很多人做过一个搞笑的尝试：在室外，用舌头舔冰冷的铁杆，舌头会被粘住。

其实呀，这就是水在玩"川剧变脸"。

冬天的铁杆表面温度很低，约为 -20℃。而舌头表面的温度和体温相当，大约 36℃。也就是说，舌头和铁杆之间相差了 50 多摄氏度。这么大的温差下，用舌头舔铁杆时，舌头表面的液态的水突然暴露在低温下，原本还很"平静"的脸，瞬间被寒冷刺激得"大变"，从液态的水，瞬间变成了固态的冰，冷酷无比。

冷酷的冰相较于液态和气态的水，最大的特点就是"铁面无私"，于是就把舌头固定在铁杆上，以示惩罚。

下雪时更冷，还是雪停了更冷呢？

下雪时和雪停后，水分子都在干什么？

北方的冬天经常会下雪，雪实际上就是由于温度降低，空气中的小水珠凝固而成的小冰块。那么，到底是下雪的时候更冷，还是雪停了以后更冷呢？首先，我们先来看看，下雪时和雪停后，水分子都在干什么，就明白了。

下雪前，空气中的水分子以水蒸气的形式到处飘。处于气态的水分子非常"兴奋"，因为每个水分子都"背着"一个热量包。这个热量包是它们从液态变成气态时，从空气中其他分子身上"抢"来的。

当温度降低时，水分子们觉得冷了，必须相互靠在一起取暖。但由于它们都背着热量包，为了能和同伴们靠得更近，纷纷把热量包"扔了"。于是水分子们不再"活跃"，而变得非常"稳重"，聚在一起变成了固态的雪花，降落到地面上。

由于大量水分子从液态变成固态是扔掉了热量包，这个过程就是在放热。

热量包被扔到了空气中，空气分子们"急不可耐"地争抢，于是空气的温度反而升高了。也就是说，下雪的时候，气温其实会稍稍升高一些。

雪停了以后，固态的水分子被限制在地上，不仅不能像气态时那样自由，还要相互挤来挤去，于是大家开始讨厌彼

此，都想着赶快结束这种拥挤的生活。这时，水分子们又开始争抢空气分子的热量包。有了热量包，水分子又重新"活跃"起来，四处乱跑，于是固态的雪就融化成液态的水，水又变成了气态的水蒸气。这个过程需要抢夺热量包，是在吸热。

由于水分子抢了空气分子的热量包，导致空气的温度降低了。也就是说，雪停后开始融化的时候，气温就会降低。

所以，对比来看，雪停以后要比下雪时更冷一点。

打针前涂抹酒精，为什么感觉凉飕飕的？

生活中，物体的状态发生变化时的吸放热例子其实有很多。比如生病去医院打针，医生都会在打针的部位涂抹酒精消毒。这时，你会感觉涂酒精的时候凉飕飕的。这是因为酒精是个喜欢"蒸发"的家伙，酒精分子抢夺空气的热量包的能力非常强。

当医生将酒精涂抹到打针的部位时，酒精分子立即抢了空气的热量包，然后离开你的皮肤，跑到空气中玩耍去了。由于皮肤表面的空气丢失了很多热量，所以温度忽然降低，于是你就会感觉凉飕飕的。

刚洗完澡，从浴室出来时，会忍不住打哆嗦，也是同样的道理。

放在衣柜里的樟脑丸是如何消失的？

谁动了我的樟脑丸？

樟脑丸是过去家庭常用的驱虫药，圆圆的，像颗白色的糖丸，身上有非常刺鼻的味道。樟脑丸放在衣柜里，一般的虫蚁、蟑螂闻到那种味道，都会被熏晕过去，所以只要有樟脑丸的地方，它们都不敢去啃咬。

但是樟脑丸总喜欢"翘班"，在衣柜里值班期间，过不了多久就隐身了，完全找不到它去了哪里。这是怎么回事呢？

樟脑丸，最早是使用从樟树中提取的樟脑加工而成的。樟脑是一种固体有机物，我们都知道固体能保持自己的身材不"走样"，但樟脑是个不安分且不自律的家伙，尤其不会控制身材。只要温度稍微升高一点，组成樟脑的分子就开始"疯狂"了，直接从固态的樟脑丸表面逃窜到空气中，变成了樟脑蒸气。这个过程前面我们提到过，叫作升华。这就是樟脑"隐身术"的秘诀。

过去的樟脑丸是天然樟脑制成的，没有毒性。但提取樟脑的成本比较高，如今大多樟脑丸是人工合成的，其中含有萘和苯等有害物质，所以选购樟脑丸需谨慎。

火星上真的会下雪吗?

如果有人告诉你，火星上会下雪，你相信吗？大多数人肯定会觉得这是胡说八道。

众所周知，火星就像一颗生锈的大铁球，表面弥漫着含铁元素很高的沙尘，所以呈现出红褐色。火星已经很久很久没有喝过水了，特别干旱，直到现在也没有确定的它有水的证据。而雪是水从液态变成固态形成的小冰晶，没有水，哪来的雪呢？

其实呀，火星上的"雪"并不是水形成的，而是二氧化碳。

火星像地球一样，也穿着一件棉袄——大气层。只不过，火星的棉袄比地球的薄，再加上火星距离太阳远，能接收的阳光少，所以火星上特别冷。

火星的大气中95%是二氧化碳，年均温度约为 $-63℃$ ，冬天最低温度为 $-133℃$ 。这么冷的天气，别说水，就连二氧化碳都会结成冰。

所以在冬天，火星极地地区时不时会有"下雪"的情景，那是空气中的二氧化碳受不了寒冷，抱团在一起，变成固体降落下来。

这种气体直接变成固体的现象就是凝华。

生活中有哪些升华和凝华的现象？

让我们回到地球上，我们日常生活中，升华和凝华的现象有很多。

我国北方的冬天是很冷的，夜晚最低气温能达到零下几十摄氏度。冬天的早晨，窗户化身"剪纸大师"，剪出美丽的窗花。窗花看起来像冰，是谁往玻璃上泼水了吗？

当然不是，如果仔细观察，你会发现窗花是位于窗户里面的。冬天的夜晚，屋子里的空气温度一般在 20℃ 左右，有的甚至高达 30℃；而窗外的空气温度低到零下几十摄氏度。在几十摄氏度的温差下，当高温的空气在玻璃上接触到低温时，会瞬间从气态变成固态，贴在玻璃上，形成窗花。也就是说，窗花其实是热空气凝华而成的。

此外，白炽灯中也会发生升华和凝华。白炽灯灯泡里面发光的是钨丝，如果电压不稳定，突然增高，白炽灯就会"哑火"，并在灯泡内壁上形成一片黑色的污迹。这是因为电压增高时，钨丝经受不住高温，从金属固体直接变成了钨蒸气升华了，当钨蒸气遇到玻璃内壁时，又重新凝华，所以就变成了黑色的钨粉。钨丝由于升华，中间断开了，所以这时的白炽灯就坏掉不能用了。

鼻子越大，越能闻到远处的气味吗？

气味不是一种东西，而是大脑根据嗅觉和味觉提供的"情报"，产生的一种想象。那么问题来了，嗅觉和味觉凭借什么获取的"情报"呢？

我们以香水为例，一起进入分子的世界，探究一下气味的秘密。

为什么离香水瓶很远，也能闻到香味？

"香水小姐"之所以会那么香，是因为她周围有很多芳香烃分子。这些芳香烃把"香水小姐"当成大明星，总是自发地为"香水小姐"做宣传。

然而芳香烃分子是很微小的，想要跑很远的路，就需要提前准备"能量"。芳香烃分子盯上了空气分子，从它们那里"抢夺"热量包。有了热量包的芳香烃分子变得非常活跃，但由于热量包的能量太大了，芳香烃分子承受不住，于是它们像无头苍蝇似的到处乱蹿，没有方向，没有规划。而且，彼此之间总是"撞车"。这种行为叫"分子热运动"。

其实，任何分子都能做热运动，只不过气体分子由于和周围分子相隔较远，活动范围大，所以气体的热运动更加明显。芳香烃分子就是因为有了这种优势，所以才能在热量包的加持下，在空气中跑得很远。哪怕我们与喷了香水的人有一段距离，芳香烃分子也能"飞"到我们的鼻子里，于是我们就闻到了香水的味道。

鼻子是怎么从空气中识别出香水的气味的呢？

鼻子是一个神奇的"情报"部门，专门搜集空气中的气味情报。其中，最著名的"特工"就是嗅细胞。

当空气中"激动"的芳香烃分子携带着关于"香水小姐"的"宣传信息"进入鼻腔之后，会被隐藏在里面的嗅细胞"抓住"。嗅细胞使用携带的特殊蛋白质作为"审问"武器，得到了芳香烃分子的"宣传信息"。

此时，这些"宣传信息"还是化学信号。而嗅细胞和大脑之间的沟通，使用的密令是电信号。这难不倒嗅细胞，它飞快地把化学信号转化成电信号，通过神经纤维这条"电话线"，传递给"大脑司令部"。"大脑司令部"经过分析，就能从"宣传信息"中得知，芳香烃分子来自一瓶香水。就这样，我们就能从空气中识别出香味了。

同理，肉味、药味、臭味等，通通都需要"嗅细胞特工"去获取情报，"大脑司令部"才能识别出来。所以说，"嗅细胞特工"越多，鼻子能够识别的气味就越多，和鼻子大小是没关系的。

研究表明，犬类嗅细胞的数量是人类嗅细胞的很多倍，所以狗狗的鼻子特别灵敏，几千米之外的气味都能闻得到。

测温枪不接触人体，靠什么测出体温？

随着科技的发展，温度计家族的成员越来越多，包括水银温度计、电子温度计以及测温枪。其中，尤其以测温枪"本事"最大。水银温度计和电子温度计都需要"贴在"人体上，才能测出温度，但测温枪不同，它会"隔空点穴"的武功，不用接触人体，就能测出温度，这是怎么做到的呢？

人体真的是"发光源"吗？

如果有人告诉你，你的身体会发光，你信吗？其实这是真的，只不过人体发出来的光，眼睛看不到而已。

早在 1900 年的时候，德国物理学家普朗克就研究过黑体辐射，他发现世界上任何物体都会发射电磁波，而且温度越高，发射的电磁波能量越大。

为什么会出现这种现象呢？这就要从物体的组成去说了。

世界上大部分物质是由分子构成的。分子特别活跃，是个运动健将，每时每刻都在跑步，不过它跑步没有方向，东一下西一下，到处乱跑。分子在运动的时候，会向外发射一种人眼看不到的光——红外线，并且随着分子运动越激烈，发射的红外线越多。

而分子剧烈运动又是物体表面产生温度的原因。宇宙中有一个温度下限——绝对零度（-273.15℃），只要高于这个温度，物体就会发射红外线。

人是恒温动物，体温保持在 36℃ 左右，我们总是会向外发射红外线。

红外线是一种波长较长、频率较低的能量射线。我们生活中见到的紫、蓝、青、绿、黄、橙、红等七色光属于可见光，在光谱上，红外线位于红色光的外侧，处于"隐身状态"，人眼是看不到的。

所以说，人体是"发光源"也没有错。

测温枪是如何知道人体的温度的？

测温枪和水银温度计的测温原理是不同的。

水银温度计利用了热胀冷缩的原理，测量温度时必须接触到物体，相当于中医里的号脉。水银从高温物体上抢走热量包，吃得饱饱的，身体膨胀变大，才能显示温度。

而测温枪不同，只用"眼睛"看上一眼就知道温度是多少了。测温枪的"眼睛"是一种特殊的传感器，比人眼灵敏，能"看到"人眼看不到的红外线。光"看到"还不算什么，它的"眼睛"的主要功能是"翻译"。

红外线是太阳光的组成部分，是一种携带着能量的电磁波。而测温枪内部的芯片和电路板是处理电信号和二进制语言的。红外线和芯片语言不通，芯片无法和红外线直接"交流"，就不能从它那里知道物体的温度。这时，测温枪的传感器就在红外线和芯片之间充当翻译，把红外线电磁波的语言变成电信号和二进制语言。这样芯片才能"听懂"，然后通过测温枪的屏幕显示出来。

铅球和羽毛球一起坠落，能同时落地吗？

扔向高处的羽毛球为什么会落到地面，而不是飞到天上去？

你玩过羽毛球吗，打羽毛球的时候，你有没有想过一个问题，羽毛球无论飞得有多高，它最后总是会落到地面上。不单是羽毛球，地球上任何物体都是这样的，包括人。无论你怎么跳，哪怕借助蹦床或者弹簧鞋，跳到一定高度，都会往下落。这是为什么呢？

早在几百年前，英国物理学家牛顿就把这个问题想明白了，从而发现了万有引力定律。他说，世界上任何两个物体之间都存在着万有引力。

以地球和羽毛球为例，地球是个"控制欲"很强的家伙，凡是存在于地球上的东西，都不能离开它的控制范围。在羽毛球被制造出来的那一刻起，地球就在羽毛球身上栓了一根"控制线"——万有引力。

这根"控制线"是有弹性的，羽毛球离地球越近，万有引力越大，"控制线"就越紧；羽毛球离地球越远，万有引力越小，"控制线"则越松。

当羽毛球飞到空中，想要享受一下自由自在的感觉时，地球不乐意了，心想不能让它跑太远，于是就拽"控制线"，羽毛球就不能继续飞向高处，只能落回到地面上。

不过，聪明的人类找到了一种挣断"控制线"的办法。只要一个物体的速度足够快，冲力足够大，就能抵抗"控制线"的拉拽，从而挣脱地球的束缚。

为此，人类发明了火箭，依靠强大的冲力，将各种探测器送到宇宙中。比如，中国的"天问一号"探测器，就挣脱了地球的引力束缚，奔向了火星。

铅球和羽毛球同时坠落，哪个先落地？

2000 多年前，古希腊哲学家亚里士多德从生活实践中总结出了一条"规律"：重量越大的物体下落速度越快，重量越小的物体下落速度越慢。

此后的 1000 多年时间内，这条"规律"被奉为真理，直到 16 世纪八九十年代，意大利物理学家伽利略在比萨斜塔上做了一个实验，才纠正了这个错误。

伽利略找了两个铅球，大球的重量是小球的 10 倍，他让两个铅球从比萨斜塔塔顶同时落下。结果出人意料，两个铅球竟然同时落地。

这听起来似乎不太可能，和"常识"相违背。实际上很好理解，地球在所有物体上都拴了"控制线"，我们给它命名为重力。虽然"控制线"的"劲儿"有的大，有的小，但"材质"都是一样的。判断"材质"好坏的标准叫重力加速度，用 g 表示。

重力加速度到底是什么东西呢？说简单点，它和时间相乘，得到的就是物体的速度（v）。

假如有一个铅球从二楼落到地面，用了 2 秒钟，那么到达地面时它的速度就是 2g。

同样的，有一个羽毛球也从二楼落下来，由于它的重力加速度和铅球是一样的，经过 2 秒钟之后，它的速度也是 2g。同样的速度，同样的二楼高度，它们达到地面的时间当然也是相同的。

当然，实际情况中，由于羽毛球体格弱小，而铅球强壮，下落时，铅球"嘭"的一下就把空气撞开了，而羽毛球则遭到了空气的"阻碍"，所以羽毛球要比铅球晚到达终点。

假如在真空环境下，没有空气捣乱，它们一定能同时落地。

地球自转时，
为什么我们不会被甩到宇宙中去？

地球自转时，转得到底有多快？

我们生活的地球在宇宙中并不是一动不动的。地球是个疯狂的"舞蹈家"，它同时跳着两种舞蹈：一种是跳给太阳看的，叫作公转舞；一种是跳给自己看的，叫作自转舞。

为什么说地球很疯狂呢？因为它跳得实在太快了！

先说自转舞，地球就像一个不会疲惫的陀螺，一直转呀转。由于自转，地球上才有了昼夜交替。说一件有意思的事，地球的身材中间粗，南北细，尤其是赤道，也就是它的腰部位，特别粗。天文学家认为，这是地球自转导致的。

地球的"腰部"的转速是最快的，达到了每秒钟 466 米，相当于 1677600 米每小时。这个速度快到几乎要飞起了，是高铁速度的 4793 倍，是飞机速度的 1864 倍，是声音速度的 1.37 倍呢。

没错，地球"腰部"的转速竟然超过了音速！

由于地球是个椭球体，"身体"不同部位的转速是不一样的。转速从赤道向南北两极逐渐递减，到南极点和北极点时，转速就变成 0 了。

为什么生活在赤道的人不会被甩到空中去？

奥运会田径运动中有一种有趣的竞远项目叫作链球。链球有点像拴了铁链的铅球，运动员双手紧紧拉着铁链，以自己为中心全速旋转，当转到最快的时候，把链球甩出去，谁甩得最远谁就获得冠军。

链球之所以能被"甩出去"，是因为在旋转的过程中，有一个捣乱的家伙，总在向外拉扯链球，试图把它拉出去。这个家伙叫作"离心力"。离心力只在旋转时才会产生，平时直接"隐身"不出来。

其实，生活在地球上的我们就有点像链球，而地球就是链球运动员。地球在快速旋转时，我们就像链球一样，也在围着地球的中心"旋转"。当然，这个时候离心力也会出来捣乱，想要把我们从地球身边拉走。只不过，地球不会把我们甩出去，因为拴着我们的"铁链"实在太结实了，它就是重力导致的向心力。

　　离心力和向心力是"死对头"，一个想把我们拉走，一个想把我们留下。如果离心力打败了向心力，我们就会飞出去，火箭就是这么飞到宇宙中去的；如果向心力打败了离心力，我们就会冲向地球的怀抱。

　　只有当向心力和离心力相等时，我们才会安然无恙地在地球表面生活，不用担心被甩出去，也不会撞击地球。

宇宙中，还有哪些"链球运动员"？

和地球类似，宇宙中其实还有很多"链球运动员"，而且它们之间还分高低等级呢。

最低级的"链球运动员"可能是卫星，如月球。它们的"链球"一般是位于自身表面的物质，有的是岩石和沙尘，有的是厚重的大气。不过月球比较特殊，因为人类向月球发射了很多探测器，比如"嫦娥"系列。这些探测器围绕月球飞行，成为它的人造"链球"。

比卫星高一等级的"链球运动员"就是行星，比如地球、木星、火星等。它们周围有卫星环绕，这些卫星成了它们的"链球玩具"。地球是个例外，它除了月球这个天然"链球"之外，还有很多人造"链球"，比如空间站、人造卫星等。

比行星高一等级的"链球运动员"是恒星，比如太阳。它周围有行星和卫星环绕，并且行星和卫星的数量多到惊人。能玩这么多"链球"，可想而知恒星有多厉害。

比恒星高一等级的"链球运动员"是星系，比如银河系。银河系中包含几千亿颗恒星，以及根本数不过来的行星和其他天体，可以说星系是"链球"的顶级玩家了。

冰壶运动中，运动员拿着"拖把"擦地是在做什么？

为什么在柏油路上能走，在冰面上会滑倒？

冬天，很多人喜欢到河面或者湖面上滑冰。只要稍微一用力，就能在冰面上滑行很远，简直太省劲儿了。这时有的人就会想，假如城市中所有的柏油马路都变成冰面那该多好呀，每天滑着冰就能上学、上班了。

为什么冰面会比柏油马路光滑呢？其实，这和它们的"皮肤"状态有关系。

冰的表面平整，而柏油马路则不同，它每天风吹日晒雨淋，表面坑坑洼洼的。

所以当我们走在柏油马路上时，它对我们的鞋面产生了很大的阻力；而在冰面上不一样，冰面平整、没有小坑凸起，走起来阻力自然就很小了。

其实，柏油马路对鞋面产生的阻碍叫作摩擦力。

虽然摩擦力不能让我们像在冰面上那样滑得很远，但假如柏油马路没有了摩擦力，后果不堪设想。

汽车之所以能在马路上飞驰，是因为轮胎摩擦地面产生的摩擦力是向前的。如果轮胎和地面之间没有摩擦力，轮胎就会原地空转，地面没办法给汽车向前的推力，汽车就"寸步难行"了。

田径运动中的 100 米短跑、400 米接力赛等，都是一样的道理。

为什么说摩擦力是机械杀手？

摩擦力是个性格复杂的家伙，它应该是个双子座，拥有两副面孔。一方面，汽车行驶、我们日常走路都是摩擦力的功劳；另一方面，摩擦力又到处搞破坏，是个名副其实的机械杀手。比如大型机械的齿轮，在工作过程中，两个齿轮需要配合才能工作，因此最容易发生"摩擦冲突"，彼此摩擦就会产生摩擦力。摩擦力喜欢"拱火"，在它的怂恿下，齿轮越咬越激烈，最后在咬合的地方产生很多热量。这有点像钻木取火，一根细木头在粗木头上快速旋转，剧烈摩擦产生热，木头就燃烧起来了。

齿轮之间产生热量的原理也是一样的。这些热量不仅会减弱齿轮的强度，还会浪费能量。

人类为了减小机械中的摩擦力，发明了润滑油。润滑油就像"金牌调解员"，齿轮之间有了润滑油，相处起来会变得很"融洽"，摩擦就不那么剧烈，摩擦力也就不容易搞破坏了。

冰壶运动员为什么要擦地呢？

冰壶运动是奥运会的新兴项目。运动员在冰面上将冰壶扔出去，冰壶滑到目标圆心附近，离得最近的得分。

不过冰壶下面的冰有点惨，因为在比赛开始前，会有专业人员在冰面上撒上很多小水滴。小水滴遇冷，就会凝结成小冰晶，这就相当于冰面上起了很多凸起，这时冰面比橘子皮还要粗糙。

当冰壶在冰面上滑行时，只觉得"屁股"下面很难受，好像坐在小石子上一样硌得慌。这样的情况，冰壶怎么可能滑得远呢？

于是冰壶运动员就拿着冰壶刷在冰壶前面使劲儿摩擦。摩擦产生的热量让冰面表层的小冰晶融化成水，在冰面和冰壶之间形成一层水膜，这层水膜相当于齿轮之间的润滑油。这样，冰壶在冰面上滑行时，"屁股"下面就舒服多了，于是就滑得更远了。

此外，冰壶运动员摩擦冰面，还能改变冰壶的运动路线，毕竟，冰壶自己也知道哪里滑着舒服，哪里滑着难受。

用剪子尖端剪东西省力，还是用根部剪东西省力？

四两拨千斤是真的吗？

传统武侠小说中经常出现一种神奇的武功，叫作"四两拨千斤"，意思是用特别小的劲儿，就能打败比自己强几十倍的敌人。现实生活中，四两拨千斤真的存在吗？

古希腊有一个厉害的人叫作阿基米德，他是数学家，也是物理学家。他曾经说了一句让所有人都震惊的话："给我一个支点，我就能撬动地球！"

这句话表面上看起来是一句玩笑话，但里面蕴含着一个重要的原理：杠杆原理。

杠杆由两个部分组成，一根长长的杆和一个支点。把长杆放在支点上，长杆一端放上重的物体，另一端放上轻的物体，只要支点向重的物体一边移动，轻的物体就能轻松把重物撬起来。

怎么样，发现杠杆的秘诀了吧？以支点为分界线，支点两端的杠的长度是不一样的，长的一边放轻的物体，短的一边放重的物体，这样轻的物体才能把重的物体撬起来。也就是说，只要有合适的杆，掌握好长度关系，四两的物体是完全可以把千斤的物体撬起来的。

如何用剪子更省力？

杠杆是一种省力的工具，而剪子就是一种变相的杠杆。剪子中间的铆钉是支点，剪子的"身子"就是长杆。

不过，使用方法不同，剪子可能会变成费力的杠杆，也可能变成省力的杠杆。我们可以把剪子看作是一张狗嘴，剪子的尖端相当于门牙，而剪子靠后的地方相当于臼齿。

平常狗狗吃狗粮时，直接用门牙加上舌头，一口一口吞；而遇到难啃的骨头时，狗狗就会把骨头咬在臼齿上。因为臼齿的力量比门牙大，同时比门牙省力，所以才能轻松咬断骨头。

剪子也是同样的道理，要剪断的东西相当于"骨头"，手的力量相当于嘴部"肌肉"。剪子尖端到中间铆钉的距离，比把手到铆钉的距离远，是杠杆中较长的那一端。如果用尖端

"咬骨头"，就相当于在杠杆的长端放上重物，在杠杆的短端放上轻的物体，剪起东西来当然更费劲儿了。如果想要省力，就需要把"骨头"挪到剪子末端靠近铆钉的位置。

所以，用剪子的根部剪东西比用尖端剪东西好用而且省力。

生活中还有哪些杠杆呢？

生活中有很多地方都用到了杠杆原理，比如指甲钳。

指甲钳是日常生活必备的东西，它的前边有像"牙齿"一样的切口，后边有长长的翘起来的"尾巴"。剪指甲的时候，把指甲放进"牙齿"中，然后另一只手按下"尾巴"，"牙齿"就能把指甲剪断。

其实，"牙齿"就是杠杆短的那一头，而"尾巴"就是杠杆长的那一头，中间连接的"钉"就是支点。

类似的，酒起子、钢丝钳等也都是杠杆，所以才能轻松打开酒瓶盖、轻松铰断钢丝绳。

如果轮子不是圆形的，世界会变成什么样子？

车轮为什么是圆的？

如今，汽车成为每个家庭必备的出行工具。不过你有没有仔细观察过，无论是汽车还是地铁和动车，它们的轮子都是圆形的。这是为什么呢？

圆形在数学中是一个"另类"，显得很不合群。其他图形如三角形、四边形或者多边形，要么有顶点，要么有棱边，身材看起来有棱有角。但圆形和它们都不同，它全身上下特别圆润。

假如举办一场几何图形马拉松长跑比赛的话，圆形一定是第一个冲过终点的，因为它圆润的身材特别适合"滚"！

那么，其他图形为什么不适合"滚"呢？我们先从摩擦力说起。

对于物体世界的居民来说，它们的脾气都比较坏，只要两个物体一接触，就会爆发冲突，引起巨大的"摩擦"。根据物体世界的"法律"判定，两个物体的"摩擦"争端分为两种不同的性质：一种是情节较轻的滚动摩擦，一种是情节严重的滑动摩擦。

滚动摩擦很好理解，就是一个物体从另一个物体身上滚过去，比如圆球从马路上滚过。这种摩擦比较轻的原因是，圆球和马路的接触面小，滚动过程中，圆球上的所有接触点是轮番碰触马路表面的。

而滑动摩擦就是一个物体从另一个物体身上"蹭"过去，比如砖头从马路上滑过。这种摩擦就像用搓澡巾使劲儿"蹭"一样，又疼又难受，摩擦当然就更严重了。

所以说，车轮选择用圆形而不用其他多边形，行驶起来就会很顺畅，并且速度也快。

如果车轮是方形或者三角形的，世界会变成什么样？

轮胎使用圆形而不用三角形或者多边形的一个重要原因是，圆形有一个特别大的优点：它的圆心到圆弧上任意一点的距离都是相等的。

而三角形或者多边形的中心到棱边、顶点的距离是不相等的。

这能说明什么问题呢？

一辆圆形车轮的汽车在马路上行驶时，汽车上任意一点都会向前移动，包括轮胎的中心。而由于轮胎的中心到马路的距离永远等于轮胎的半径，也就是说，轮胎中心向前移动的路径是一条直线。

假如这时把圆形轮胎换成边长为 a 的正方形轮胎，正方形轮胎转动时，当棱边接触地面，轮胎中心到地面的距离是 0.5a；而当正方形轮胎的顶点接触地面时，轮胎中心到地面的距离变成了约 0.7a。也就是说，换成正方形的轮胎之后，轮胎中心到地面的距离是变化的。即使汽车行驶在平整的柏油马路上，也会像坐船一样，一上一下地"颠簸"。要是坐这样的汽车出行，保管会把人颠得全身散架。

轮船的排水量是排掉的废水量吗？

想要让钢铁巨轮浮起来，水付出了多大努力？

一颗小石子被丢进水里，扑通一声就会沉下去。而比小石子重千万倍的钢铁巨轮却能浮在水面上，而且轻松地行驶。这到底是怎么回事呢？

其实呀，巨轮浮起来的背后，水付出了巨大的努力！

我们已经知道，任何高于绝对零度的物质的分子都处在"疯癫"的状态。水分子同样如此。如果此时有一架显微镜能看到水的内部的话，你会发现，水内部是很空旷的。每一个水分子都有自己的"地盘"，在这一亩三分地上它们疯狂地"造"，无所顾忌。

平日里，水分子就像打了鸡血似的，看谁不服就撞谁，撞天撞地撞空气。哪怕是对自己的邻居 —— 其他水分子也不例外。水的内部，就像一个巨大的碰碰车游乐场，水分子们在里面撞来撞去。

这时，轮船想洗个澡，于是利用沉重的身体不断往水里面挤呀挤。水分子当然不愿意给它"搓澡"，于是水派出了数亿亿的水分子大军，众志成城地迎头就撞。别看水分子不起眼，这么多一起撞，就连万吨巨轮也能被它们撞得"漂"起来。这就是浮力的本质。

排水量是轮船排掉的水量吗？

生活中，我们经常听到有人用排水量描述轮船的重量，排水量是轮船的重量还是轮船排掉的水量？

其实都不是。轮船是个大"胖达"，体型巨大，当它下海时，水必须得给它"让路"。于是，轮船就挤占了一部分水的空间，也就是"排开"了一部分水。被挤跑的这部分水就是这艘船的排水量，一般用吨表示。

那么排水量和轮船的重量有什么关系呢？

当轮船排开这些水之后，就能平稳地浮在水面上，既不会继续下沉，也不会被水分子撞飞，处于平衡的状态。

我们都知道，地球对所有的物体都有重力作用。轮船进入水里之后会下沉，就是因为重力在"拉"它。与此同时，水分子在不断撞击轮船的底部，对它产生浮力。

随着下沉越来越深，水分子的撞击力度会越来越大，浮力就增加了。直到浮力等于重力了，轮船才会停止下沉，保持不动，漂浮在水中。

而根据阿基米德的浮力定律，轮船的浮力等于排开的水的重量。

如果轮船空载，那么排水量恰好等于轮船自身的重量。而当轮船满载时，排水量就等于轮船加上货物的重量。

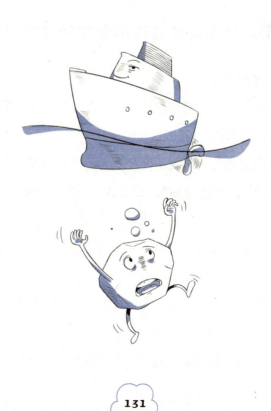

在海水中游泳比在河水中游泳轻松吗？

在海水中游泳比在河水中游泳轻松吗？

你会游泳吗？

会游泳的人可能会有这种体验：在河里或者湖里游泳比在海里游泳费劲！

在河里游泳时，需要不断扑腾，不然很容易沉下去；而在海里游泳时，会觉得海水"劲儿大"，能轻而易举把自己托举起来。

其实，还真是这样，河水和海水就像两个举重运动员，但河水的量级比海水差远了。

为什么会有这种差别呢？简单来说，那就是海水"吃过的盐"比河水"吃过的米"都多。

为了获得举重冠军，海水没少在饮食上下功夫。海水什么都吃，尤其是盐类物质吃得特别多，什么氯化钠、氯化镁、硫酸钠、氯化钙，只要是能增加力量的，它来者不拒。此外，还有很多有机物和其他乱七八糟的东西。这也是海水的味道又苦又涩的原因之一。为了增加力量，海水确实"吃了很多苦"。

反观河水呢，它的饮食就比较清淡，少盐少糖，除了一些简单的有机物和浮游生物之外，河水很少"吃"其他的东西。所以，河水的味道很清淡。

这样最终的结果就是，海水的无机盐浓度比河水高很多。而水的浮力和无机盐浓度成正比，浓度越高，浮力越大。所以，在海水中游泳会比在河水中游泳更轻松。

死海是死亡之海吗？

死海是一个位于巴勒斯坦与约旦之间的西亚裂谷中的小湖泊。

之所以叫死海，是因为它比较"自私"，它的周围绝对不允许其他生物出没，以至于死海周围没有任何动物和植物生存，光秃秃的毫无生机。

会有这样的处境，和死海疯狂"吃"盐有直接关系。死海曾经也像其他湖泊一样，口味比较清淡，很少"吃"盐。所以它周围草木茂盛，一派欣欣向荣的景象。

可是随着"年龄"的增长，死海疯狂地从周围土壤中获取盐，导致自己越来越"咸"。

另外，死海所在的地方常年高温，夏季最高温度达51℃。气温越高，蒸发量就越大。这里也很干旱，一年到头降雨量只有可怜的50毫米。在不断风吹日晒下，再加上死海没有水喝，导致它"发育不良"，越来越"矮"，水分蒸发致使水面下降，水减少了，盐浓度就越来越高了。

虽然死海变成了毫无生机的地方，动植物都大义灭亲，

弃它而去；但是人类却把它当成了明星。由于死海的无机盐浓度特别高，水的浮力异常大，它变成了世界上最强壮的水"大力士"。人跳进去，哪怕一动不动都不会下沉，反而可以悠哉游哉地漂浮在水面上。于是，死海成了著名的旅游景点。

从这一点来看，死海倒也不是死亡之海了。

潜艇和鱼类的潜水能力，哪个更强？

发生海啸时，
海滩上为什么有很多肚子鼓鼓的鱼？

常年生活在海边的人也许会知道，每次发生海啸或者深海地震时，海滩上就会出现很多奇怪的鱼。它们的肚子鼓鼓的，好像是吃撑了在晒太阳似的。而且这些鱼非常不注意"形象"，长得奇形怪状，有的甚至很丑。

其实，它们都是来自深海的"隐居者"，这些鱼性格很孤僻，平时不和其他的鱼打交道，总是在几千米下的深海活动，找一个隐蔽的地方修行。

当深海发生地震或者火山喷发时，它们的"修炼洞府"受到破坏，这些"隐居者"被迫成为"灾民"，只有这时，这些"隐居者"才会游到海洋表面。

不过，逃难过程中发生了意外。深海的海水压力特别大，

"隐居者"们适应了"高压"生活。随着往上游，浅海的海水压力减小，低压的环境让深海鱼水土不服，于是它们的肚子就"胀气"了！就这样，肚子越来越大，最终深海"灾民"胀破肚皮而死。

潜水员为什么会患上减压病？

减压病是机体因所处环境气压的降低速度过快和幅度过大，导致减压前已溶于体内的气体超过了过饱和极限，从而溶解状态逸出形成气泡而导致的病症。潜水员在较深的水中待了一段时间之后，回到水面，会出现头晕、皮肤瘙痒等症状，严重的时候还可能引起心跳骤停。

其实，减压病和深海"隐居者"游到浅海出现"水土不服"是一个道理。

潜水员在较深的水中习惯了深处的水压，身体的各个器官尤其是血液中的气体都处在溶解状态。假如潜水员遇到紧急情况，快速地从深水处回到浅水处，这时身体来不及适应压力由高到低的变化，于是血液中的气体就会冒出来，在血液中形成很多小气泡。

如果这些"调皮"的气泡聚集到关节处或者皮肤表层，就会引起关节肿痛或者皮肤瘙痒。如果它们堵塞了呼吸道，或者跑到心脏里面去，就会引发头晕目眩、胸闷休克，甚至死亡。

所以，喜欢潜水的人，尤其是潜到十几米的深水里，往上游的时候一定不能着急；如果遇到危险情况，游上岸过快的话，上岸之后必须在高压氧舱里接受高压治疗，缓慢适应之后才能正常活动。

鱼在水中自由上下的"绝技"

一般情况下，生活在海中的鱼可以在一定的深度范围内自由活动，而不受水压影响。这是由于很多鱼的体内有一个神奇的器官——鱼鳔。

鱼鳔就像鱼的"备用氧气罐"和"潜水辅助器"。平时鱼鳔里面充满了气体，以氧气的含量最高。如果鱼游到了氧气少的水域中，就能临时使用鱼鳔中的氧气辅助呼吸。

此外，鱼鳔最重要的作用是充当"潜水辅助器"。

任何物体在水中都会受到浮力的作用，物体的浮力和密度有很大关系。如果物体的密度大于液体的密度，物体就会沉下去，反之就会浮起来。比如一块铁放在水中就会沉下去，因为铁的密度比水大；而同样的铁块放在水银中就会漂浮起来，因为铁的密度比水银小。

鱼早在千百万年前就成了"物理学家"，掌握了浮力和密度的秘密，诀窍就在于鱼鳔中。鱼在水中游泳时，假如想往下潜水，就将鱼鳔中的气体释放一些，这样鱼身体的总密度就会变大，于是就可以下沉了。而当鱼想要向上游，只要往鱼鳔中"吸入"气体，使整体的密度降低，这样就可以上浮了。

不过鱼鳔有一定的调解范围。也就是说，鱼也有极限潜水深度，假如超过这个深度，由于高压的作用，鱼鳔失去调节功能，鱼就会被迫越沉越深，最后被"淹死"。

潜艇就是根据鱼鳔的原理制造出来的。潜艇上有一个类似鱼鳔的装置，叫蓄水仓。潜艇想要下沉的时候，就往蓄水仓里加水；如果想要上浮，就把蓄水仓里的水放出去。

和鱼相比，目前潜艇最深只能下潜到 3000 米左右；而科学家在一万多米的深海发现了鱼类。从这一点看，鱼类的潜水能力比潜艇强多了。

玩蹦极时，跳下去的人为什么又会飞上来？

能量到底是什么东西？

日常生活中，我们会接触到形形色色的能量。比如，"运动健将"动能，"攀岩爱好者"重力势能，"变形金刚"弹性势能。此外，还有电能、化学能、风能、太阳能、潮汐能等。其中，动能、重力势能和弹性势能是一家人，它们合称机械能。动能是由于运动而具有的能量。重力势能是由于位置高低产生的能量。弹性势能是由于弹力作用而产生的能量。

在物理学上，能量指的是一个物体做功的能力。而做功指的是一种能量转化为另一种能量的过程。也就是说，能量是一种把自己变成别人的能力。

举个很简单的例子，我国著名的长江三峡水电站利用长江的水发电，是怎么做到的呢？

其实，这里面都是机械能家族的功劳。

长江的水从上游流下来，由于快速"奔跑"，所以水中携带着能量，也就是动能；同时，众所周知，我国地势是西高东低的，水从西流向东，相当于从高处"蹦到"低处，所以携带着重力势能。

在动能和重力势能加持下，水全身充满了"能量"，于是一头撞在涡轮叶片上，把叶片撞得快速转动起来。叶片带动发电机，就产生了电能。

所以，发电的过程其实是将机械能转化为电能的过程。

玩蹦极时，我们运用了哪些能量？

蹦极是这些年比较流行的极限项目。当你站上跳台的时候，由于和地面有了高度差，身上就有了重力势能。当你从高处跳下去时，重力势能就会故意"拉扯"你往下掉，同时重力势能转化为动能，所以这时你下坠的速度会越来越快。

当你下坠的距离等于安全绳的长度时，安全绳会试图"阻止"你下坠。但你下坠的动能"劲儿"太大了，安全绳"拽"不住你，于是你继续下落。由于安全绳弹力的作用，下落速度减慢，与此同时，动能开始转化为安全绳的弹性势能。

接下来的过程就是动能和弹性势能争夺你身体的"所有权"。当弹性势能最终打败动能之后，动能消耗光了，你就会停止下坠。此时所有的能量都被安全绳"吸收"，变成了弹性势能。

于是，弹性势能"拽"着你往上飞，随着上升高度越来越高，弹性势能的力量减弱，逐渐转化为重力势能和动能。

接下来，机械能的这三个兄弟相互转化，而你就在它们转化的过程中被玩得"团团转"。直到动能、弹性势能和重力势能全都"没劲儿"了，你才会停下来。

下山时总觉得有人在推自己是怎么回事？

当你下山时，地球希望你跑快点

俗话说，"上山容易下山难"。

爬过山的人都有过这种体会，当你下山时，总感觉背后有人在推着自己，于是下山的速度变得越来越快。尤其是在又长又陡的斜坡上时，这种情况更加严重。

其实，这都是地球在搞"恶作剧"。

地球把身上的所有物体都"抓"得紧紧的，不舍得松手。而地球的手就是重力。

当你爬山爬到很高的地方时，地球觉得你离它远了，就想把你"拽"下来，让你离它近一点。当你下山时，地球的手——"重力"就时时刻刻拉扯你，让你加速。于是你就被迫走得越来越快，甚至刹不住车。

143

除了爬山，滑雪时也会遇到同样的问题。

当你站在滑雪道的顶端，摆好姿势，只要松开雪杖，身体就会不由自主滑下去，而且下滑速度越来越快。这也是重力导致的。

下山时，是肌肉和重力的争霸赛

地球之所以"干涉"你下山，还有一个原因，那就是你上山时悄悄"囤积"了很多势能。

爬山过程中，随着你越爬越高，实际上是在和地球作对。因为地球使用重力想让你留在地面上，而你偏偏反其道而行之。就好像地球在你身上拴了一根重力橡皮绳，你为了逃离橡皮绳，于是消耗体内食物蕴含的化学能量，用来对抗重力的"拉扯"。于是，化学能就变成了重力势能。

重力势能是一直存在的，等你到了山顶的时候达到最大。

没一会儿，你决定下山了，而下山的方向就是"重力橡皮绳"拉扯你的方向。这时，积累在"橡皮绳"上的重力势能开始发挥作用，它转化为你身体的动能，你就不自觉地越跑越快。

不过，由于人的身体是有肌肉的，肌肉具有力量，能抵抗重力势能。下山过程中，腿部肌肉不断和重力势能抗争，减慢你的速度。等到了山脚平地上时，腿部肌肉完成了使命，累瘫了。所以，下山时，腿也会特别酸。

汽车爬陡坡时速度能加快吗？

汽车的"饭量"有大有小是怎么回事？

汽车跑得有多快，劲儿有多大，是由汽车的"饭量"决定的。

汽车的发动机相当于"心脏"，不过它还承担着"肺"和"胃"的作用，负责汽车的"呼吸"和"消化"。而功率相当于汽车的心肺能力。对于汽车来说，"心脏"提供给它的功率，转化成了汽车的速度和力量。

人锻炼身体能提高心肺能力，汽车能通过"锻炼身体"提高功率吗？

答案是不能！汽车"心脏"在出厂的那一刻就决定了它的功率是没办法改变的。

汽车的食谱很单一，只有汽油。汽车"奔跑"时，吸入空气混合着汽油进入"心脏"，此时相当于肺的呼吸。接下来，"心脏"启动了"胃的消化功能"。汽油在这里"被消化"，也就是燃烧，汽油的化学能转化成"心脏"的机械能，然后通过齿轮传递给"腿脚"，这样汽车就能跑了。

由于汽车"心脏"的大小是固定的，也就是汽车的"饭量"是固定的，所以每次能"消化"的汽油量有一个最大值。这个最大值就是"心脏"的功率。

汽车爬坡时，速度和力量怎么较劲的？

汽车的"心脏"——发动机为它提供速度和力量。虽然汽车的"饭量"不能变大，但汽车通过使用力量和速度的博弈技巧，也能轻松愉快地奔跑。

起步时，由于汽车刚"睡醒"，还有"起床气"，为了让它动起来，就必须用低挡，通过限制速度，让力量变大。如果使用高挡起步，速度变快，导致力量变小，是没办法把汽车"拉起床"的。

等汽车完全"醒"了，开始奔跑时，就可以换成高挡了。这样，力量被限制，速度就能慢慢提起来。等到速度变快之后，只用很小的力量就能拉着汽车狂奔了。

汽车爬坡时，就像人爬山一样，需要克服地球重力的拉扯，所以必须要很大的力量才能把自己"拉"上去。

　　汽车想要获得力量，就必须降低速度。这就是汽车爬坡时速度很慢的原因。假如提高速度，力量就会变小，拉不动汽车，汽车就会"生闷气"——熄火。

怎么知道空调和冰箱的"饭量"？

　　家用电器也像汽车一样，是有"饭量"的。电器只吃"电"，它们的"饭量"叫作电功率。

　　每个电器都有"身份证"，也就是出厂铭牌，一般会贴在电器的"脸"上。

电器的"身份证"上最醒目的就是能耗等级，1级的吃得少，5级的最费粮食。在能耗等级的下面，会有"额定功率"，这就是电器的"饭量"。额定功率越大，表示电器越费电。

　　家庭常用的"饭量"较大的电器有空调、电水壶、烤箱、电吹风等。所以，这些"饭量"大的电器最好不要一起使用，因为它们一起工作，吃的"电"太多了，电线供应不上就会罢工，引发跳闸或者短路，严重的还可能导致电线"发怒"，引发火灾。

一只愤怒的小鸟真的能把巨大的飞机撞毁吗？

坐高铁时，为什么树会向后跑？

不知道你有没有注意到一个有意思的现象，当我们乘坐动车、飞机或者其他交通工具时，窗外原本一动不动的树会突然"成精"，向我们后边跑去。又或者，两辆动车同时停在站台上，你坐的车明明没有到发车时间，却开始缓缓启动。过了一会儿，你才发现你坐的车并没有动，而是旁边那辆车先走了。那为什么你会觉得是自己的车动了呢？

其实，这些都是相对速度制造的"障眼法"。

相对速度并不是真实存在的，而是像一个幽灵一样在移动的物体周围游荡。只有当我们更换了观察位置时，才能看到它。

"观察位置"是一种比喻的说法，它的真名叫参考系。

以动车为例，假如你站在站台上，站台就是观察位置。你观察周围的树，它们是一动不动的。假如你坐在移动的动车上，动车就是观察位置，这时你会发现树都动了起来。

观察位置是如何影响物体的速度感知的？

怎么样，你发现观察位置的秘密了吗？

你的速度和观察位置的速度是一样的。

在站台上，站台速度是 0，你的速度是 0，树的速度是 0，所以站台和树在你眼中都没动。动车的速度是每小时 350 千米，你的速度是每小时 350 千米。在你的眼中，动车的座位、地板以及其他乘客都是不动的，也就是速度为 0。这和在站台上看树的道理是一样的。但实际上，动车上所有的物体的真实速度都是每小时 350 千米，只是在你看来是 0 而已。这时的"0"是假速度，叫作相对速度。

而当你看向窗外时，站台和树的速度其实是 0，但你们之间速度有了差别，于是站台和树看起来向反方向"跑"开了，跑开的速度和高铁的速度一样，也是每小时 350 千米。但实际上，它们并没有真的动起来，只是在你看来它们动了。这时，树和站台的速度为每小时 350 千米，也是假速度，即相对速度。

也就是说，我们的观察位置发生变化时，眼睛看到的物体的速度也会变化。并且，观察位置和物体相向运动时，相对速度是它们的速度之和；而反向运动时，相对速度是两者的速度之差。

小鸟也会用观察位置改变自己的速度吗？

飞机这个庞然大物看起来很厉害的样子，其实它是个"纸老虎"。在天上飞行时，哪怕比它体型小几千倍的鸟都能"欺负"它。

这是因为小鸟们掌握了物理规律，会用观察位置这个"障眼法"，"改变"自己的速度。我们已经知道，运动的物体都有动能，而速度越快，动能就会越大。小鸟"改变"了自己的速度，"增加"了动能，就可以把自己变成一颗"飞弹"。飞机见了它都要抖三抖。

那么，小鸟是怎么做到的呢？

假如一架飞机正在天上以每小时 900 千米的速度飞行。这时，迎面飞来一只小鸟，其速度大约为每小时 100 千米。比较起来，小鸟的速度和飞机的速度差了 8 倍。

按道理，飞机不会怕小鸟，但小鸟这时使用了"障眼法"。虽然小鸟自身的速度不快，但根据相对速度的原理，小鸟的相对速度就变成了每小时 1000 千米。

你没看错，相对速度让弱小的小鸟变成了愤怒的"飞弹"，它以每小时 1000 千米的相对速度撞向飞机，后果就是飞机被撞出一个大洞。严重的时候，可能会机毁人亡。

　　这就是在机场附近会安装很多驱鸟设备，也不允许放风筝或者无人机的原因。

干冰会像冰块那样融化成水吗？

舞台上的"白烟"是热气吗？

很多大型舞台上，在表演的时候都会飘着像仙气一样的"白烟"，这些"白烟"像水被烧开后蒸腾的热气，难道有人专门在舞台下烧开水吗？

其实那些"白烟"不是开水的热气，而是空气中的水蒸气凝结成的小水珠。不过呢，水蒸气并不是自愿变成小水珠的，是被人"胁迫"的。

大型舞台下边会放置一种叫作干冰的东西，干冰其实就是固态的二氧化碳。二氧化碳平时是气态的，但在低温高压的作用下能摇身一变，变成固态。固态的二氧化碳很不安分，二氧化碳分子不愿意和其他分子离得这么近，于是总想从干冰表面挣脱出去。

不过由于固态的干冰对二氧化碳分子具有很强的约束力，就好像二氧化碳被绳子拴住了一样，想要挣脱出去必须得有力量。于是，二氧化碳分子就瞄准了空气分子，从它们的身上抢夺热量包为自己补充能量。

　　有了能量的二氧化碳分子纷纷逃离干冰表面，流窜到了空气中。由于空气失去了很多热量包，温度迅速降低。空气中的水蒸气可就遭殃了，就好像遭遇了西伯利亚冷气一样，水蒸气们为了取暖开始抱团，慢慢凝结成小水珠飘浮在空气中，形成了我们看到的"白烟"。

干冰能融化成二氧化碳液体吗？

常温常压下，二氧化碳从固态的干冰变成气态的过程叫作升华。这么看来，常温下干冰是不能融化成二氧化碳液体的。

干冰是由气态的二氧化碳经过低温高压作用形成液态二氧化碳，然后把液体喷射进干冰机压冰室腔室内。这里的温度更低，压强更大。液态的二氧化碳会结冰，变成雪花状的固态冰晶。当冰晶积累到一定程度时，液压系统会自动把冰晶压实成一块块的干冰。

理论上，如果把这个过程反过来，干冰在特殊设备中，进行升温和增压的处理，是可以变成液态的二氧化碳的。不过，这个过程严格来说不能叫作融化。

干冰还有哪些用途？

除了制造舞台特效之外，干冰在生活中还有很多用途。

①人工降雨。在干旱少雨的天气，把干冰做成"炮弹"，利用特殊的炮筒打到高空中去。干冰就像在舞台上一样，迅速吸收周围空气的热量，发生升华。空气中的水蒸气突然遇冷，抱团变成小水珠。当小水珠越聚越多形成大水珠时，就会变成雨水落下来。

②冷链运输。干冰的温度非常低，大约为－78.5℃。干冰天然一张"冷冰冰"的高冷脸，经常担任"冰冻保镖"，护送一些重要的冷链物品。比如，血浆、疫苗等特殊药品，低温精密电子材料，高档牛羊肉和海鲜食品等。

③清洗行业。干冰还特别擅长"保洁"，清理顽固污垢是它的拿手绝活。其实这也是利用了干冰升华吸热的原理，让污垢变冷，内部发生龟裂。干冰属于高档"保洁人员"，主要用于电力系统、船舶工业和航天航空领域的除垢工作。

卡车启动时"噗噗"放屁是怎么回事?

为什么说每个人身上都背着两头"隐形"大象?

如果有人告诉你，其实生活在地球上的我们，每个人身上都背着至少两头"隐形"大象，你会相信吗?

为什么这么说呢，这要从空气说起。空气虽然看不到摸不到，但它是由各种气体分子混合而成的"大杂烩"。既然是由分子组成的，那么就一定有重量。

地球周围的大气层大约几千万亿吨，这是什么概念? 比全世界的人类加起来还要重。

我们生活在大气层最底部，就像生活在水里的鱼承受着水压一样，我们承受着大气的压力。这些压力平均到每个人身上大约相当于 12~15 吨的重量。而一头成年非洲象的体重也只有 3~6 吨。也就是说，我们每个人身上至少背着两头非洲象。

被两头大象的脚踩着做"全身按摩"是什么体验，那肯定是惨不忍睹！

但为什么我们没有被"踩"扁，反而生活得好好的，完全没有感觉到压力呢？这是因为我们身体里面也有压力，身体里面的气压和外面的气压保持平衡，所以我们安然无恙。

大卡车为什么会"噗噗"放屁？

就像水压是因为水分子的撞击而产生的一样，大气产生压力也是同样的道理。

卡车是一种载重的大型车辆，满载时能达到几十吨重。这么重的庞然大物在行驶过程中想要刹车是一件很难的事。于是人们专门为卡车定制了气动刹车系统，也就是利用大气压来控制刹车。每辆大卡车都会背着"气囊"储气罐，里面塞满了空气，所以气压特别大。

当卡车想要刹车时，驾驶员踩下刹车踏板，这时储气罐就会被打开，里面被"压抑"的空气分子一窝蜂喷涌而出，冲进刹车鼓。刹车鼓相当于"交通枢纽"，这里有很多泵，连接着刹车片。刹车片是关键的部位，名副其实的"大力士"。

高压空气冲进刹车鼓，刹车鼓受到压力，将刹车油顺着

分泵注入到刹车片中。刹车片立即紧紧"抱住"轮毂的制动鼓，阻止它转动，这样卡车就刹车了。

当卡车想要启动时，驾驶员抬起刹车踏板，挤进刹车鼓的高压空气全都被"赶"了出来，释放到空气中，这时就会发出"噗噗"的声音，就像放屁一样。刹车鼓里的空气没有了，刹车油回流，刹车片离开制动鼓，卡车就可以继续行驶了。

我们能利用大气压做些什么呢？

生活中很多地方都用到了大气压。别看空气平时软绵绵的，较起真来谁都惹不起它。

很多家庭炖肉时都会使用高压锅。高压锅的嘴很牢靠，什么秘密到了它的"肚子"里都不会被说出来。把坚硬的大骨头或者难以煮熟的筋头巴脑放到高压锅里，随着不断加热，高压锅"肚子"里的水蒸气的压力逐渐增大，气压无处释放，于是就拿骨头和肉"撒气"，把它们"揍"得十分软烂。

厨房里使用的橡皮挂钩，也利用了大气压力的作用。使用时，会把橡皮挂钩里面的空气"赶"出来，这样里面没有空气，而外面有空气，就形成了压力差，橡皮挂钩就被空气"压"在墙上了。

两辆动车相遇时，
明明没有相撞，为什么会"发抖"？

高速行驶的汽车为什么会"吸"人？

你有这样的经历吗，当你在路边散步时，一辆高速行驶的汽车从你的身边驶过。起初，你会感觉到一阵风扑面而来，好像是谁扇了你一下；接着，你会感觉有人从右边推了你一下，或者感觉左边的汽车"吸"了你一下，身体不自觉往马路那边晃了晃。

这是怎么回事呢？

其实，这是汽车和空气一起搞的鬼！

空气和液体都属于流体，顾名思义就是可以流动的物体。流体之所以会流动，是因为组成它们的分子太活跃了，可以到处"疯跑"，也因此流体能对其他物体产生压力，其实就是分子撞击导致的。

当汽车高速行驶时，车头会推着空气分子向前跑，而两侧的空气分子跟不上汽车的速度。于是，就导致车头的分子多，对其他物体的"撞击"次数多，也就是压力大；两侧的分子少，对其他物体的"撞击"次数少，也就是压力小。

所以，当汽车高速从你身边驶过时，刚开始车头驶过你的身边，由于压力大，你会感觉有人撞你；而汽车行驶过去，压力减小，你就会感觉有"吸力"。

动车真的学会了"隔空打牛"吗？

如今日常出行，尤其是远途旅游，大家都会选择动车。动车除了舒适之外，还会给人很多神奇的体验。比如，两辆动车相向行驶，在交会时总会"撞"对方一下，以至于坐在车厢内的人都会感觉身体一歪。但实际上，两辆车并没有任何接触。

这是什么原因导致的？是动车的设计缺陷吗？

其实，这种现象和前面提到的汽车"吸人"的道理是一样的，都是空气这种流体在高速运动时产生的压力效应。

当两辆动车高速行进时，因为车头顶着空气分子向前跑，车头的压力都很大。相遇的一瞬间，两辆动车都给对方来了一记"重拳"，它们都同时向旁"躲闪"，所以乘客会不由自主地向旁边歪一下。

车头交会之后，动车车身之间的空气分子被挤压，纷纷逃出去，于是这里的压力瞬间减小。而此时，两辆动车外侧的空气压力保持正常，所以就形成了外侧气压高，而中间区域气压低。于是在空气的"推挤"下，动车又不自觉地向另一侧歪。

由于动车速度极快，这个过程是瞬间完成的，所以乘客会感觉到一阵抖动。这么看来，动车确实会"隔空打牛"。

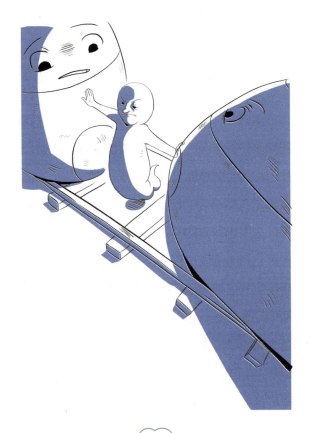

飞机为什么要做成"鸟"的样子？

相信很多人都听过"仿生学"这个词。仿生学就是把动植物当成老师，把从它们身上学到的东西应用到科技领域。比如，飞机的外形就模仿了鸟类的样子。

那么，鸟的"身材"究竟有什么优势呢？

经过千百万年的"锻炼"，鸟可以说是拥有了完美身材，让它能很好地在空气中飞行。我们知道流体是有压力的，这种压力有时候会变成阻力，尤其是流体在高速流动时。

鸟比人类科学家提前了千百万年研究透了流体的秘密，于是它进行了塑形锻炼，让自己的身体在飞行时，降低空气对它的阻力，这样就可以运动得更快了。

与此同时，鸟也利用了空气的"阻力"。飞行时，鸟张开翅膀，打开羽毛，增加了空气阻力的受力面积，这样更多的空气分子撞击在鸟的羽毛上，将它"托举"起来。鸟类就是依靠这种"阻力"飞行的。

所以，人类从鸟类那里学到了"塑形"知识，将飞机设计成流线型，再把机翼做得又长又大，增加空气对飞机的"阻力"，这样在加速时，空气就能把飞机"托举"起来了。

水烧干后剩余的白色粉末是什么？

水真的是"大胃王"吗？

水是自然界名副其实的"大胃王"，为什么这么说呢？当然是水很能"吃"啦！

水平时看起来是无色透明的液体，其实它偷偷"吃"了很多好东西，一般人根本看不出来。不过当我们烧开水时，水逐渐变成水蒸气飘散到空中后，就会留下它作为"贪吃鬼"的证据——白色粉末。这些粉末主要是无机盐，包括钠、钾、钙、镁等，它们以氯化物或者碳酸盐的形式存在，俗称水垢。

这些东西不是水分子，是怎么进入水中的呢？

水想要"吃掉"这些东西，必须经过"消化"。水"消化"无机盐的过程叫作电离。以食盐为例，食盐是氯化钠晶体，主要由氯离子和钠离子组成。氯离子带负电，钠离子带正电，于是它们就相互吸引结合在一起了。

水为了消化食盐，在吃掉食盐后，水分子就会想办法把氯离子和钠离子分开，让它们以氯离子和钠离子的形式存在于水中，这个过程叫电解，所以食盐属于电解质。

水和它吃掉的东西合起来叫溶液，水是溶剂，食盐叫溶质。

水是最优良的溶液，能溶解很多物质，这也是水中能诞生生命的原因。

所以，水这个"大胃王"的称号是不虚此名的。

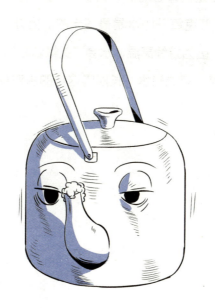

水也有软硬之分吗?

水虽然是液体,但也是有"硬度"的。水的软硬取决于其中钙、镁矿物质的含量。

我国测定的饮水硬度是将水中溶解的钙、镁换算成碳酸钙,以每升水中碳酸钙含量为计量单位,当水中碳酸钙的含量低于 150 毫克每升时称为软水,达到 150～450 毫克每升时称为硬水,450～714 毫克每升为高硬水,高于 714 毫克每升为特硬水。

钙和镁是人体必需的矿物质。专家建议,日常喝硬度为 150～450 毫克每升的水是最适当的。另外,水不能一遍一遍地煮沸,因为持续高温,水会"头晕呕吐",把其中的矿物质都吐出来,变成软水。长期喝这样的水对身体也是没有好处的。

雪后的路面为什么不撒孜然或者胡椒面，只撒盐？

为什么冬天河水会结冰，而海水不容易结冰？

生活在北方的小伙伴冬天最喜欢的运动莫过于滑冰。

冬天一到，河水就因为怕冷懒得动了，于是河面上就结了厚厚的冰，约上三五个朋友，穿上冰鞋，带上冰车，别提多好玩了。不过滑冰最好去专业滑冰场，河面上冰层不稳定，很容易发生危险。

但是生活在海边的朋友可能就没那么幸运了。和怕冷的河水相比，海水的"身体素质"很好，即使到了冬天也照样在海滩上蹦来跳去。

为什么河水怕冷而海水不怕呢？

其实，这和它们平常的"食谱"有关系。河水喜欢清淡的"饮食"，所以河水淡淡的。而海水不同，它"口味"重，无盐不欢，所以海水又苦又咸。

河水和海水虽然"口味"不同，但都属于水家族。

水有一个特点，温度降到0℃以下后，就不愿意动了，于是变成固态的冰开始了"冬眠"。所以，0℃就是水的冰点。

但由于海水喜欢"吃盐"，不怕冷，不想冬眠，即使到了0℃，海水也不会结冰。也就是说，"吃盐"吃多了，海水的冰点就会变得更低。

防冻剂为什么能保护发动机不结冰？

发动机是汽车的"心脏"，平时看上去很健壮，拼命工作让汽车可以狂奔。

其实，发动机非常脆弱，天气太热的时候，"心脏"懒洋洋的，工作能力下降，汽车就会动力不足，这时需要冷却水降温。冷却水是一圈围绕在发动机周围的液体，冷却水循环流动，就能带走发动机工作时产生的热量。

而天气冷的时候，尤其是"双休日"休息，"心脏"不工作，依然被一圈冷却水围绕着。这时，冷却水很容易结冰，从而冻坏发动机。所以，司机会往冷却水中加入防冻剂，防止冷却水结冰。防冻剂能让冷却水不结冰，和海水不结冰的道理是一样的。

防冻剂也像海水一样"贪吃"，什么都吃，比如乙二醇、甘油、乙醇等。这些东西混合在一起，即使冬天再冷，发动机也像穿了小棉袄一样，再也不会被冻坏了。

为什么要在雪后的路面撒盐？

雪是北方冬天的"常客"，它是由空气中的水蒸气遇冷凝结而成的。雪的主要成分是水，不含有其他物质，所以冰点是0℃。

冬天下雪后，环卫工人会开着车，往马路上撒盐，这么

做的主要目的是让雪变成"海水"。我们已经知道，海水的冰点比 0℃低，不容易结冰。而雪变成"海水"后，自然也就不会结冰，而融化成水了。

如果换成胡椒面或者孜然恐怕不行，胡椒面和孜然不含盐分，而且和水也"玩不到一块儿"，起不到降低水的冰点的作用。所以，撒胡椒面或孜然来化雪效果不好。

不过除了盐，撒糖也是可以的。只是撒糖需要花费的成本比撒盐要高，而且糖的融雪效果比盐要差，所以盐是经济实惠、效果最好的选择。

一杯白开水能溶解全世界的白糖吗？

"大胃王"水能一直吃吗？

水，号称自然界的"大胃王"，而且它还是个"贪吃鬼"，大部分的无机物和少部分的有机物都能吃得下。

不过"大胃王"虽然能吃，也不能无休止地吃下去。

水有一个"饭量"最大值，叫溶解度。如果"饭量"超过溶解度，水会吃撑，这时的水叫饱和水。

以糖为例，水很喜欢吃糖，吃糖的速度和多少与温度有关系。温度越低，吃得越慢，而且吃得也少；温度越高，吃得越快，并且吃得越多。

糖作为一种非电解质，被水吃进肚子之后，仍然以糖分子的形式存在。水肚子里有很多空间，这是由于水分子之间有很大的距离。糖分子进入水里后，首先会占据这些

173

空地。随着水吃的糖越来越多，所有的空地都被占满了，水自然就再也吃不下多余的糖了。这时的水已经吃撑了，变成了糖的饱和水。如果继续给水喂糖，哪怕是很小的一口，水都会把吃的糖"吐出来"，这种现象叫作溶质析出。

不过在特殊的压力和温度下，水会突破自我，哪怕吃撑了也能再吃下一些，仍然不会析出溶质，这时的水叫过饱和水。

由于过饱和水吃得太撑了，稍微一碰它，它就会立即"吐出"多余的糖。

为什么说水是"工业大师"？

工业上，水是非常著名的"物质提取大师"，尤其是在有机物提纯领域应用非常广。比如，各种油在冶炼的过程中，由于"贪嘴"经常吃下一些杂质，杂质在油工作时会破坏机械，造成不可挽回的损失。

一般的方法很难将这些杂质去掉，这时水大师出现了。水和油是死对头，它们水火不相容，但由于水喜欢吃"杂质"，油不得不和水合作。水进入油中，迅速溶解杂质，然后和油分开。分开之后，油就变得纯净了。

而水经过蒸发变身，从液态变成气态，杂质就会被"吐出去"，等到水蒸气重新凝结成液态，水又变成了原来的自己。

此外，水还是"物质鉴别大师"。

由于水对不同的物质的"贪吃"程度不同，所以化学上利用这一点来鉴定物质种类。比如，苯、乙醇和溴乙烷都是无色液体，如何区分它们呢？

水不喜欢吃苯，而且苯比水轻，容易浮在水面上；水喜欢吃乙醇，乙醇很快就能溶解到水里；水不喜欢吃溴乙烷，看到它就饱了，所以溴乙烷很容易沉到水下面去。

这样就能区分不同物质了。

地球是个球体，为什么地面却是平的？

为什么通过海上的帆船能判断地球不是平面？

去过海边的人都知道，向大海远处望去，能看到海平面和天空连在了一起。如果幸运的话，甚至还能看到出海的渔船一点一点出现在海平面上。

如果仔细观察，你会先看到渔船的桅杆或者船篷，然后才是渔船的甲板，最后看到整条渔船的全貌。这就好像渔船是从水里洗了个澡冒出来似的。

我们假设一下，如果地球是一个平面，从远处开过来一条渔船，会是什么样的情景呢？刚开始渔船很小，但仍然能够从上到下看到渔船的全貌，而不会先看到桅杆，然后看到

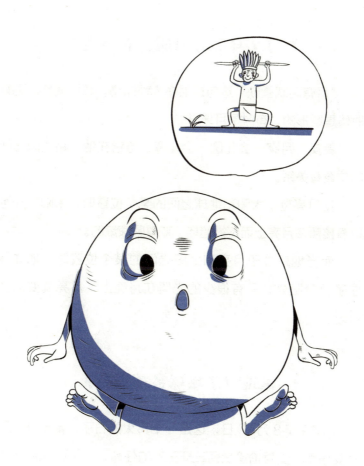

甲板。随着渔船越来越近，细节就越来越清楚，整条船就出现在眼前了。

　　然而实际上，我们看到的是第一种情况，这种情况只能说明海面不是平的，而是弧形的。

为什么月亮有时圆，有时弯？

"月有阴晴圆缺"这句话很多人都知道，意思就是月亮有时候是圆形的，有时是月牙形的。

其实，月亮一会儿圆一会儿弯，与它在地球和太阳之间的位置有关系。

当月亮位于太阳和地球之间的某个位置时，太阳的光可以直接照在月亮上而不被遮挡，变得圆滚滚的。

而当地球位于月亮和太阳之间的某个位置时，地球挡住了部分阳光，只有很少的光照在月亮上，月亮就变成了月牙。

谁证明了地球是球形的？

1519 年 8 月 10 日，这是一个伟大的日子。葡萄牙探险家斐迪南·麦哲伦接受西班牙王室的任命，率领近 300 人的船队从西班牙圣罗卡港出发，开始了环球航行。

1521 年 3 月，麦哲伦船队来到菲律宾。由于和当地部落发生了冲突，麦哲伦被当地居民所杀。随后他的船队继续前行，并于 1522 年 9 月回到西班牙。此时的船队只剩下一条船和 18 名船员。

麦哲伦的船队完成了人类历史上首次环球航行。他当初选择的路线很有意思，船队从西班牙出发之后，一直向西走。走了 3 年，又回到了西班牙。

试想一下，如果地球是平的，麦哲伦的船队还能回到西班牙吗？就是因为地球是球形的，船队才会重新回到起点。这就是麦哲伦船队这次航行的伟大意义——证明了地球是球形的。

如果太阳是一个气体球，为什么没有飘走，也没有爆炸？

太阳真的像氢气球一样，在宇宙中飘来飘去吗？

在哥白尼提出日心说之前，几乎所有人都认为太阳每天东升西落，像个保姆一样围绕着地球大老爷转。然而实际上，对于地球来说，太阳是站在原地不动的，地球和其他 7 颗行星组成了 8 大护卫，围绕着太阳转，组成了太阳系。

但如果我们驾驶宇宙飞船，离开地球，离开太阳系，你就会发现其实太阳也在运动。

太阳的主要成分是氢和氦。氢气和氦气特别轻，比空气还要轻，所以把它们充进气球里，气球就会自己飞起来。太阳是不是也像氢气球一样，所以才会飞呢？

当然不是。宇宙是接近于真空的，没有空气，更何况太阳的体积是地球的 130 万倍，这么大的"氢气球"，怎么飞得起来呢？

太阳之所以会运动，是因为受到了银河系中心巨大黑洞的引力影响。太阳就像一颗链球，被黑洞拽着，绕着一个巨大的圈不停地转。太阳围绕银河系转一圈大约需要 2.5 亿年。

太阳发生氢核聚变，为什么没有爆炸？

氢气是一种可燃气体，遇火很容易发生爆炸。而太阳呢，却是个喜欢玩火的"危险分子"。太阳表面燃烧着"火焰"，温度高达 6000℃。这么高的温度，铁都被熔化成铁水了。

那么，为什么太阳没有像氢气球一样，"嘭"的一声爆炸呢？

其实呀，太阳的"火"并不是燃烧产生的火苗，而是因为表面温度太高给人造成的错觉。

大量的氢聚集在一起，在太阳中心产生了很强的引力。氢在引力作用下，越压越紧，都快被压瘪了，太难受，被逼无奈，只能起来反抗了。于是，氢气分子一商量，制订了"造反"计划。

计划是这样的，两个氢原子核一组，结合成氦原子核，在这个过程中，就能释放出巨大的能量。这就是氢聚变反应。氢聚变计划成功了，聚变的能量向外冲击，正好抵抗住了向内的引力。这样，引力作用让太阳不会爆炸，聚变作用让太阳不会被压扁。氢和引力的较量不分输赢，最终达成"和平协定"。

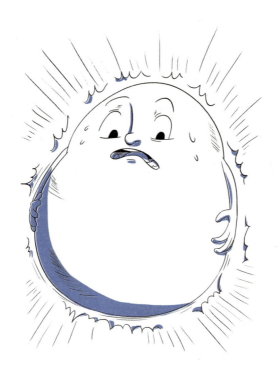

氢弹是人造太阳吗？

太阳的氢聚变产生了惊人的能量，让地球上的生命能够一代代繁衍生息。科学家们很早之前就认识到了氢聚变的价值。氢聚变被认为是最清洁的能源，整个过程不会产生任何污染物。

氢弹是人类制造的最具杀伤性的武器之一，它的爆炸原理和太阳极其类似。唯一不同的是，太阳是因为引力作用，强迫氢发生的聚变。而氢弹则是先通过内爆产生高温，在高温下引发氢聚变，所以也叫热核聚变。

如果将来有一天，人类掌握了常温核聚变，那才叫创造了太阳呢！

太阳表面的黑点是什么？

太阳表面的黑点是苍蝇吗？

早上太阳刚睡醒，或者傍晚太阳要下班时，阳光不那么强烈，如果仔细观察太阳的脸，你会发现上面有一些黑色的小点。这些小点很长一段时间内不会消失，而且还会移动，于是人们猜测可能是一种不怕热的苍蝇飞到了太阳脸上。

真的是这样吗？要知道太阳表面的温度为 6000℃，连钢铁都能被熔化，更何况是苍蝇呢！其实，那是太阳黑子，是太阳脸上的黑色"痘痘"。

世界公认的历史上第一次关于太阳黑子的记录，出现在西汉河平元年（公元前 28 年）。而在西方，关于太阳黑子的第一次记录是 807 年。

起初，太阳黑子被西方教会赋予神圣的意味，认为那是

上帝的杰作。直到 1610 年意大利天文学家伽利略首次用望远镜看到了太阳黑子，证明那是太阳脸上经常出现的"病症"。为此，伽利略还遭到了教会的迫害。

太阳为什么会长"痘痘"？

随着科学的发展，科学家们对太阳黑子有了更深入的了解。

太阳每天早出晚归辛苦上班，全年无休，"精神状态"自然就很差。以前，太阳的表面温度几乎都是一样的，看起来是健康的橘红色。由于精神变差，导致脸上某些区域的磁场突然增强，于是温度降到了4000℃左右。这些温度变低的地方，形成了暗斑和暗纹。从远处的地球看，它们就像一个个小黑点。所以，我们就把它们叫作太阳黑子。这么看来，太阳黑子其实并不黑，只是温度比周围低，看起来黑而已。

1826年，德国天文爱好者施瓦贝开始记录太阳黑子数，绘出太阳黑子数。他连续观测黑子长达43年之久。他从自己的观察记录中发现，太阳黑子的数量大约每隔11年就有周期性变化。

太阳挤"痘痘"会发生什么？

太阳黑子多么影响太阳的"颜值"呀，为此太阳自己也很苦恼，所以动不动就会挤"痘痘"。它这一挤不要紧，可是会对地球造成严重影响。这是怎么回事呢？

太阳黑子周围由于磁场的加强，会对太阳脸部的"皮肤"造成破坏。太阳感到难受就忍不住挤压。

我们知道太阳体内正在进行氢聚变反应，聚变产生的能量以光的形式释放出来，此外还包括高能粒子、各种电磁辐射，比如X射线、伽马射线等。

这些能量可是被太阳"皮肤"包裹着的，太阳一旦挤破了"痘痘"，大量能量就会像喷泉一样喷发出来，在太阳黑子周围形成温度超高、亮度也超高的区域，称为太阳耀斑。

太阳挤完"痘痘"就舒服了，可是这么多的能量全都会喷射到宇宙中。地球距离太阳很近，最终高能粒子流和电磁辐射会来到地球，引发磁暴，严重的时候导致地球通信网络中断，甚至破坏人造卫星等航天器。

如果用火星土壤种菜，需要施什么肥？

火星土壤和地球土壤一样吗？

我们常说，地球和火星是一对好兄弟，因为它们在很多方面具有相似性。比如，都有铁、镍核心，都有大气层，都在温度最适宜的轨道区域内。

即使有这么多相似点，但它俩的差异依然是巨大的。其中最大的不同就是地球养育了很多"儿女"，比如动物、植物等；而火星却一直孤身一人。

之所以会有这么大的差异，从某些方面看，和它们各自的土壤有很大的关系。

地球上的土壤肥沃，不仅透气，还含有腐殖质、矿物质、水等多种营养，适合植物生长。植物茂盛了，动物就有食物，就能存活。而动物死后，被微生物分解，又变成了植物的营养。如此循环，地球的儿女们依靠着土地就能活得多姿多彩。

反观火星呢，火星的土壤是岩石风化成碎屑形成的，含铁量非常高，所以看上去是红色的。此外，火星土壤含有大量高氯酸盐，这是一种含剧毒的"杀手"。如果植物在这种土壤中生长，用不了多久，叶片中的叶绿素就会下降，不能进行光合作用；高氯酸盐还会破坏植物的根，让植物没办法喝水。这样下去，植物最终就会死掉。另外，火星的土壤中没有水分和有机质，哪怕火星上曾经有生命，也会因土壤的问题而最终灭绝。

火星土壤真的能种菜吗？

在科幻电影中出现过航天员被困在火星上的情景，在食物紧缺的情况下，航天员不得不用火星土壤种植蔬菜维持生命。

可是，火星土壤那么差劲，真的能种菜吗？其实，理论上，如果想用火星土壤种菜也不是不可能！

土壤对于植物来说，除了能提供营养物质之外，还起到固定植物的作用。虽然火星土壤缺乏营养，但人们可以往里面添加营养物质，经过改造，火星的土壤就能种植蔬菜了。

火星土壤和地球土壤相比，就像个营养不良的小孩。所以改造火星土壤，关键就是补充"营养"！

189

①去掉火星土壤里的高氯酸盐，去除毒性。

②添加氮肥、钾肥和磷肥，以及其他微量元素，让土壤变得有营养。

③加入腐殖质和各种细菌。腐殖质内含有丰富的有机物，是植物生长不可缺少的"有机食品"。细菌有一副"铁嘴"，能咬破土壤中的岩石颗粒，释放其中的无机盐，比如钙、镁等。而且像固氮菌这样的细菌，还能吸收空气中的氮气，把氮气加工成氮肥。

④火星大气比较稀薄，主要成分是二氧化碳，缺少氧气。所以，火星的土壤中也没有充足的氧气。土壤中没有充足的氧气，植物的根细胞就没办法呼吸，所以下一步就需要往火星的土壤中注入氧气。

⑤由于火星的土壤都是沙砾，不蓬松，所以需要加入小型动物，比如蚯蚓、田鼠等。它们在土里钻来钻去，能起到松土的作用。

经过补充营养，最终火星土壤就变得"健壮"起来，能够支持植物成长。

和火星上的人聊天，真的会急死人吗？

地球距离火星有多远？

地球和火星就像两个进行训练的田径运动员一样，为了相互不干扰，围绕着太阳在各自的椭圆形的轨道上奔跑着。它们的奔跑轨道不相交，火星在外圈跑，地球在内圈跑。

虽然它们永远都不会相遇，但总有距离对方很近的时候，也有距离对方很远的时候。

当地球和火星都跑到太阳的同一侧，且和太阳在同一条直线上时，地球和火星之间的距离是最近的，大约5500万千米。

而当地球和火星分别跑到太阳的两侧，并且三者在同一条直线上时，地球和火星之间的距离最远，大约4亿千米。

在火星上给地球发短信，多久能收到？

航天员进入宇宙之后，和地球之间传递消息依赖的是电磁波通信。电磁波的速度是光速，平均每秒钟跑约30万千米，是宇宙中最快的"快递员"。

不过地球和火星之间的距离实在太远了，哪怕是宇宙"特快专递"——电磁波也需要很长时间，才能把信从火星送到地球。

当地球和火星之间的距离最近时，火星上的航天员给地

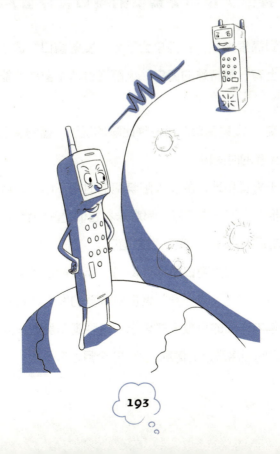

球总部发信息，大约需要 3 分钟，地球才能接收到。而当地球和火星之间的距离最远时，那就需要 22 分钟才能接收到。

这么久的时间，如果是视频通话肯定会卡顿，如果是发短信或者打电话，光是等待回答就让人很抓狂了。

所以，无论是在火星执行任务的探测器，还是将来的火星航天员，他们和地球通信的时候，都会提前把主要的信息打包，让电磁波一起"快递"回来。

探索火星的火箭发射窗口是什么？

提到探索火星，我们总会听到"发射窗口"这个词，难道地球上有一扇特殊的窗户，火箭通过这个窗户就能飞到火星去吗？

其实，"发射窗口"是一种比喻的说法，指的是最适合发射运载火箭的时间段。

由于火星和地球围绕太阳奔跑的时间不同，过程中会有很多次相遇。每一次相遇，都意味着它们之间的距离比较近，在相遇前后的这段时间就是发射窗口。

发射窗口的大窗口是年计窗口。年计窗口适用于行星际探测任务，如"天问一号"火星探测器的发射，它是以指定的某一年内连续的月数形式表示。这种窗口类型适用于地球和火星之间距离最近的情况，每 26 个月才有一次。

要用多大的秤才能称出地球的重量？

地球到底有多重？

如果给地球来一次全身体检，所有人都会被这个大家伙的体重吓到。单说体重，地球大约重 5.97×10^{24} 千克，大约 60 万亿亿吨。

问题来了，地球如此重如此巨大，科学家是怎么称出地球的质量的呢？

如果用杠杆撬地球，需要多长的杆？

古希腊哲学家和物理学家阿基米德曾经说过："给我一个支点，我能撬动地球。"阿基米德的这句话略带玩笑的成分，其实讲的是杠杆定律。

不过我们不妨开开脑洞，如果真的有这么一根杠杆和一个支点，那么这根杠杆有多长呢？

首先我们先选择一个支点，距离地球最近的天体是月球，就把月球当成支点吧。然后，我们还需要一个重物提供压力，就假设一个体重 60 千克的人在杠杆的另一端撬动地球吧！

现在万事俱备，开始计算。根据杠杆原理：

地球的质量 × 地月距离 = 人的体重 × 月球到杠杆末端的距离

经过计算，杠杆长度大约是 3.7×10^{28} 千米。换算成光年，大约是 4000 万亿光年。

如果你对这个数还没概念，试想一下，如今我们使用观测仪器能够看到的可见宇宙的直径也只有 930 亿光年，而撬动地球的这根杠杆比整个宇宙的直径都长。

科学家是如何测量地球的质量的？

测量地球质量最简单的方法就是根据牛顿的万有引力定律。根据万有引力公式：

$$F = \frac{Gm_1 m_2}{r^2}$$

一个物体在地球表面的重力 F 以及地球的半径 r 很容易

测量，只要知道万有引力常量 G，就能根据公式计算出地球的质量 M。那么 G 是多少呢？

1798 年，英国物理学家卡文迪许用扭秤实验确定了万有引力常量 G。

后来，科学家利用 G 的数值计算出了地球的质量。

此外，天文学家还可以利用地球周围的天体如月球、火星等的运动规律，来反向推算地球的质量。

要用多长的尺才能量出地球和月球之间的距离？

用手电筒就能测量出地月之间的距离吗？

很多人都知道地球和月球之间的平均距离约为 38 万千米，这个距离是怎么测量出来的呢？

有人说使用手电筒就能测出地月的距离，打开手电筒，光从地球上发出，照在月球上，一部分光就会反射回来，被地球上的人接收到。只要测量出光反射回来的时间，再乘以光速，就得出地月距离了。

原理是没问题的，但手电筒的光有一个缺点，那就是"毅力"差！众所周知，光是由无数光子组成的"团体"，手电筒的开关相当于发令枪。

"发令枪"一响，光子"马拉松运动员"就出发了，刚开始大家还一起沿着直线跑，可是没过多久，一些光子就"跑歪"了。等到达月球时，光子们散开的范围几乎覆盖了整个月球。再加上手电筒的能量太低，光子们跑了那么远，累得不行，能"活着"反射回地球的几乎没有。

后来，科学家想了个办法，用特殊方法严格训练光子，把它们训练成了激光。激光最大的特点就是，它发出的光子不仅能量高，而且严格走直线，哪怕跑了 38 万千米，到达月球时，光子们散开的距离也只有 10 千米。靠着激光的优秀素质，科学家们就能测量出地月距离了。

理论上，激光从地球发射，经过月球反射回来，被地球科学家接收到，花费的时间大约是 2.54 秒。也就是说，激光单程花费 1.27 秒，乘以光速，得到地月距离大约为 38 万千米。

如何测量星系的距离？

月球和地球是老邻居，距离比较近，使用激光或者无线电测量距离是可靠的。但遥远的恒星甚至星系间的距离怎么测量呢？

20 世纪初，美国天文学家哈勃在观察宇宙的时候发现，很多星系的光谱存在红移现象，也就是在光谱上，星系发出的光向红光方向移动。

这能说明什么呢？

首先，我们要明白一个问题，这里说的光谱一般指可见光谱，也就是我们平时说的彩虹光。其次，波长相当于光的"脸"，越靠近红光，"脸"越长；越靠近蓝光，"脸"越短。如果波长"整形"了，一种光就会变成别的光。而光谱向红光移动，表示从星系发出来的光被拉长了，所以才会向红光靠近，这种现象叫作红移。红移说明星系正在远离地球。

有被拉长的，就有被缩短的。如果星系发出的光被缩短，就会向蓝光移动，这种现象叫作蓝移。蓝移说明星系正在靠近地球。

科学家发现了红移和蓝移现象与距离的公式，根据这个公式就能计算出遥远星系与地球之间的距离了。

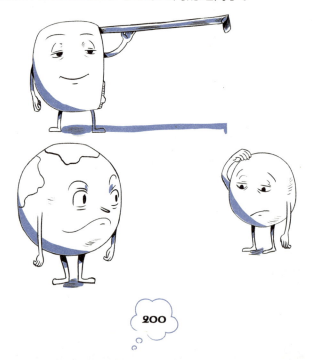

利用"蜡烛"就能测出宇宙中两个星系的距离吗？

科学家能测量出地球距离其他天体的距离，那么宇宙中任意两个天体或者星系之间的距离是怎么测出来的呢？

生活中很多人都有类似的经历，假如有一根蜡烛，当你距离它比较远的时候，看到的烛光就很弱；当你靠得近时，看到的烛光就很亮。也就是说，在蜡烛亮度（绝对星等）不变的情况下，眼睛看到的亮度（视星等）和距离是有关系的。

那么宇宙中有"蜡烛"吗？当然有，造父变星就是宇宙中的"蜡烛"。造父变星是一种亮度有着周期性变化的天体。科学家通过研究它的周期变化，可以知道绝对星等。而利用绝对星等和视星等，就能知道距离了。

因此，造父变星又被称为宇宙中的"量天尺"。

孩子好奇，父母都难以回答的问题

姜蒙 著

4

成都地图出版社

图书在版编目（CIP）数据

孩子好奇，父母却难以回答的问题 . 4 / 姜蒙著 .
成都 : 成都地图出版社有限公司 , 2025. 2. –– ISBN
978–7–5557–2737–8

Ⅰ . Z 228.1

中国国家版本馆 CIP 数据核字第 2025V 2B 684 号

孩子好奇，父母却难以回答的问题 4

HAIZI HAOQI, FUMU QUE NANYI HUIDA DE WENTI 4

著　者	姜　蒙
策划编辑	郭　靖
责任编辑	陈　红
封面设计	丫丫书装·张亚群
内文排版	小蘑菇
出版发行	成都地图出版社有限公司
印　刷	运河（唐山）印务有限公司
经　销	全国各地新华书店
开　本	880 毫米 x1230 毫米　1/32
总印张	21.75
总字数	380 千字
版　次	2025 年 2 月第 1 版
印　次	2025 年 2 月第 1 次印刷
书　号	ISBN 978–7–5557–2737–8
定　价	152.00 元（全 4 册）

目录

CONTENTS

I

II

地球是太阳"吐"出来的垃圾吗？

地球是一颗美丽的蓝色星球。然而你绝对想不到，美丽的地球竟然是由一堆"垃圾"组成的。这还要从太阳"出生"的故事说起！

太阳诞生于一团"棉花糖"

大约 50 亿年前，太阳系还不存在。在太阳系的位置上飘着一团"棉花糖"，不过它并不可口，因为它是由氢气、星际尘埃、冰粒等组成的。它就是原始星云。

这个原始星云的温度大约是 −270℃。嘶，好冷呀！

生活在原始星云里的氢气分子被冻成了"冰棒"。氢气分子们听说原始星云中心非常暖和，于是坐上引力"大巴"，来到到了原始星云的中心区域。由于迁徙而来的氢气越来越多，原始星云中心的氢气密度比周围高出了成千上万倍，这里也因此变得非常拥挤。

氢气分子们为了抢地盘，像碰碰车一样互相撞来撞去。就这样，原始星云中心变得"火热"起来，温度上升。然而，外围还有更多的氢气分子想挤进来。随着时间的推移，原始星云中心的氢气被挤得完全不能动弹。

突然有一天，原始星云中心的氢气分子们实在受不了挤压，"轰"的一声，发生了核聚变，形成一个大火球。太阳就在这场核聚变中诞生了！这就是太阳诞生的假说之一 ——星云说。

看我的"吸星大法"

根据放射性碳定年法，地球约是 46 亿年前出生的。地球的诞生过程惊心动魄，堪称一部武侠大片。

话说原始星云核聚变后，中心的氢气凝聚成太阳，同时向外吐出大量"垃圾"，包括气体、冰粒、尘埃以及在核聚变中形成的铁、铜等重元素。这些"垃圾"没有飞走，而是在太阳周围形成了一个个"呼啦圈"。

每个"呼啦圈"都由无数微小的尘埃组成，这些尘埃吸收了更多的物质，成了较大的"土块"。千万不要小看这些"土块"，它们可是掌握了"吸星大法"呢！

"土块"们施展"神功"，把周围的物质全部"吸"过来变为自己身体的一部分，使自己变得又大又胖，又在万有引力的作用下，最终变成了球体。

　　在众多球体中，有一个"显眼包"，它拥有坚硬的铁镍核心，穿着燃烧着的滚烫的岩石铠甲。又经过几亿年，它的体温下降，它也脱掉铠甲，换上了柔软的大气层"外套"，并孕育出了生命；又经过几十亿年的演化，形成了如今的地球。

好神奇，地球的构造为什么和鸡蛋一样？

地球表面有山有水，它内部是什么样子呢？如果有一台超大的X光机，给地球拍一次X光片，你会发现地球就像一个鸡蛋！

走，让我们一起剥开这个大"鸡蛋"，看看它里面是什么样吧！

地球穿着一层坚硬的岩石外套

剥开地球总共分三步，第一步是剥开坚硬的外壳（ké）。

地球的外壳叫地壳（qiào），厚30～70千米，分两层：上层富含铝和硅，称为花岗岩层，就像鸡蛋壳的外表层，是坚不可摧的外套；而下层主要含镁和硅，称为玄武岩层，稍微有点软，就像鸡蛋壳内壁上的软膜，是一件舒服贴身的内衣。

　　地壳除了像鸡蛋壳一样保护着地球内部以外，还是一个"藏宝箱"，其中蕴含着丰富的矿物，此外还有石油、煤炭等能源。

软塌塌的内层有着暴脾气

　　在大陆地面下平均 33 千米处，有一个明显的分界面，叫作莫霍界面，过了莫霍界面就是地球的第二层结构——地幔。地幔的上部有一层很薄很软的流动层，温度约为1100℃，叫作软流层。整个地壳就"漂浮"在软流层上。

和坚硬的地壳不同，地幔是一层黏糊糊的物质，犹如鸡蛋清。不过，地幔比蛋清黏稠得多，关键是温度高得吓人。在这样的环境下，别说金银铜铁，就连岩石都能被熔化。

岩石熔化后变成岩浆。众所周知，岩浆常年被地壳压在下边，所以，一有机会它就要从地下喷发出来。

"我有一颗火热的心"

我们继续剥开地幔，一直到大约 2900 千米深处，穿过古登堡界面，就能看到地球的第三层结构 —— 地核。地核相当于鸡蛋的蛋黄，它的颜色也是黄色的。

不过地核也不"好吃"，因为它是由铁、镍等金属组成的！

地核分为外核和内核。外核的铁、镍呈熔融状态，能够自由流动。内核是一个密度极大的固体金属球，超强的压力将铁原子和镍原子紧紧挤压在一起。

既然地球表面大部分被水覆盖，为什么不叫它水球呢？

如果你有幸乘坐宇宙飞船进入太空，会发现地球仿佛穿了一件蓝色的"水衣"。地球上这么多的水是从哪里来的呢？

地球上的水是从哪里来的？

地球刚形成时，利用"吸星大法"，把太空中的很多星际尘埃、小行星、冰粒等吸到了自己的"身体"里，以至于温度疾速升高，像一个刚从炼钢炉里出来的滚烫大铁球。

哎呀，太热了！地球决定采用"爆炸"的方式"退烧"。

地球吸收的物质中含有水分子，它们聚集在地球内部，热得到处乱撞。终于有一天，水分子受不了酷热，"嘭"一下撞破了地壳，从地底深处喷发出来。水分子一飞冲天，整个地球就像漏了气的皮球，"噗噗噗"，到处都在漏气。

水分子终于自由了，它们围绕在地球周围，形成了厚厚的软软的"毛绒大衣"。不过还没等水分子们高兴太久，它们就发现空中太冷了，于是无数水分子聚集在一起，形成了小水滴，小水滴变成雨重新落回地面。久而久之，落到地球上的雨水汇成大河，大河汇成大海，最初的海洋就形成了。

地球上有这么多水，为什么不叫水球？

很久很久以前，人们不知道地球是球状的，而是认为大地就像一个四四方方的平盘，而天空像一个倒扣在盘子上的碗。这就是"天圆地方"的假说。所以古人在给自己生活的地方取名时，用了"陆地、大地、泥土"的意思，所以叫地球，这也是英文 earth 的由来。

随着 15 世纪大航海时代的到来，航海家们逐渐发现原来地球是一个球体。后来 earth 这个词传到中国，翻译家就把它翻译成了"地球"。

虽然现在我们知道地球表面约 71% 被海洋覆盖，只有约 29% 是陆地。不过，由于"地球"这个名字已经用了很久，所以就被延续下来了。

地球的隐形"防弹衣"是什么？

宇宙中有一种十分厉害的"刺客"——宇宙射线，它能轻易穿透人体，损坏细胞结构。不过，别担心，我们的地球穿了一件隐形的"防弹衣"，能轻松抵挡宇宙射线的"暗杀"。

太阳吹出的"风"太可怕了

别看太阳每天笑得很灿烂，实际上它堪称"宇宙刺客工厂"！

在这个工厂里，最重要的是氢。对于氢来说，太阳就像"牢房"，而氢被判了"无期徒刑"，永远也无法逃出来。于是，这些氢变得十分暴躁，两个氢碰到一起就撞击，引发剧烈的核聚变。核聚变的结果就是向外抛射大量的光和高能粒子，它们共同组成了"刺客"——宇宙射线。

氢无法从太阳"牢房"里逃出，但宇宙射线可以。它带着"破坏使命"离开太阳，飞向地球。太阳大气不断释放的高速带电粒子流就像太阳吹出的风，所以叫作太阳风。

虽然名叫太阳风，可是它一点也不温暖和煦。太阳风里的高能粒子像炮弹一样，到达地球后甚至能穿透生命体，破坏生物细胞，引发物种大灭绝。多亏了地球有隐形"防弹衣"才阻止了这种灾难发生。

地球的隐形"防弹衣"有什么用？

提到地球的隐形"防弹衣"，几乎每个人都使用过它，它最常用的功能就是指引方向。

迷路时，我们会使用指南针辨别方向。为什么指南针会成为指路小能手呢？秘密就在于指南针有"透视眼"，能看到地球的隐形"防弹衣"——地磁场。

我们知道地球的结构类似鸡蛋，"蛋黄"是由铁、镍等金属组成的。"蛋黄"外层的铁、镍呈熔融状态，当这些金属物质朝一个方向流动时，就产生了地磁力。所以，地球实际上也是一个大磁铁。

地球的磁场向太空伸出数万千米形成地球磁圈。地磁场有"强迫症"，它绝对不允许别人跟它唱反调。所以无论指南针最开始指向哪边，进入地磁场后，最终都"被迫"指向南极和北极。

　　而来自太空的宇宙射线和指南针一样，也带有磁性。当它们靠近地球，试图伤害地球上的生命时，地磁场就毫不留情地"踢飞"宇宙射线，让它们改变方向，远离地球，成功保护了地球上的万物。

太阳风真的很厉害吗？

太阳黑子和耀斑活动，释放出大量高能粒子，它们组成了宇宙中最可怕的"刺杀天团"，除了危害地球上的生命之外，还会对卫星导航、空间通信、电网、航空航天等人类活动产生灾害性的影响。

当"刺杀天团"向地球而来，执行绝密的刺杀任务时，在地球大气层之外就遭遇了地磁场的阻击。高能粒子"武艺高强"，虽然被拒之门外，但不会善罢甘休，它们携带着大量能量，对地磁场狂轰滥炸，产生强烈的干扰，这就是地磁暴。

这么说，你可能感受不到其中的危害。让我们飞到太空去看看磁暴期间，卫星和空间站有多惨吧。

当地磁场被扰动时，由于地磁场的强度和方向出现了偏差，导致卫星在空中的姿态和轨道也受到影响。于是，通信卫星无法"送信"，气象卫星无法监测大气变化。总之，它们都会受到很大的影响。

而在远地轨道上的同步卫星，可能会直接面对"刺杀天团"的围剿，卫星的电子设备都将被破坏。

另外，发生地磁暴时，大气层受到影响，空气分子在"刺杀天团"的轰击下，迅速发生电离，释放出电子。这些电子又被地磁场加速，形成了高能电子流，从而引起大气层升温，大气密度随之改变。这就导致空气阻力变大，空间站运行速度降低，从而导致空间站轨道下降，严重的话，可能使空间站发生坠毁。

天上的卫星和空间站很惨，地面的遭遇也不怎么好。

地磁场剧烈变化，会在地壳浅层形成几伏到十几伏的电压，进而影响高压输电网络，在输电线和大地之间形成地磁感应电流，进而破坏变压器，造成电网瘫痪。

在地球穿着地磁场"防弹衣"的情况下，太阳风还能对地球造成这么大的破坏，可想而知，如果没有"防弹衣"，地球会有多惨！

地球是一个巨大的拼图吗?

如果有人告诉你,地球是一个巨大无比的拼图,你会相信吗? 这可是真的哦! 而且这个拼图中的每一小块都有自己的名字呢!

第一个玩地球拼图的人

现在请把这本书放在一边,再拿出一张世界地图,用剪刀把非洲大陆和南美洲大陆沿着海岸线剪下来,把两块大陆放在一起。你会惊奇地发现,原本被大西洋隔绝、相距万里的两块大陆竟然可以拼合成一个整体!

1910 年的一天,德国科学家魏格纳在家里养病时,无意中看到挂在墙上的世界地图,突然发现大西洋两岸大陆轮廓的凹凸竟如此吻合。魏格纳由此产生了一个大胆的念头,他认为非洲大陆和南美洲大陆很早以前是"兄弟俩"，都属于一块完整的大陆，后来因为受到某种力的作用才被迫分开，这就是"大陆漂移说"。

大陆漂移说认为两亿年前，地球上各大洲是相互连接的一块大陆，它的周围是一片汪洋。后来，原始大陆才分裂成几块大陆，慢慢地漂移分离，逐渐形成了今天七大洲、四大洋的分布状况。

20 世纪 60 年代，在大陆漂移说的基础上，科学家提出了板块构造学说。板块构造学说认为，由岩石组成的地球表层并不是整体一块，而是由板块拼合而成。

原来地球的表层是一个碎裂的"鸡蛋壳"

你有没有注意到，煮鸡蛋时，如果煮的时间太长，鸡蛋壳就会碎裂成几块。其实，地球的表层就像碎裂的鸡蛋壳，也是由几个巨大的板块构成的。

1968 年，法国地质学家勒皮顺经过研究，把由岩石组成的地球表层分成了六大板块，分别是太平洋板块、亚欧板块、美洲板块、印度洋板块、非洲板块和南极洲板块。

曾经，六大板块就像拼图一样，严丝合缝地拼接在一起，组成了地球的表层。

在六大板块中，只有太平洋板块完全被海洋覆盖，其他五个板块上既有大陆也有海洋。这些板块并不是固定不变的，它们像六艘巨大的远洋巨轮，漂浮在地壳之下的地幔软流层上，随着软流层的流动而运动。

六个板块在运动时，难免会相互碰撞，在碰撞的地方，容易发生地震、火山爆发等自然灾害。

是谁划分了地球上的七大洲？

全球陆地被海洋包围，并被分隔成几块面积广大的大陆和许多面积较小的岛屿。大陆与它周围的岛屿合起来称为大洲。

亚洲和欧洲

首先，我们来介绍亚洲和欧洲。

亚洲的全名叫作亚细亚洲，意思是"东方日出之地"。亚洲是世界最大的洲。

相传，"亚细亚"这个名字是古代腓尼基人起的，他们擅长航海，为了辨别方位，就把地中海以东的地方称为"Asu"。后来"Asu"一词逐渐演化，变成了"Asia"，音译为亚细亚洲。

欧洲的全名叫欧罗巴洲，意思是"西方日落之地"。

欧洲名字的由来有很多传说，其中一个说的是在专管农事的女神德墨忒尔的保佑下，古希腊五谷丰登，人民生活富足，后来人们就用她的别名"欧罗巴"命名了这块大陆。

作为邻居，亚洲和欧洲之间的分界线是乌拉尔山脉—乌拉尔河—里海—大高加索山脉—黑海—土耳其海峡。

连体"双胞胎"——北美洲和南美洲

接下来，我们一起来认识一对连体"双胞胎"——美洲。美洲是南美洲和北美洲的合称，全名是亚美利加洲。

美洲最早是由意大利航海家哥伦布发现的，不过他认为那里是亚洲。后来，意大利航海家亚美利哥也登上了这块陆地，宣布这是一块新大陆。为了纪念亚美利哥，人们就用他的名字命名了美洲大陆。

南美洲和北美洲本来是连体"双胞胎"，后来美国在它们之间挖了一条运河——巴拿马运河，于是他们被迫分离开来，巴拿马运河也成了它们之间的分界线。

非洲、大洋洲和南极洲

最后，让我们认识一下七大洲中的另外三大洲——非洲、大洋洲和南极洲。

非洲全名阿非利加洲，意思是"阳光灼热的大陆"。它的名字由来也有很多传说，有人说是来自北非某个女神的名字，也有人说是来自罗马征服者西皮翁的名字，至今已经无从考证。

非洲与亚洲、欧洲相邻，它与亚洲的分界线是苏伊士运河，而与欧洲的分界线是直布罗陀海峡—地中海。

大洋洲的名字的意思是"大洋中的陆地"，是 1812 年由丹麦地理学家马尔特·布龙起的。大洋洲是世界最小的洲，它与其他大洲之间以海洋为分界线。

　　南极洲因为位于南极地区而得名。由于它全身覆盖着冰雪，所以人们对它的了解还很少。

　　你注意到了吗，七大洲都是以自然的山脉和海峡等来作为彼此之间的分界线的。

昼夜交替竟然是地球跳"陀螺舞"造成的?

地球特别喜欢"跳舞",自从诞生的那天起,就不停地跳着一种奇怪的"陀螺舞"。地球为什么要这样呢?

地球为什么要像陀螺一样不停地旋转?

地球的年龄超过了 46 亿岁,质量惊人,达到了 5.97 × 10^{24} 千克,是真正的巨无霸。

如果你很难理解地球到底有多重,那么我们就来作一个简单的对比。地球上现存最大的动物是蓝鲸,一头成年蓝鲸的体重大约为 180 吨。而地球的质量相当于 3.317 × 10^{19} 头蓝鲸的质量。

地球实在是"太胖"啦,导致它自身的引力超乎想象,甚至能把自己压扁。为了防止这种情况发生,聪明的地球

想到一个办法 —— 像陀螺一样转起来。通过旋转产生的离心力来抵抗自身的引力，这样地球就再也不担心自己被自己压扁了。

对于我们来说，地球太庞大了，哪怕它在一刻不停地旋转，我们也感觉不出来。实际上，如果你去赤道地区旅游，即使躺在床上睡大觉，一天下来，也会"行走"四万多千米。

简直太神奇啦！

白天和黑夜为什么总是交替出现？

虽说地球每天都在跳"陀螺舞"，但我们怎么知道它有没有偷懒呢？

来，我们把自己想象成地球，把宇宙想象成一间黑漆漆的房间，太阳就相当于这个房间中的一盏电灯。

当你面对电灯时，胸前被照亮了，后背因为灯光照不到，所以是暗的。如果把胸前被照亮的地方叫作白天，那么后背没有被照亮的地方就是黑夜。

如果你原地旋转，胸前就会一会儿亮，一会儿暗，循环交替，这就是地球上白天和黑夜的秘密。

地球上白天和黑夜的交替，就是由于地球跳"陀螺舞"造成的。也就是说，只要白天、黑夜交替出现，就证明地球并没有偷懒。

地球"跳舞"能帮助人类发射火箭，是真的吗？

让火箭升空并不是简单的事，以长征五号运载火箭为例，它的起飞重量将近 900 吨，相当于 5 头成年蓝鲸。想把这么重的火箭推到太空，需要非常大的力量，消耗很多的燃料。可是火箭携带的燃料越多，重量就越大，升空就越难。

怎么办呢？科学家一琢磨，那就利用地球"跳舞"的力量吧！

于是，科学家在接近赤道的地方修建航天发射场，比如我国的海南文昌航天发射场，因为在这里地球自转线速度是最快的。

借助地球的力量，火箭可以节省燃料，提高运载能力。

地球表面的"蜘蛛网"是怎么来的？

认真观察地球仪的表面，你会发现很多纵横交错的线，好像地球穿了一件蜘蛛网衣似的。这件"蜘蛛网衣"到底是什么，有什么用途呢？

经线和纬线是怎样画出来的？

让我们把地球想象成一个大西瓜。

现在拿起水果刀，在西瓜的腰部横切一刀。这时西瓜会变成两个半球。不要停，在与刚才那一刀平行的位置继续切，最后，你会发现切出来的西瓜是一圈一圈的圆形。把这些"西瓜圈"重新组合到一起，那些圆形的切痕就是纬线。

同样，如果竖着从"北极"往"南极"切几刀，最终得到几块月牙状的"西瓜瓣"，把"西瓜瓣"组合起来，那些切痕就是经线。

地球仪上的"蜘蛛网"就像切西瓜留下的切痕。

地球仪上最长的纬线在地球的"腰部"，叫作赤道。而最短的纬线在南极和北极，是一个点。每条纬线都有专属名称，用度数表示。赤道为0°，南北两极为90°。从赤道向两极，纬度越来越高。

经线和纬线不同，穿过英国伦敦格林尼治天文台的经线为0°，0°经线又叫本初子午线。

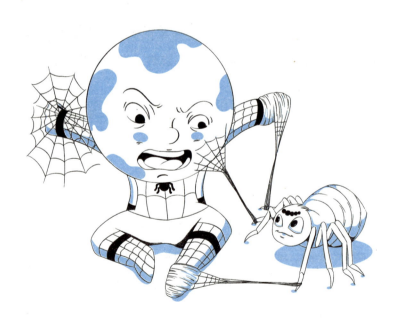

凭借两条线就能判断你在地球上的位置

经线和纬线并不是真实存在的线，而是古人航海时为了确定位置绘制出来的虚拟的线。

仔细观察地球仪你会发现，每一条经线会穿过所有的纬线。同样，每一条纬线也会穿过所有的经线，于是就形成了很多交叉点。

这些交叉点用它的纬度和经度命名，比如，故宫的位置是北纬 39.9°，东经 116.4°。

也就是说，地面上任何一个点都有一张经纬度"身份证"，导航卫星就是依靠各个地点的这张"身份证"来确定导航位置，为我们指引方向的。

这两条线竟然把阳光"圈住"了!

地球跳"陀螺舞",太阳就负责打"聚光灯"。可是,聚光灯总是直射地球,会让地球很不舒服。于是地球给阳光划定了直射的区域。

地球真的是"歪着身体跳舞"的吗?

我们已经知道,地球喜欢跳"陀螺舞",它的舞台叫作黄道面。科学家为了研究地球的"舞蹈风格",假想了一根轴,贯穿南极和北极,称为地轴。然而,有了地轴后,大家惊奇地发现,地球竟然是"歪着身体跳舞"的!

原来,地轴并不是垂直于"舞台"黄道面的,而是与黄道面之间有 66°34′ 的夹角,所以地球看起来是"歪着身体跳舞"的。

地球给阳光直射点规定了活动范围

地球是个椭球体，阳光照在它身上时，会有一个直射点。怎么理解直射点呢？

我们把屋顶的灯泡想象成太阳，把自己想象成地球。

当你离灯泡越来越远时，影子会越来越长。而站在灯泡正下方时，你会发现影子围绕在脚下，形成一个圆形。这表示灯光是垂直照在你身上的，此时你的位置就是直射点。

地球和太阳的关系也是如此。不过地球有点特殊，因为它是"歪着身体跳舞"的，导致阳光直射点会在它身上移动，且移动范围是固定的，只在北纬 23° 26′和南纬 23° 26′之间移动。

每年春分，太阳直射点在赤道上，此后逐渐向北移动。到夏至那天移动到北纬 23° 26′，然后再逐渐向南移动。秋分，太阳直射点在赤道上，此后继续向南移动。冬至，太阳直射点在南纬 23° 26′，随后再向北移动，如此循环往复。

南纬 23° 26′、北纬 23° 26′这两条纬线分别叫作南回归线和北回归线。

为什么地球参加"马拉松"产生了四季？

地球每年都会参加"马拉松"比赛，为此它还准备了四套"跑步服"，分别叫作春、夏、秋、冬。

地球根据阳光直射点的变化更换"跑步服"

地球除了喜欢跳单人"陀螺舞"外，还喜欢和水星、金星、火星、木星、土星、天王星、海王星以及其他小行星一起参加"马拉松"长跑。

地球跑一圈"马拉松"要花费一年的时间，所以它特地准备了四件"跑步服"。

以北半球为例，春分时，太阳直射点在赤道，天气渐渐变暖，于是地球"脱掉"雪白的冬袄，换上了的春装。

跑着跑着，时间到了夏至，太阳直射点在北回归线上，天气非常炎热，地球呼呼冒汗，于是它换上了郁郁葱葱的夏装。

地球继续跑，太阳直射点从北回归线向赤道移动，天气变得凉爽起来，地球就换上了金黄色的秋装！

当太阳直射点到达赤道时，地球已经跑了四分之三圈，随后，太阳直射点向南回归线移动，天气渐渐变冷，地球又换上雪白的冬袄。

当太阳直射点重新从南回归线移动到赤道时，地球又要换上春装了……

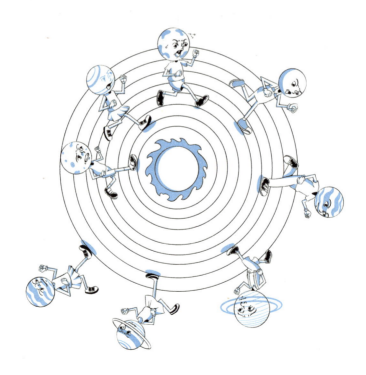

就这样地球每绕着太阳跑一圈，就要把四件"跑步服"换一个遍，春夏秋冬四季变化也就产生了。

二十四节气就是把地球的跑道分成二十四份？

二十四节气是古代的农业指导手册。

聪明的你可能已经猜到啦，二十四节气就是中国古人根据地球"跑马拉松"的规律总结出来的。有了二十四节气，古人就知道什么时间该从事什么样的农业活动。

那么，古人是如何知道地球跑了多久，跑了多远呢？

古人很聪明，把地球的跑道划分成了 24 等份，以此来计算地球跑了多久和多远。比如，当夏至到来时，人们就知道，地球已经跑了三个月，跑了四分之一圈了，夏天就要到了。再比如，当秋分到来时，人们就知道地球已经跑了半年，跑了二分之一圈，农作物要成熟了，得赶快准备收粮食了。

原来月食不是月亮被天狗吃了，而是被地球"吃"了！

小时候你肯定听过"天狗吃月亮"的故事，实际上我们都冤枉天狗了。真正"吃掉"月亮的家伙就在我们身边。

太阳、地球和月亮竟然天天都在"兜圈子"

在揭露吃月亮的"真凶"之前，我们首先要搞清楚太阳、地球和月亮之间的关系。

月亮是地球的小弟，一直绕着地球转圈圈。而地球是太阳的小跟班，天天带着月亮绕着"大佬"太阳转圈圈。

地球带着月亮绕圈时，它们两个会争宠，希望得到更多的阳光。

有时，地球跑到太阳和月亮之间，正好挡住射向月亮的阳光，月亮就会缺一块。月亮被挡住了，当然不服气啦，于是它拼命跑，跑到太阳和地球中间，又会挡住射向地球的光。

两个家伙就这样谁也不让谁。

原来，月亮竟然是被地球"吃"掉了

搞清楚了地球和月亮的关系，我们就能找到"吃"月亮的真凶啦！

它其实就是地球！

当地球跑到月亮和太阳之间时，地球会挡住太阳的光。虽然地球比月亮大很多，但由于距离远，地球的影子和月亮几乎一般大。地球的影子不偏不倚恰好"罩住"月亮，好像给它蒙上黑面纱。

虽然我们看到的月亮是明亮的，但它自己并不发光，而是反射太阳光。因此，当地球挡住月亮时，好像地球一口把月亮吞掉了。这就是月全食。

假如太阳、地球和月亮排队时，地球站偏了，没有完全挡住月亮，只挡住了一部分射向月亮的光，这时就会形成月偏食。

为什么说月亮是最会"变脸的演员"？

月亮和地球同样为太阳"跳舞"，但太阳给到月亮的光有时多，有时少。

光多时，我们能看到月亮全部的脸，也就是满月，是月亮最漂亮的时候。光少时，我们只能看到月亮一部分脸。

这就是月亮每天都"变脸"的原因。

日食是太阳在玩捉迷藏吗？

太阳、地球和月亮喜欢玩捉迷藏，尤其是太阳。古时候，一旦太阳藏起来，就会引发人们的恐慌。为什么太阳喜欢捉迷藏呢？

太阳是如何躲在身材娇小的月亮身后的？

众所周知，地球经常挡住月亮的光。太阳作为"老大哥"，决定为月亮打抱不平。

怎么办呢？太阳想到可以藏起来，吓唬一下地球。

当地球带着月亮绕太阳转圈圈时，太阳瞅准时机，就会悄悄躲到月亮背后。而太阳比月亮大 400 倍，如果太阳站在月亮身后，地球一定可以看见它。

不过，太阳可是太阳系的"老大"，手底下有 8 个"小弟"，还有无数"小喽啰"，它决定从距离上做文章。

太阳到地球的距离约是地球到月亮的距离的 400 倍。这样一来，当太阳躲到月亮背后时，虽然太阳体型巨大，但由于距离远的缘故，从地球上看，月亮恰好把太阳全部挡住了。就这样，太阳成功隐身在了月亮身后。

地球看不到太阳，以为是天上的怪物吃掉了太阳。这就是日食的原理。

日食的形状和你站的位置有关系

太阳玩捉迷藏，除了吓唬地球外，还能玩出很多花样。

当太阳藏在月亮身后时，月亮的影子会落在地球"脸"上。这时，太阳发出的光，一部分完全被月亮挡住，形成了完全漆黑的本影。少部分光能从月亮身边穿过去，形成半透明的半影。

假如你站在月亮的本影里，恭喜你，你可以看到日全食。这时，明亮的太阳变成了一个小光圈。

假如你站在月亮的半影里，那么你只能看到太阳的一部分被月亮挡住，这就是日偏食。

不过，有时月亮离地球较远，离太阳比较近，这时月亮的影子就不能落在地球上，太阳就会变成一个发光的"甜甜圈"，这就是日环食。

为什么同样是 20 点，北京是晚上，乌鲁木齐却是白天？

如果你去过北京和乌鲁木齐，你会发现一个神奇的现象：同样是 20 点，北京已经天黑了，而乌鲁木齐还是白天。难道是太阳偷偷去乌鲁木齐"加班"了？

为什么世界各地的时间是不一样的？

地球绕着地轴跳"陀螺舞"，阳光随着地球的旋转，慢慢由东向西移动，于是产生了昼夜交替。

如果把阳光看成是一个长跑运动员，那么它要在 24 小时之内在地球表面跑一圈。也就是说，不同的时间，阳光所在的位置是不同的。假如阳光跑到日本东京时是 7 点钟，那么它跑到中国北京时就是 8 点钟，而跑到泰国曼谷时就是 9 点钟。这就导致了东京 7 点能看到日出，而北京 8 点才能看到。

于是，世界各地的时间就变得不同了。

同样的道理，20 点时，阳光早就离开了北京，北京已经进入黑夜。而这时阳光还在乌鲁木齐，所以乌鲁木齐是白天。

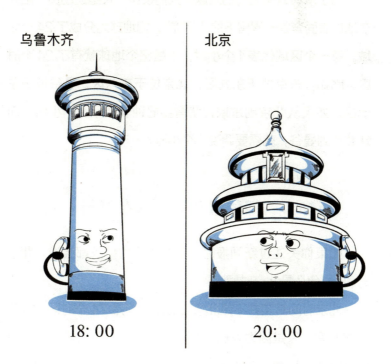

乌鲁木齐

北京

18: 00

20: 00

有什么办法纠正混乱的时间吗？

很早以前，人们就发现了各地时间有差别。比如，你从北京坐飞机到了美国纽约，明明手表显示早上 8 点，但当地时间竟然是晚上 7 点。

为了解决时间混乱的难题，人们按照"长跑运动员"阳光在地球表面奔跑一圈留下的"足迹"，把地球划分成了 24 个区域。每一个区域代表 1 个小时，于是整个地球就有了 24 个时区。比如，东京位于东九区，北京位于东八区，曼谷位于东七区。如果从北京到东京，就需要把钟表调早 1 个小时。而从北京到曼谷，就需要调晚 1 个小时。

为什么新闻报时要说"北京时间"？

如果你关注过新闻报时，你会发现主持人都会说"北京时间"。什么是北京时间呢？

北京时间其实并不是北京的时间，而是 24 个时区中东八区的时间。只是因为我国首都北京位于这个时区内，所以我国就将其命名为北京时间。

我国幅员辽阔，从东到西跨越了 5 个时区。如果每个地方都用自己时区的时间，就会非常混乱。于是我国规定，全国各地无论处在哪个时区，都统一使用北京时间。

原来海水每天都在环球旅行呀!

蔚蓝色的大海美丽又迷人。然而很多人并不知道海水的另一面 —— 它其实是"运动界的名流"呢!

海水是个"运动达人"

海水平时最喜欢的就是"街舞"运动,风和大气是它的"街舞启蒙老师"。海水在两位"老师"的指导下,很快就学会了前后腾挪、上下翻滚等多种复杂动作。所以,如果你去海边游玩,发现海水正在翻滚腾挪,制造出几米高的浪花,千万不要惊讶,那是海水在"跳街舞"呢!

另外,海水还从月亮那里学会了"增高术"。

当月亮绕着地球转圈时,总想把海水"提"起来,让海水长高,于是形成了潮汐。

海水的环球旅行记

　　说起海水最爱的运动，还要数"环球旅行"！

　　海水喜欢坐"豪华远洋客轮"去世界各地，这艘"客轮"不简单，地质学家把它叫作洋流。"洋流客轮"非常节能环保，不烧油，不用电，它的动力一部分来源于风，一部分来源于地球的"陀螺舞"。

地球旋转着"跳舞"时，海洋就好像穿在它身上的蓝色衣服，也会跟着转动，这是"洋流客轮"能够"航行"的原因之一。

不过在地球不同的地方，"洋流客轮"的"航行"方向是不同的。如果在北半球，"洋流客轮"都是向右流去；而在南半球，则会向左流去。

为什么"豪华远洋客轮"要分冷暖？

世界上的"洋流客轮"有很多，它们都有自己专门的"航线"。有的从低纬度温暖海域"驶向"高纬度寒冷海域，是洋流中比较温暖的，被称为暖流；而反过来，从高纬度"驶向"低纬度时，洋流温度偏低，被称为寒流。

"洋流客轮"在海上航行时，经常发生"撞船"事件。比如，从北极附近的白令海出发的千岛寒流"客轮"向南行驶，经过日本和中国东部海域时，与这里的日本暖流"客轮"相撞。寒流和暖流的交汇可以把深海中的养料搅动上来，吸引附近海域的大量海洋鱼类汇聚于此"大饱口福"，也因此，在这里形成了世界上著名的北海道渔场、舟山渔场等大渔场。

这样看来，"洋流客轮"撞船，非但没有任何危险，反而带来很多好处。

黄土高原竟然是被风吹来的？

黄土高原总是给人一种贫瘠、老态龙钟的感觉。可是很多人不知道，很多年前，黄土高原曾是一片湖泊呢！

干旱贫瘠的黄土高原以前真的是一个湖泊吗？

3000 多万年前，黄土高原是一片碧蓝色的湖泊，从西边的青海日月山，一直绵延到东边的河南洛阳，面积差不多有 6 个渤海那么大，宛然一颗蓝色明珠。

随着地球气候逐渐变暖，很多动植物"搬家"到了这里，它们在这里做游戏、找食物，生活快乐又平静。然而，它们并不知道，一场毁天灭地的巨变即将发生。

大约 6500 万年前，印度洋板块和亚欧板块发生了剧烈碰撞，就好像两辆重型卡车互相撞击一样，"车头"部位迅速隆起。而亚欧板块的"车头"部位就是湖泊所在的地方。

地面就像被挤压的书本一样拱起来,湖水迅速向东奔流,进入大海。不久之后,湖泊完全干涸,生活在这里的动植物也大多迁徙或者灭绝了。

黄土高原真的是由沙子堆起来的吗?

湖水干涸之后,原本漂亮的湖泊随着气候逐渐干燥,变成了坑坑洼洼的盆地。和之前漂亮的湖泊比起来,现在的它简直太难看了,于是它找来水和风给自己"化妆"。

到 23 万年前的早更新世时期，盆地周围被群山环绕，山上的水立即下山，带来了很多东西，比如碎石和泥沙，在盆地上糊上一层粉砂层或混杂其中的黄土。这种黄土质地紧密，含有很多小团块。

不过，水只是"助手"，真正厉害的是风。

到了几万年前的晚更新世时期，在印度洋板块和亚欧板块的挤压下，盆地的"身高"迅速增长，慢慢变成了高原，并且在北部和西北部形成了一大片沙漠。

它把沙漠中的细沙搬过来，一层一层缓慢地"敷"在高原上，慢慢地，盆地变成了黄土高原。

桂林山水是怎么形成的？

人人都知道"桂林山水甲天下"，然而很多人可能不清楚，桂林山水在很早以前长得很一般。多亏了一位"整容大师"的帮忙，它才变得这么漂亮！

优美的桂林山水很早以前也是"平平无奇"的

如今的桂林山水钟灵毓秀，然而在几亿年前，它的长相谁都不敢恭维。

当时的桂林还是一片汪洋大海，泡在海水中的桂林晒不到太阳，担心自己"缺钙"，于是就开启了"补钙"之旅。

桂林"补钙"的方式很特别。它了解到石灰岩富含碳酸钙，能够"补钙"，于是到处搜集石灰岩，一层层积累起来，在自己身上形成了厚厚的石灰岩沉积层！

可是好景不长，地球打了一个"喷嚏"，地壳发生剧烈运动，把隐藏在海水中的桂林举了起来，使它露出海面，变成了陆地。而且地壳在举起桂林时，由于重心不稳，导致东、西、北三个方向高，中部和南部比较低，形成了很高的地势差。

河水练就了"水滴石穿"的整容术

用于"补钙"的石灰岩糊在桂林"脸"上，让它看起来很难看。于是在河水的帮助下，桂林变得越来越好看。

桂林"脸"上的石灰岩质地柔软，于是河水不断地从山上流淌下来，在桂林的"脸"上冲刷而过。

随着时间的推移，河水在桂林"脸"上冲刷出了很多沟壑，又一步步溶解、侵蚀石灰岩，形成了很多凸起，就好像石灰岩长出了嫩芽一样，所以称之为石芽。

河水继续努力，在石芽之间切呀，刮呀。随着更多的石灰岩被溶解，石芽间形成了山谷，相应地，石芽也"越长越高"，变成了峰林。

又过了几万年，原本平平无奇的桂林，被河水改造成了著名的喀斯特地貌景观，有俊俏的山、清澈的水，非常美丽。

珠穆朗玛峰是被谁挤出来的？

如果你有机会去攀登珠穆朗玛峰，一定要注意脚下，幸运的话可能会发现古代的海洋动物化石！你的头脑中可能会充满疑问，海洋动物怎么会跑到高山上来呢？

世界第一高峰以前居然是大海？

接下来，让我们穿越到 6000 万年前，当时世界第一高峰珠穆朗玛峰还没有形成，这里还是一片汪洋大海，地质学家把这片海叫作新特提斯洋。新特提斯洋所在的位置非常尴尬，左边是号称"冲击钻"的印度洋板块，右边则是"大力士"亚欧板块。新特提斯洋作为"小弟"，在两位"大佬"中间瑟瑟发抖。

时间来到了 5000 万年前，"冲击钻"印度洋板块向"大力士"亚欧板块发起了挑战，它铆足劲儿向亚欧板块冲锋，一头撞到亚欧板块的下边。而亚欧板块也使用"大力士"的力量，一下把它压到了地壳下头。

就这样，一个往上冲，一个向下压，久而久之，在印度洋板块和亚欧板块碰撞的地方，地面被抬起，而新特提斯洋就逐渐在两个"角斗士"的交手中消失了。

"使劲挤，我要长高"

新特提斯洋消失之后，两个"角斗士"的较量远未结束。由于强大的压力，在印度洋板块和亚欧板块碰撞的地方，地慢慢拱了起来，喜马拉雅山带着很多小山从地下"钻"出来了！这群很多小山中就有当时还不算太高的珠穆朗玛峰。

在之后的岁月中，印度洋板块和亚欧板块一反常态，不再相互较量，而是共同努力，把地面往高处抬，向着吉尼斯世界纪录发起挑战，最终塑造出了世界最高的高原——青藏高原。

取得了一项世界纪录之后的印度洋板块和亚欧板块并没有骄傲，它们定下了新目标，要再创佳绩，托举出世界第一高峰，于是珠穆朗玛峰被它们推举出来。

如今，珠穆朗玛峰站在印度洋板块和亚欧板块的肩膀上，每年都还在长高，向着更高的纪录挑战。

无论是喜马拉雅山，还是珠穆朗玛峰，由于它们都是从原始的新特提斯洋生长起来的，所以它们身上都保留着一些远古海洋生物的痕迹，这就是能在它们身上找到海洋生物化石的原因。

地球上的火山为什么会爆发？

地球已经 46 亿岁了，地球上的火山爆发到底是怎么回事呢？

地球的火山是怎样长出来的？

众所周知，地球的表面是由一块块大陆板块构成的，特别坚硬。相邻的板块之间的关系非常差，动不动就相互撞击。假如两个板块打起来了，那么一个板块就会被另一个强大一些的板块压在身下，甚至身体的一部分会被打进地壳下边，被打进地壳下的板块部分会在高温高压的作用下变成岩浆。

　　岩浆在地下越积越多，装不下了就会向上拱，在地面拱起一个大鼓包。岩浆在鼓包下越积越多，当地壳实在承受不住岩浆的压力时，岩浆就会"噗"的一声喷出来，变成火山。

　　现在你明白了吧，火山就是这样形成的！

地球的火山竟然有这么多种？

　　地球上长了很多火山，这些火山不仅数量多，种类也不尽相同。地球上的火山主要包括三种：第一种是高发型，第二种是潜藏型，第三种是疤痕型。

高发型火山，其实就是经常爆发的火山。这类火山脾气很差，动不动就喷出岩浆，让人防不胜防。所以，这种火山又叫作活火山。

潜藏型火山，就是之前喷发过的火山，但喷发之后并没有退去，还长在地球上，以后可能还会喷发。所以，这种火山又叫作休眠火山。

疤痕型火山，就是自从长出来之后，从来没有喷发过。这种火山是最安全的，叫作死火山。

火山总是扎堆出现，地球很无奈

因为火山主要是因为板块之间相互"打架"引发的，所以火山喜欢在板块交界处扎堆出现。

地球上有几条非常著名的火山扎堆区，又叫作火山带。比如，环太平洋火山带，就位于太平洋板块和周围几个大陆板块的交界处。其他还有地中海—喜马拉雅火山带等。

中国的河流从西流向东，难道地面是斜的？

中国的大江大河，比如长江、黄河等，好像约好了似的，一起从西部出发，经过漫长的"马拉松长跑"，来到东部的大海中游泳。

你可能不相信，之所以会这样，是因为中国的地势西高东低，呈阶梯状分布。

中国的土地真是倾斜的吗？

无论是河水还是江水，只要是水，都有一个特点，那就是喜欢从高处向低处跑。

长江发源于青藏高原的唐古拉山脉，黄河发源于青藏高原的巴颜喀拉山脉。它们没有向西边跑，也没有向北边跑，而是都往东跑。

根据水的特点分析，就会发现，之所以会这样是因为中国的东部比西部低。

中国大地上的"三兄弟"

中国大地上的"三兄弟"分别是西部大哥、中部二哥和东部三弟。

西部大哥居住在青藏高原附近，海拔在 4000 米以上。因为西部大哥住的地方太高了，它所在的地方空气特别稀薄。如果想去它家里玩，必须自带氧气瓶。它家里有很多"矿"，只是没有开发而已。

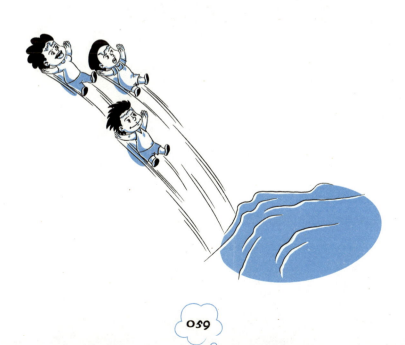

中部二哥比西部大哥矮很多，居住在内蒙古高原、黄土高原和云贵高原一带，它的海拔为1000～2000米。二哥的居住环境比较差，这里风沙很多。

东部小弟的居住环境是最好的，"房产"包括东北平原、华北平原、江南丘陵等。它的海拔在500米以下。东部小弟家不仅生产粮食，经济条件也很好。

"三兄弟"排成一排站在一起，就好像三个台阶一样，所以又把它们称为中国地势三级阶梯。

为什么青藏高原被称为"世界屋脊"？

在中国地势三级阶梯中，西部大哥居住的青藏高原是个了不得的地方，因为青藏高原被称为"世界屋脊"。这个称号是怎么来的呢？

如果要为高原家族建造一座房子，应该建多高？

如果建造一座房子，让所有的高原住进去，应该建多高呢？

高原家族是所有地形中体型最大的，如果想给它们建一座房子，可真是太难了。高原家族中著名的"大块头"有很多，比如帕米尔高原、巴西高原、青藏高原……

在这些大块头之中，青藏高原是数一数二的大哥。

论海拔，青藏高原和帕米尔高原差不多，平均海拔都超过了 4000 米。论块头，青藏高原面积约为 250 万平方千米，而帕米尔高原的面积相对来说要小很多。巴西高原的面积虽然比青藏高原大得多，但它大部分海拔只有 600~900 米，站在青藏高原面前，就是"小不点"。

如果想要建造一座房子，容纳所有的高原住户，那么一定要以青藏高原的高度为基准。所以，青藏高原被称为"世界屋脊"。

高原上有哪些稀奇古怪的事？

青藏高原平均海拔在 4000 米以上，假如你有一台望远镜，站在青藏高原上能看到几千千米之外的景物。当你在华北平原乘坐热气球飞到 4000 米的空中，拿出望远镜向西看，你会发现青藏高原的地面和你的眼睛平齐。

高原实在是太高了，空气中的很多氧气都"飞"不了那么高。因此，高原上空气的氧气浓度只有东部平原的一半。所以，去高原旅游一定要随身携带氧气瓶。

空气稀薄导致高原上的大气压力也很低。如果你想要在高原上一展厨艺，做一锅饭菜，强烈建议你使用高压锅。因为气压下降，水的沸点也会降低。也就是说，在平原地区水被加热到 100℃ 才会沸腾，但是在青藏高原，水被加热到大约80℃就沸腾了，这个温度根本煮不熟饭菜。

虽然空气稀薄，呼吸困难，饭也做不熟，但高原上也有好处，比如，云层少，阳光充足，你可以在这里尽情享受日光浴。

世界上的土壤为什么有这么多颜色？

如果问你土壤是什么颜色的，你一定会说"土黄色"。其实这是对土壤的偏见。土壤作为地球的主要"护肤品"，可是有着非常丰富的颜色呢！

为什么说土壤是地球的"护肤品"？

地球刚刚"出生"的时候，由于被宇宙中的其他小行星撞击，表面变得坑坑洼洼，特别难看。于是，地球决定好好打理一下自己的表面。

起初，地球的表面又干又硬，主要由坚硬的岩石组成，应该如何护理呢？地球决定先涂抹一层"护肤粉"。为了制造"护肤粉"，地球找来风和水帮忙。风和水用岩石作为原材料，制作"护肤粉"。

就这样，在风力和水力的作用下，组成地球表面的岩石被逐步风化和侵蚀，变成了松散的颗粒物。接着，地球往这些细小的颗粒物中加入了有机物、水分、微生物以及空气等多种物质，最终形成了土壤。

地球的土壤到底有多少种颜色？

自从有了土壤，地球的表面改善了很多。

有了土壤之后，原本光秃秃的石头山上，长出了绿草和大树；原本干巴巴的土地上，长出了庄稼。哪怕是冰冷的南极，有了土壤后也长出了苔藓，使南极变得非常美丽。

土壤颜色的深浅，与其中含有的有机质有关系。有机质含量越高，土壤颜色越深。土壤的颜色还与土壤中所含化合物的种类有关。

　　想要获得红色的土壤，就添加铁的化合物。比如，在我国海南岛和雷州半岛等地区，土壤就是砖红色的。

　　想要获得灰色或者黄灰色的土壤，就添加二氧化硅、碳酸钙、氢氧化铝等物质。比如，在我国山西、河北、辽宁三省连接的丘陵低山地区，土壤中就含有碳酸钙，并且有机物、矿物质含量高，呈现出黄褐色。

　　想要得到黑色的土壤，就多添加有机物。比如，地球在我国东北地区的土壤中有大量的有机物，导致土壤呈现出黑色。别看黑色不起眼，但护肤效果非常好，被称为黑色黄金。

世界上能压扁坦克的地方在哪里？

坦克作为陆地上的巨无霸，能够横行战场，谁都拿它没办法。然而如果把坦克扔进海底这条深沟里，分分钟就会被压成铁片！这条深沟到底在哪里呢？

地球上最深的"伤疤"在哪里？

地球的外壳是由几块拼图构成的，拼图之间经常"打架"，留下了很多巨大的伤疤，例如，地面上的东非大裂谷、美国死亡谷等。而有一条特殊的伤疤隐藏在太平洋海底，它被人们称为马里亚纳海沟。

马里亚纳海沟位于菲律宾东北部、马里亚纳群岛附近的海底，全长约 2550 千米，最宽约 70 千米。

这条伤疤是怎样形成的呢？

地质学家研究发现，马里亚纳海沟主要是太平洋板块和亚欧板块在消亡边界上相互挤压碰撞的结果，太平洋板块俯冲到亚欧板块之下，从而形成了这个深不可测的海沟。

马里亚纳海沟被称为地球上最深的伤疤，据说它的最深处达到了 11034 米。

为什么马里亚纳海沟被称为"深海压力机"？

水是一个奇怪的家伙，如果你漂在上面，它就会产生浮力把你托起来；如果你钻到它身体里，它就会从四面八方对你产生压力。神奇的是，随着深度的增加，水对你的压力也会增大。

在没有任何辅助设备的情况下，目前人类在水中的最大下潜深度为 100 米左右。

如果你偏偏不信，非要潜水进入马里亚纳海沟，会发生什么情况呢？

你会被压成肉饼！

这可不是开玩笑。因为在 10000 米深的海底，水的压力达到了 110 兆帕！你可能对这个数字没有具体的感受，让我们换个角度来理解。

一个人的大拇指的指甲盖大约 1 平方厘米大小，而 110 兆帕的压力就相当于在人的指甲盖上放了一辆小轿车。一个成年人的身体平均表面积大约为 1.6 平方米，110 兆帕的压力换算成重量超过了 16000 吨。世界上最大的动物是蓝鲸，它们的平均体重大约 180 吨，16000 吨相当于 89 头蓝鲸。也就是说，不借助任何装备，光溜溜地潜入马里亚纳海沟，你会感到好像有 89 头蓝鲸压在你身上，瞬间就会被压扁。当然，这只是一种假设。在实际中，当你潜入超过 100 米深的海水中时，身体就已经承受不住海水的压力了。

而马里亚纳海沟深处如此巨大的压力，哪怕是坦克、航空母舰到了那里也会被压成铁片。

塔里木盆地的"聚宝盆"里有啥？

说起新疆的塔里木盆地，你的第一印象肯定是戈壁和荒漠。其实这都是塔里木盆地施的"障眼法"，它的真实身份是一个巨大的聚宝盆！

塔里木盆地是巨人身边的"宝藏"

在几千万年以前，塔里木盆地和青藏高原、喜马拉雅山等所在的地方都是特提斯洋，当时它们都被淹没在海水中。

忽然有一天，印度洋板块和亚欧板块"吵架"，并打了起来，印度洋板块像头牛一样撞击亚欧板块，就这样把亚欧板块的一部分地面拱了起来，塔里木盆地和附近的小伙伴因此被推出了海洋，变成了陆地。

不过塔里木盆地并没有像它身边的其他兄弟，比如北边的天山、南边的昆仑山和阿尔金山，变成高大威猛的高山，而是成了低矮的、不起眼的盆地。

塔里木盆地有什么奇怪的"生活习惯"？

塔里木盆地阳光充足，每年能晒太阳的时间超过 3000 个小时，平均每天超过 8 个小时。长时间的日光浴，让这里的植被减少了，到处都是荒凉的沙漠和戈壁。可以说，塔里木盆地硬生生把自己晒秃了。

按说光照时间长，塔里木盆地会很热，但实际上并非如此。由于塔里木盆地头顶上的大气比较薄，白天阳光很容易穿透它，使得这里炎热难耐；而晚上这里的热量散失得也很快，使得这里寒冷干燥。所以，想要去塔里木盆地游玩，一定要做好"早穿棉袄午穿纱"的准备。

塔里木盆地是"富得流油"的隐藏富豪

你还记得吗，塔里木盆地曾经潜藏在特提斯洋中，那时就"私藏了"很多海洋动植物。等它变成陆地之后，这些动植物的尸体经过亿万年的变化，就变成了石油和天然气。所以说，塔里木盆地是真的富得流"油"。

另外，别看塔里木盆地到处都是沙漠，看起来很缺水的样子。其实在地下藏了很多水呢。地质学家探测发现，塔里木盆地藏的水是北美洲五大湖泊总量的 10 倍。

除了这些，塔里木盆地天然的日光浴场，让这里的水果非常甜美，尤其是哈密瓜和葡萄，简直是人间美味呀！

怎么样？把塔里木盆地称为"聚宝盆"一点也不过分吧！

为什么长江不叫长河，黄河不叫黄江？

在中国大地上蜿蜒着两条巨龙，它们就是黄河和长江。同样是两条大河，为什么一个叫河，一个叫江呢？

为什么黄河被称为中国的母亲河？

现在的黄河像一条通体金黄的巨龙，它的头横卧在渤海湾，尾巴在青藏高原巴颜喀拉山北麓的约古宗列盆地。没错，它是从青藏高原奔驰下来的，它旅行的足迹遍布青海、四川、甘肃、宁夏、内蒙古、山西、陕西、河南和山东 9 个省和自治区。

黄河全长 5464 千米，整个身体横卧在北方大地上，占据了超过 75 万平方千米的土地，是一条名副其实的巨龙。

黄河还有一个别样的身份，它是中国的母亲河。为什么这么说呢？

因为在黄河中下游的平原地区，诞生了中国最古老的文明。历史上最早的夏、商、周都起源于河洛地区，之后才有了中华文明。

所以，黄河是不是我们的母亲河呢？

长江到底有多强大？

长江是盘旋在我国南方的一条巨龙，它的头卧在东海，尾巴翘在青藏高原的唐古拉山脉主峰各拉丹冬雪山上。和黄河一样，长江也是从青藏高原奔跑下来的。长江喜欢南方的湿热天气，所以它从唐古拉山脉下来之后，经过青海、四川、西藏、云南、重庆、湖北、湖南、江西、安徽、江苏、上海共 11 个省、自治区和直辖市。

长江这条巨龙的身体非常巨大，比黄河还要大，全长 6300 千米，是中国第一大河、世界第三大河。长江整个身体占据了约 180 万平方千米的土地，是黄河的两倍多。

长江可以叫长河吗？黄河可以叫黄江吗？

黄河和长江的名称在古代就出现了。起初，它们都被叫作水，后来才有了河的叫法。

一开始，由于黄河附近的中原文明比较强大，所以当时的"河"专指黄河。随着中原文明迅速传播，受中原文化的影响，南方很多江也都叫作某某河。

后来为了区分，人们约定俗成地认为流入内海或者湖泊的都叫作河，比如，黄河最终流入我国的内海——渤海；而流入外海或者大洋的都叫作江，比如，长江最终流入东海。

在地质学上，对于河与江有着明确的划分。二者主要从体型、速度两个方面来区分。

一般认为，江的体型更加庞大，不仅身体更宽，而且还很深；而河比较苗条，不仅身体窄，而且比较浅。

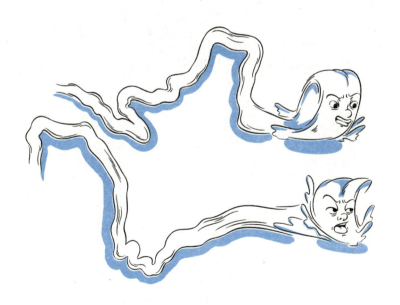

再说速度，江由于"身体"庞大，奔驰起来速度自然就慢，所以水流比较缓慢；而河恰好相反，由于"身体"瘦，跑起来速度快，所以水流急速。

对应这两个标准来看，长江水面宽阔，最宽的地方有几十千米，而黄河最窄的地方只有 38 米宽。长江水流缓慢，水域面积大；黄河水流速度快，水域面积小。

所以，黄河不能叫作黄江，而长江也不能叫作长河。

黄河的源头为什么是个小水坑?

黄河在中华大地上大约"旅行"了 115 万年。也就是说，它离开老家巴颜喀拉山已经很久了。

黄河的老家居然是一个不起眼的小水坑

黄河的老家在巴颜喀拉山，它的家里有"三座房子"，分别是卡日曲、扎曲和约古宗列曲。这"三座房子"的名称是根据藏语起的，卡日曲的意思是"红铜色的河"，扎曲的意思是"从岩石中流出的河"，约古宗列曲的意思是"炒青稞的锅"。

实际上，这三座房子是三条小河。

对于长 5464 千米、全球第五长的黄河来说，它的家实在是太小了。

就拿卡日曲来说，它发源于巴颜喀拉山北麓的各姿各雅山山脚，这里有几个特别小的泉眼，泉眼中缓慢冒出泉水，汇集在一起形成宽约 3 米，深 30~50 厘米的小河，它就是卡日曲。

黄河在卡日曲面前简直就是巨兽！

然而，万里奔腾、咆哮九州的黄河，就是从这个小小的水坑中走出去的。

黄河的母亲叫作三江源

我们把黄河称为母亲河，那黄河的母亲是谁呢？它就是三江源。

三江源在青海省南部，居住在世界屋脊 —— 青藏高原上。从它的名字不难看出，它"养育"了三条大河，分别是长江、黄河和澜沧江。它们都发源于这里，流向祖国各地。

三江源到底有什么"绝招"，竟然凭一己之力，"养育"了三条大河呢？还别说，它真有两个绝招。

绝招一：水库站长。

三江源"管理"着中国最重要的一个大水库。三江源的家紧挨着唐古拉山、巴颜喀拉山等几座高山，山上常年覆盖着冰雪和冰川，三江源就是用这里的水"养育"了三条大河。

绝招二：水调度员。

三江源周围有很多"好姐妹"，它们是各种湖泊和沼泽。三江源把它们发动起来，一起调节水量。夏天雨水多，大家就把水收集起来，不让三江源的水溢满。冬天降雨少，大家就一起开闸放水，不让三江源的水干涸。

　　靠着这两个绝招，三江源保证了三条大河拥有源源不断的水流。

珠穆朗玛峰的高度是怎么测量出来的？

　　珠穆朗玛峰是世界第一高峰，2020 年最新测定的海拔为 8848.86 米。那么，珠穆朗玛峰的高度是怎样测量出来的呢？难道是有人拉着皮尺登山测量的吗？

用影子真的能测出珠穆朗玛峰的高度吗？

　　珠穆朗玛峰是世界第一巨人，想要测量它的高度似乎很难，但实际上非常简单，利用影子任何人都能测量。

　　影子大家很熟悉，它是我们的"跟屁虫"。影子擅长变形术，不同情况下能变幻出不同大小。晴天时，户外的人或其他具有形体的事物几乎都有影子，并且同一个事物的影子在早晨和晚上最长，中午时最短。

　　这时你可能会问：一天之内，有没有影子的长度和我们的身高正好相等的时候呢？

　　当然有啦，在上午或者下午的某个时刻，当阳光的投射角度和地面成 45° 时，你和影子，以及你头部和影子头部的连线，正好组成一个等腰三角形。这时，你的身高和影子的长度正好相等。

　　同样的，世界巨人珠穆朗玛峰也有影子，而它的影子恰好落在了青藏高原上。理论上，只要测量出珠穆朗玛峰的影子的长度，就能知道它的身高啦！

科学家如何用现代科技测量
珠穆朗玛峰的高度？

虽然用影子测量珠穆朗玛峰的高度在理论上行得通，但实际操作起来比较费劲。比如，珠穆朗玛峰的影子很长，你还没测量完，太阳都快下班了，影子的长度也变了。

那么，珠穆朗玛峰的高度是怎样测出来的呢？其实，也是使用了三角形的知识。

科学家选定要测量的点，然后用仪器测量出自己的视线与水平面的夹角，然后用雷达测量出自己所在的位置与测量点之间的距离，再利用三角函数知识进行计算，就能知道测量点的高度。

科学家会在珠穆朗玛峰上选择好多个测量点，最后把所有测量点的高度加起来，就能得到珠穆朗玛峰的高度啦！

2020年12月8日，科学家公布了珠穆朗玛峰的最新高程为8848.86米。

山顶离太阳更近，为什么温度比山脚低？

如果我告诉你，山顶的温度之所以比山脚低，是因为空气分子"偷懒"造成的，你信吗？其实还真是这样！

地球穿了一件特质的"大棉袄"？

地球表面的平均温度为15℃，这多亏它穿了一件大气"棉袄"。这件"棉袄"可不得了，既能保暖，又能遮阳，避免地球被紫外线伤害。

大气"棉袄"为什么能保暖呢？可不是因为里面填充了保暖的棉花，而是因为里面填充了空气。

空气是一个小团体的名称，其中包括氧气、氮气、二氧化碳、水汽、尘埃等形形色色的家伙。

白天，太阳开始上班，把阳光打到地球上。"棉袄"中的空气吸收了阳光的热量，变得非常暖和。阳光很有穿透力，能穿透"棉袄"，晒到地球表面，也让地球变得暖暖的。

晚上，太阳下班，地球没有了热量来源，温度开始下降。不过大气"棉袄"中的空气有个绝招，它能反射地球表面散失的热量。这样，地球散失的热量就能重新被吸收，起到保暖的效果。

空气分子最怕的运动是爬山

虽然地球穿了大气"棉袄"，但这件"棉袄"有个缺点，那就是厚薄不均。越靠近地球表面的地方越厚，而离地球表面越远的地方越薄。

为什么会这样呢？原来是空气分子偷懒导致的。

就拿地球上的山峰来举例，山顶海拔高，山脚海拔低，想要让山顶和山脚的温度一样，就必须保证山顶和山脚处大气"棉袄"的厚度也一样。可是，填充在大气"棉袄"中的空气分子最不擅长爬山，只有很少数的空气分子能爬到山顶。这就导致山脚的空气分子比山顶多。

当太阳照射时，山脚的空气分子都想成为主角出出风头，于是它们剧烈奔跑，想要在阳光下露脸。跑的时候，你撞我，我挤你，撞得越剧烈，温度就越高。

而山顶的情况就截然相反了。由于空气分子少，地广人稀，跑很久也碰不上同伴，越跑越累，热量散失得越快，温度就会越低。

　　据测量，海拔每升高1000米，温度就会下降6℃。所以，虽然山顶距离太阳近，但并不暖和，反而比山脚更冷。

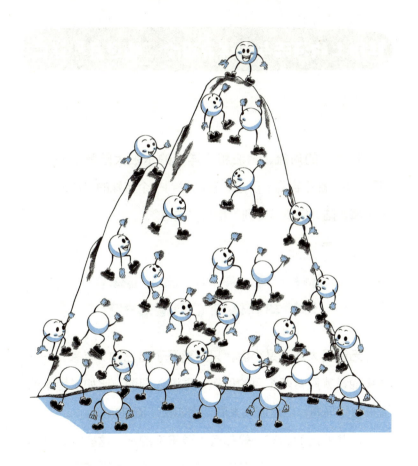

陆地上的河流与海洋靠这个"快递员"送信

陆地上的河流、湖泊和海洋中的水被大陆隔绝开，想"见个面"都不容易。于是，它们找到一个特殊的"快递员"，通过海、陆、空货运专列，相互"送信"。

为什么河水不停地流入海洋和湖泊却无法把它们灌满呢？

无论是大河还是小溪，只要离开了自己的"老家"——源头地，就只有两个目的地：一是流入湖泊，比如塔里木河流进台特马湖；二是流入大海，比如长江流进东海。

这些河流的老家一般都有源源不断的水，这些水时刻不停地"灌进"河流的肚子里，它们喝得肚子都要爆开了。怎么办呢？湖泊和海洋的"肚皮"大，于是河水昼夜不停地把水"搬运"到了湖泊和海洋里。

河流搬运了几千年几万年,可是湖泊和海洋为什么没有被灌满呢?

其实,不是灌不满,而是湖泊和海洋也有自己的办法,可以把多余的水送出去。

它们依靠的是"水循环专列"。

这趟专列可以把河流"搬运"到湖泊和海洋里的水,重新送回河流的老家,这样就形成了一个循环。

海洋通过"水循环专列"和河流、湖泊联络感情

什么是"水循环专列"呢?这是一趟专门运送水的特殊航道,主要由航空运输、陆路运输和海洋运输三条线路组成。

假如陆地上出现了旱情,河流的水减少。海洋得知情况后,就会疯狂地"出汗",让自己的水变成水蒸气。水蒸气乘坐云彩"飞机",从海洋上空飞到陆地上空。"云彩飞机"没有着陆功能,怎么卸货呢?很简单,把水蒸气变成小水滴不就行了嘛!于是"云彩飞机""哗啦啦"下了一场大雨,水就成功着陆了。

"云彩飞机"送来的水一部分变成雨水,卸到了河流、湖泊中,还有地面上。而另一部分则卸到了高山上,由于这里

温度低，雨滴变成了雪花堆积在山上，雪融化之后也流进了河流。

那么，如果遇到雨季，河流和湖泊的水太多了，该怎样把水送到海洋中去呢？当然也需要"水循环专列"啦！这时就需要用到径流"卡车"了。

一些内陆湖泊或者地下水没办法直接"搬运"到海洋里，就需要地表径流和地下径流来帮忙。它们可以把地表的水和地下的水，通过河流运输送到海洋里。最后，所有的水再通过各大洋的运输，到达世界各地。

这样就完成了海洋和大陆之间的水循环啦！

为什么溪水清甜，海水却又苦又咸呢？

去过海里游泳的人都知道，海水的味道又苦又涩，太难喝了。同样是水，为什么溪水清甜，海水却又苦又咸呢？

什么，它们居然是熬制海水"老汤"的厨师？

别看我们的地球现在很漂亮，它刚"出生"的时候可并不是这样的。

地球刚"出生"时，由于被周围的陨石"欺负"，身上坑坑洼洼，表面布满了火山，这些火山经常爆发，喷出大量水蒸气漂浮在天空中。

随着周围温度降低，天上的云决定给地球泡泡澡，于是"哗啦啦"下起了大雨，雨水灌满了地球表面的坑洞，于是原始的海洋就形成了。

这时的海水一点也不咸，几乎都是淡水。有一天，陆地上出现了几条鼎鼎有名的大江大河。它们仿佛厨师一样，几个厨师见海洋没有味道，一致决定给海洋调调味。

于是，它们各自从大陆上带来了特色"调味料"，比如钾盐、钠盐、钙盐等，还有硫酸镁、硝酸钾、碳酸氢钠……总之，"调味料"的种类多得数不过来。

这些河流"大厨师"十分信任彼此，互不干涉彼此，它们都把自己认为可以调味的东西加入海水中，久而久之，海水变得又苦又咸。

实际上，河流加入海洋的过程，是水循环的环节之一。陆地上的河流在流入海洋的过程中，会溶解岩石和土壤中的矿物质，并挟带着这些矿物质流入海洋中，因此增加了海水的盐度，久而久之就使海水变得特别咸了。

太阳是海水的"提纯师"

海水变咸，除了河流"大厨师"的操作外，太阳也脱不了干系！因为太阳给海洋进行了提纯。本来就很咸，提纯之后不就更咸了吗？

太阳提纯的方式很简单，它对海水进行暴晒，使水分慢慢蒸发，而矿物质没有减少。水相对减少了，海水的浓度也就相对增加了。

经过太阳的这一番提纯操作，海水就再也不能喝了。如果你胆量够大，喝一口，只会越喝越渴，严重的还会引发脱水！

为什么太平洋和大西洋交界处的海水不能直接融合？

太平洋和大西洋原本是非常友好的模范"邻居"，可是后来它们竟然在彼此之间形成了一道"泾渭分明"的界线，使得它们虽然同为海水，却不能直接融合。

大西洋是"虚胖"，太平洋是"真胖"

太平洋和大西洋有一条清晰的界线，这条界线位于德雷克海峡附近。

如果有机会乘船经过那里，你会看到非常神奇的现象。太平洋和大西洋交界处的海水并没有直接融合到一起，它们之间有一条明显的界线，界线东边是大西洋，界线西边是太平洋。

同样是海水，为什么没有融合呢？这和它们的含盐量有关系。

在南半球，太平洋的平均盐度为 36.5‰ 左右，而大西洋只有 33‰ 左右。之所以有这样的差别，原因有很多。比如，在南半球，南美洲很多大河都流入大西洋，导致盐度降低。再比如，太平洋"出汗"蒸发的水比较多，所以盐度就高。

总之，由于太平洋和大西洋盐度不同，就导致它们交界处的海水不能直接融合。

太平洋的水位真的比大西洋的水位高吗？

太平洋作为四大洋中的"大块头"，自然比大西洋高。你还别不信，这是真的！

我们知道，地球喜欢跳"陀螺舞"，它总是自西向东旋转。四大洋作为地球的伴舞，也会跟着地球自西向东转。

拿大西洋和太平洋来说，大西洋站在太平洋的东边，当地球向东旋转时，站在地球表面的太平洋和大西洋就会不由自主地向西边"倒"。于是，太平洋的水就会被"掀"起来，水位自然就高了。

为什么黄河是弯弯曲曲的？

现在拿出中国地形图，找到黄河，你会发现黄河和其他的河流不同，它走过的路弯弯曲曲的。为什么黄河有这么多弯呢？

黄河也会"晕车"？

黄河从青藏高原巴颜喀拉山一路向东，走过了 5464 千米的路，进入渤海。这一路上，黄河在大地上行走，就像坐车一样。只不过地球这辆车的司机开车水平太差，搞得黄河总晕车，所以走起路来左摇右摆，走出了九曲十八弯。

为什么黄河是弯弯曲曲的呢？

原来地球一直在高速旋转，旋转的时候会产生一种神奇的偏转力，这股力量总是拉扯着坐在"地球车"上的一切发生偏转。

就拿黄河来说，它"走路"的时候，偏转力就会把它往赤道的方向拉。以至于黄河里的水总是晃晃悠悠的，从黄河的北岸冲向南岸，遇到南岸的阻挡又反冲回北岸，一来二去，北岸就被冲刷得越来越严重，最后变了形，冲出一个个弯道。与此同时，水从北岸流到南岸时，水中的泥沙堆积在了南岸，又使得南岸逐渐向北移动。

久而久之，黄河就走偏了。

你知道黄河一路上遇到了多少拦路虎吗？

黄河从巴颜喀拉山出来之后，首先遇到的拦路虎就是秦岭。秦岭山脉西段挡住了黄河的去路，作为中国地理上的南北分界线的秦岭，可不是黄河能惹得起的，于是它只能绕路。

黄河向北走，从秦岭和祁连山之间穿过去，本以为之后就安全了，不料又遇到了贺兰山和六盘山。这两个家伙一个在北边，一个在南边，把黄河夹在中间。黄河吓坏了，在它们的两面夹击下，侥幸逃了出去。

黄河继续向东北方向奔逃，跑着跑着，撞到了黄土高原。黄土高原的沙土太多啦，如果从它身上穿过去，恐怕黄河半路上就被沙土掩埋了。本着"惹不起就躲"的原则，黄河继续向北。

就这样，黄河绕过黄土高原向北走，遇到北边的阴山"拦路"，于是向东而行，结果碰到太行山"抢劫"，它急忙向南，从太行山南端成功突围。这一圈绕下来，就形成了一个大大的"几"字形。最后，黄河从太行山身后流入了渤海。

当然，黄河之所以九曲十八弯，和人类的活动、环境变化也有很大的关系，是多种因素共同作用的结果。

大气层竟然是地球被"撞"之后喷出来的？

大气层是地球特别重要的"装备"，风、雷、雨、电等天气是在大气里形成的，大气还能阻挡太阳紫外线，抵御陨石袭击……总之，大气是地球不可或缺的防护甲。可是你知道吗，这件防护甲是地球"喷"出来的！

地球想打造一件贴身铠甲

大约在 46 亿年前，地球刚刚诞生时，就像所有的小孩那样光溜溜的，什么也没穿。太空环境异常凶险，总有陨石"偷袭"地球，让它苦不堪言。同时，地球又被太阳严加"看管"着，不能擅自离开自己的"轨道"，眼看着被小行星欺负，地球憋了一肚子"气"！

就这样大约过了几亿年，地球表面起了很多火山。有一天，地球实在憋不住，彻底爆发了，它"肚子"里的气体随着岩浆从火山痘痘里喷涌而出，遮天蔽日，形成了最初的大气层。

那时的大气层中几乎没有氧气，主要成分是氢气、氦气、一氧化碳、水汽、甲烷和二氧化碳等。这些气体中有很多的温室气体，就像棉袄里的棉花一样特别保暖，使地球变成了一口"大蒸锅"！

这种生物让地球第一次畅快呼吸

这种情况持续了 10 亿年，其间大气层中的水汽变成雨落到地球上，形成了原始海洋。

30 亿~25 亿年前，海水中诞生了原始的单细胞生物，包括细菌、蓝藻、绿藻等。别看它们不起眼，每个都有大本领。它们能"吃掉"二氧化碳，释放出氧气。于是，这些小家伙发起了"地球大改造"行动。

随着空气中氧气的增加，原始大气层里的甲烷、硫化氢等不干了，它们疯狂吞噬氧气，形成了水、二氧化碳、硫酸盐等物质，消耗了很多氧气。不过，甲烷和硫化氢减少了，再加上海底生命大爆发，氧气占了上风，并且还形成了臭氧层。又经过数十亿年的演化，逐步形成了如今的大气层。

现在，大气层就像地球当初希望的那样，成了它的贴身铠甲，不仅保护了地球，还保护了地球上的生命。

你绝对想不到，大气层居然像奶油蛋糕！

你喜欢吃蛋糕吗？如果我告诉你，地球的大气层就像蛋糕一样，你信吗？来，让我们把大气层切开，看一看它的样子，"尝一尝"它的味道。

对流层有很多种"口味"

大气层这块球形的大蛋糕从下往上包括对流层、平流层、中间层、热层、外逸层五层。每一层的"味道"和组成都不同。

先来看一下对流层吧！

对流层的"用料"最扎实，集中了大气圈质量的四分之三和几乎全部的水汽、杂质。对流层的高度因纬度而异，在低纬度地区为17~18千米，在高纬度地区为8~9千米。对

101

流层有一个最大的特点——层内气温随着高度增加而显著降低。这就导致下边热乎乎的"口感"会和高空冰冷的"口感"相互融合，产生上下对流，并因此形成了风、霜、雨、雪、云、雾等多种"口味"的变化。

气象学家把这些"口味"称为天气现象。

平流层中夹着一层臭臭的"奶油"

自对流层顶部至 50～55 千米就是大气"蛋糕"的第二层——平流层。这层蛋糕和对流层相反，下面冷、上面热，不易形成对流，主要以平流运动为主，所以口味十分单一。

不过平流层也有独特的"口味"，在 22～27 千米处，平流层蛋糕中夹了一层重口味的"奶油"——臭氧层。臭氧层能吸收阳光中的紫外线，可以说相当于地球的防晒霜。

另外，由于平流层没有对流，风平浪静，所以特别适合飞机飞行。

"噗噗"响的电离层

平流层顶以上到离地面约 85 千米的大气层，就是平平无奇的中间层。中间层没有什么特点，也没有什么"味道"。

中间层顶以上到 500 千米之间就是好玩的电离层，也叫热层。

电离层随着高度的增加，温度也会升高。大约在 400 千米的地方，电离层温度达到了 3000～4000℃。就是长着一张铁嘴，在这里也会被熔化掉的。

电离层蛋糕中加入了很多氧原子、氮原子等特殊材料。它们本来是氧气和氮气，由于这里温度高，所以都被变成了带电的离子。

电离层上面铺着一层稀薄的外逸层，最远可以到地面以上 3000 千米，几乎到太空中了，空气从外逸层开始向外扩散，因此而得名。

103

地球上温度最低和最高的地方在哪里？

我们的地球母亲为了让所有人都快乐地生活，营造了平均温度15℃的舒适环境。然而在某些地方，热得让人受不了；在另一些地方，冷得能把人冻成冰棍。走，让我们一起去了解一下地球温度的极限。

为什么地球大气会有温度呢？

温度是用来表示冷暖程度的。我们在地球上感受到的温度，实际上是大气温度，也就是大气的"脾气"。当温度高时，说明大气的脾气比较暴躁；当温度低时，表示大气很冷淡，不想搭理人。

大气为什么会有这种怪脾气呢？主要是因为被太阳晒的，其次是因为地球的表面散热造成的。

太阳是个"工作狂"，每天都准时上班，照射着地球。太阳的热量传递到大气身上，接着传递到地球的表面上，使地球上有了热量。太阳下班后，地球表面开始散热，将热量传递给大气。就这样，大气就有了"气温"。

在纬度比较高的地方，大气被太阳晒到的时间少，气温就低；而到了低纬度地区，太阳照射大气的时间长，气温就高。

这些地方太热了，受不了啦！

一般情况下，位于赤道的热带地区和沙漠地区都特别炎热。不过，有些地方甚至比赤道附近还要热。

地球上出现极端最高气温的地方称为热极。1922年9月3日，利比亚首都的黎波里以南的盖尔扬曾测得极端最高气温为57.8℃，后在索马里测得更高的极端最高气温为63℃。可见世界热极多出现在北非或东北非。

这些地方太冷了，人都要冻成冰棍啦！

去过了地球上最热的地方，我们赶紧找个地方凉快一下，降降温吧！

地球上最冷的地方莫过于南极和北极。苏联的科学家曾经在南极考察站东方站测量到一个惊人的温度：–89.2℃！而靠近冰盖的冰面温度竟然是–94.2℃。这里简直就是天然大冰柜呀！

不行不行，南极太冷了。我们去中国最北端的漠河看看

吧。2023年1月20日,漠河的气象站测到了我国有气象记录以来的最低气温:-53℃。这里大概就是中国最冷的地方了!

为什么天气预报有时不准确？

你有没有这样的经历：天气预报的温度并不低，可是出门之后却感到冻手冻脚。不光是气温，有时连下雨的预报也不准确。为什么天气预报有时不准确呢？

天气预报的气温是如何测量出来的？

气温就像地球大气的"脾气"一样，总是会发生变化。为了摸准大气的"脾气"，气象部门在全国很多地方都安排了"侦察员"，这些"侦察员"就是气象观测点。

就拿气温来说，气温观测点的核心设备百叶箱，被放置在草坪上，距离地面 2~3 米的高度。百叶箱里放着多个温度计，有的是水银的，有的是酒精的，有的是干球的，有的是湿球的……它们的任务只有一个——测量温度，了解大气是

"热情"了，还是"冷淡"了。

　　大多数时候，"侦察员"每天2点、8点、14点和20点记录测量到的气温。有的时候需要每隔1个小时记录一次。然后把记录的温度汇总起来，算出平均数。这个平均数就是我们在天气预报中看到的气温。

　　对于某个地区来说，气温只是当地很多个"侦察员"测量的平均气温，所以会与某个地方有差别。

天气预报怎么知道会不会下雨呢？

除了气温，大气的"脸色"也是大家关注的焦点。大气"脸色"好的时候，就是晴天；"脸色"差的时候，就是阴天；如果大气"大哭大闹"，那就要打雷下雨了。

那么，气象工作者如何判断大气的"脸色"怎样变化呢？他们当然有绝招，那就是给大气层来一个全身扫描！

气象工作者每天就像医生一样，用天上的卫星扫描大气，并给大气"拍片子"，得到卫星云图，相当于大气层的CT片。千万别小看这个片子，里面可大有学问呢！比如，在卫星云图片子里，绿色的部分表示陆地，蓝色的表示海洋，而白色的就是云层。如果云层颜色很浅，就表示云层很薄。如果颜色很深，就表示云层很厚。云层厚的地方可能就会下雨。

不过，云层是时时刻刻变化的。可能上一秒云层还很厚，要下雨；下一秒一阵风吹来，云层就被吹散了，就没有雨了。

所以，天气预报有时也会不准，因为大气的"脸色"变化比翻书还快呢！

地球突然"发烧"了，竟然是这种气体造成的！

地球"发烧"了？真的假的？你没看错，近一百年来，地球的体温不断上升，现在已经热得不行，严重"高烧"啦！

可是地球为什么会"发烧"呢？

地球体温升高，引发了很多"疾病"

科学家通过研究近一百年来的温度变化，发现从 1981 年到 1990 年，地球平均气温比 100 年前上升了 0.48℃。进入 21 世纪，北极的平均气温上升了 1.6℃以上。

你可能会想，上升这么点温度有什么了不起的，再说了，暖和一点还不好吗？如果你这样想，那就大错特错了。

体温升高会导致地球出现很严重的"疾病"，甚至是"绝症"！

最直观的"疾病"就是"皮肤病"。地球体温升高会导致陆地干旱，使地球的"皮肤皲裂"。不仅让地球难受，也会影响植物生长，进而影响动物生存。

其次，体温升高会使地球严重"脱水"。陆地上的淡水来源于高山上的积雪和冰川，正常情况下，海水和陆地水通过"水循环专列"，把水运送到高山上空，变成雪落在山上。而如今，由于地球体温升高，高山上的积雪和两极冰川融化太快，"水循环专列"送水速度变慢了，导致淡水资源短缺，地球开始严重"脱水"了。

此外，体温升高导致龙卷风、台风、海啸这些平常很少捣乱的家伙，也经常出来要威风，把地球搞得"遍体鳞伤"。

地球体温升高原来是因为它穿得太厚啦

为什么地球会在近一百年的时间内突然"发烧"呢？根本原因竟然是它穿得太多啦！

众所周知，地球并不是光溜溜的，而是穿着一件厚厚的大气"棉袄"。这件"棉袄"不得了，它既保暖，还通风，可以让地球冬暖夏凉。

然而近些年来，大气"棉袄"的材质发生了变化。

大气"棉袄"原本的主要材料是氮气和氧气，还有少量的水汽、二氧化碳和尘埃作为辅助材料，可以说是给地球量身定制的。

可是近年来，由于人类的"私自改造"，给大气"棉袄"里填充了更多的二氧化碳、甲烷、氧化亚氮、氟利昂等材料。这些材料有一个共同的特点，那就是保暖。

这些材料使得大气"棉袄"太厚了，好像给地球罩上了一个玻璃罩子，把它关进了温室大棚里一样，不仅温度高，透气性还很差，让地球苦不堪言。

所以，这些材料又被称为温室气体。

为什么温室气体有保暖作用呢？

温室气体之所以比其他材料更保暖，原因在于，当太阳照射地球时，阳光中的短波辐射能轻松穿透大气"棉袄"，而其中的长波辐射比如红外线，却很容易被温室气体吸收。

长波辐射热量比较大，谁吸收了它，谁的体温就会大幅度升高。

由于大气"棉袄"中的温室气体增多了，它们又特别能吸收长波辐射，于是大气"棉袄"的保暖效果就增强了，地球的体温就升高了。

由于温室气体的危害特别大，如今全球各国都在实施节能减排，减少二氧化碳的排放，为地球降温。

你相信吗，
看似轻飘飘的云竟然比蓝鲸还要重！

天气晴朗的时候，经常能看到一朵朵白云缓缓地在天上飘着，好像一团团棉花糖。别看云彩好像很轻盈，实际上一朵云可能比几头蓝鲸还要重呢！

不信的话，我们上天去看看吧！

天上轻飘飘的云彩是怎么形成的？

现在，想象你长出了一双翅膀，飞到了云彩上！

飞到云彩上的第一感觉就是眼前好像起了一层雾气。很快，你会发觉自己的翅膀上、衣服上凝结了很多小水珠。这表示云彩中的含水量特别高。

其实，从地面上看起来是一大团的云彩，实际是由无数颗小水滴或者小冰晶组成的"宏伟军队"！

你肯定会说，不对呀，小水滴不是透明的吗？为什么云彩看起来是白色的，或者灰色、黑色的呢？

很简单，这么多小水滴聚集在一起，每颗水滴都能从各个方向把阳光"播撒"出去，这叫作散射。所以，从地面上就能看到白色的像棉花似的云彩。

小水滴是如何跑到天上去的呢？这都是太阳的杰作。

地球表面的水分子受不了太阳的炙烤，纷纷飞到高空想要凉快一些。它们扎堆在一起，你抱着我，我抱着它，越聚越多，就变成了无数小水滴，进而形成了云彩。

空中的水滴大军真的会排兵布阵吗？

小水滴在空中集合成云彩军队，可不是为了过家家，它们平时也会参加军训，学习排兵布阵！

你瞧，云彩军队改变阵形啦，一会儿变成层层叠叠的层状云，一会儿变成高大的积状云，一会儿又变成像波浪一样的波状云，还有像鱼鳞一样的卷积云、会下雨的积雨云等，云彩军队的阵形真是千奇百怪。

云彩军队不光阵形百变，每支军队的军装颜色也不同呢！快看，有的云彩军队是深灰色的，有的则是白色的，还有的竟然是火红色的……

云彩军队呈现白色，是因为其中含有的小水滴少；呈现深灰色，是因为其中含有无数的小水滴。而云彩军队呈现火红色，是因为早晨或者傍晚出来训练，那时阳光是斜着照在云彩上的，空气把阳光中的蓝绿光全部散射掉了，只剩下橙红色的光照在云彩上，所以云彩就变成了火红色的。

一朵云真的比蓝鲸还要重吗？

还记得刚才我们飞到云彩中的感受吗？是的，湿漉漉的，有很多水！

云彩是由小水滴或小冰晶组成的，所以它是有重量的。一支云彩军队的重量，是由组成它的水滴战士的多少决定的。

科学家研究发现，在所有云彩军队中，积云每立方米含有0.2克至1克的水滴，高积云每立方米则含有0.2克至0.5克的水滴，层云或层积云每立方米含有0.1克至0.5克的水滴。

假如我们按照每立方米平均含有0.2克的水滴战士来计算，一支1立方千米的云彩军队，总重量就能达到200吨。一头成年蓝鲸的重量大约是180吨。也就是说，这片云彩比一头蓝鲸还要重。

为什么形成雨的关键是灰尘？

下雨是再自然不过的现象了，可是你知道雨是怎样形成的吗？说出来你可能不信，下雨必须得有一个"带头大哥"！

雨是怎样形成的？

大家都知道有云才会有雨，尤其是乌云，它就像一台空中洒水车，雨水就是从乌云中"洒"出来的。

在云彩军队中，有很多水分子或者小水滴。它们体重很轻，被空气"托举"着飘浮在空中。这些家伙组成的云彩军队就像一支"杂牌军"，每天乱哄哄的，以至于军队的阵形总是发生变化。

虽然它们数量很多，但如果遇到危险，比如降温，就会"群龙无首"，各自为政，立即在内部分化成很多个"小团体"

119

抱团取暖。每个小团体为了变强，就不断"吞并"周围其他水分子或小水滴。时间长了，小团体就变成大水滴，体重也随之变大了。

这时，空气已经无法托举起大水滴，大水滴就落向地面，变成了雨。

下雨时，为什么需要"带头大哥"？

不过，由于云彩中的水分子实在太小了，其中个头最大的小水滴直径也只有 0.01~0.02 毫米。它们体重很轻，但异常活跃，想要把这些家伙凝聚在一起，形成稳固的"小团体"特别难。这时，每个小团体都必须有一个"带头大哥"来号召，才能把它们聚在一起。

这位"带头大哥"就是灰尘，它还有一个响亮的名字 —— 凝结核。

凝结核其实就是分散在空气中的气溶胶粒子。平时不可能聚集在一起的水分子或者小水滴，只要见到这位"带头大哥"，都会不由自主地聚拢到它身边。

这是由于水分子或者小水滴之间的引力很小，再加上非常活跃，即使相互碰撞，也不会结合在一起。可是有了凝结核就不一样了，凝结核大手一挥，一帮"小弟"立即拧成一股绳，变成紧密而团结的雨滴。当雨滴壮大到一定程度时，就变成降雨落下来了。

　　凝结核到底是什么呢？它呀，主要是由空气中的固态物质、溶液等混合形成的，化学成分十分复杂。凝结核一般来源于工厂排放的烟尘，以及燃烧产生的硫氧化物、氮氧化物等。

世界上一滴雨都没下过的地方在哪里？

下雨几乎是世界各地普遍存在的自然现象。然而在南美洲的一个地方，曾经创下了最长时间没有降雨的记录。

为什么阿塔卡马沙漠被称为"世界干极"？

在地球上众多的沙漠中，阿塔卡马沙漠是最惨的一个。为什么这样说呢？因为号称世界最大沙漠的撒哈拉沙漠，平均每年还能喝上 76 毫米的降水，但阿塔卡马沙漠却连这点水都喝不上。

阿塔卡马沙漠在南美洲，它有一个外号叫"世界干极"，意思是世界上最干燥的地方。因此，阿塔卡马沙漠常年忍受着"干渴"。

阿塔卡马沙漠干燥到什么程度呢？"水循环专列"平均

每年给它运送的雨水小于 0.1 毫米。据说，1845 年到 1936 年的 91 年时间里，阿塔卡马沙漠从未喝到过一滴水。

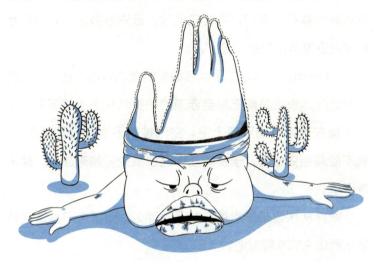

原来是这三个家伙"打劫"了阿塔卡马沙漠的水

阿塔卡马沙漠之所以缺水，根本原因是有三个拦路抢劫的家伙，打劫了原本要运送到阿塔卡马沙漠的水。

到底是谁这么可恶呢？

"强盗团伙"的老大是安第斯山脉。安第斯山脉是世界上最长的山脉，横卧在南美洲西岸，从北到南全长 8900 千米。而阿塔卡马沙漠正好在它的西边。

安第斯山脉的东部有亚马孙平原，这里有号称"地球之肺"的雨林，存储着很多水。亚马孙平原每天都把大量的水

"打包"成潮湿气团，并希望通过云彩将它们"搬运"到阿塔卡马沙漠。可是当云彩带着潮湿气团来到安第斯山脉附近时，安第斯山脉拦住它们，不让它们过。云彩没办法，只好把水都降在安第斯山脉的东边了。

"强盗团伙"的老二是大名鼎鼎的副热带高气压带。它有一个绝技，那就是能把来自赤道的热空气从天上拉下来，让它聚集在阿塔卡马沙漠上空。空气被拉下来，温度还很高，就不能凝结变成雨。于是阿塔卡马沙漠变得越来越热，越来越干旱。

既然从东边来的水被打劫了，那么，阿塔卡马沙漠就依靠从西边来的水解渴吧。

可是不好意思，"强盗团伙"的老三正把守着西边。秘鲁寒流生活在南美洲西岸的海洋中，它来自南极洲，冰冷无比，所过之处海水的温度都会降低，海水的蒸发量也随之降低，所以西海岸也没办法形成雨云。

总之一句话，在三个"强盗"的"抢劫"下，阿塔卡马沙漠只能继续渴下去了。

龙卷风为什么能把树连根拔起？

龙卷风，一个让人闻之色变的空中"破坏之王"。只要它一出现，即使是参天大树，也得被连根拔起。龙卷风到底是什么风，为什么这么厉害呢？

龙卷风属于云彩？

龙卷风虽然名字里有"风"，但实际上属于云彩家族，只是因为它行动的速度太快，所以形成了风。按照家族谱系划分的话，龙卷风应该属于直展云家族。直展云是一个垂直发展并且拥有非常强的对流的云彩家族，积云和积雨云都属于这个大家族。

回想一下龙卷风的样子，是不是像漏斗形状的快速旋转的云？没错，这就是龙卷风啦！由于它像漏斗，所以外号

"漏斗云"。

龙卷风垂直于地面，下部很窄，直径几米到数百米，而上部最宽，直径能达到几千米。

整体看上去也像一个巨大的象鼻子，碰到什么就把什么吸进去。

如果仔细观察，你会发现龙卷风的头顶一般都会有一朵十分庞大的积雨云。这朵云特别厚，以至于颜色呈深灰色。它就是龙卷风的"顶头上司"。积雨云拥有绝对指挥权，龙卷风往哪里走、走得快还是慢，都得听它的指挥。

你瞧，在积雨云指挥下的龙卷风是不是很厉害呢！

"唯快不破"真的是龙卷风破坏一切的秘诀吗？

龙卷风和它的积雨云领导相互配合，力量十分惊人。而龙卷风破坏一切的秘诀就在于"天下武功，唯快不破"。

龙卷风旋转的速度可以达到每秒 100~175 米，台风在它面前都得自称小弟。另外，天上还有积雨云的指挥，使它的奔跑速度一般能达到每小时 30~50 千米，最快的时候能达到 90~120 千米，猎豹遇到龙卷风都逃不掉！

这么强的旋转风速和奔跑速度，要卷起房子、汽车、大树，通通不在话下。

龙卷风作为地球上有名的破坏之王，还是世界纪录的保持者呢！2013 年 5 月 31 日，美国国家气象局在俄克拉荷马州测量到了迄今为止最大的龙卷风，直径达到了 4.18 千米。

这块石头是地球的日记本？

研究地球的历史是科学家们非常感兴趣的事情。为了让人们更了解自己，地球爽快地拿出了自己的日记本。只不过，地球的日记比较特别，很少有人能看懂它。

地球真的把日记写在了石头上吗？

地球仿佛一本日记一样，在地球上记录着的东西非常多。通过地球这个日记本，我们不仅能了解到从古至今的气候变化，还能了解到动植物的历史、山川的形成过程……总之，地球这个日记本就是一部百科全书。

那么，地球这个日记本到底是什么样子的呢？

如果你去喜马拉雅山、塔里木盆地旅游，请注意脚下的小石头，你可能会发现它们的上面有奇怪的动物，比如小贝壳、小虫子等。如果你去到四川自贡大山铺恐龙化石遗址群，可能会在那里的石头上发现恐龙脚印……

这些都是地球的日记本，它们还有一个有趣的名字——化石！

化石，顾名思义，就是变成石头。不过并不是任何东西变成石头，都能成为化石，必须得是生活在遥远的过去的生物的遗体或遗迹变成的石头，才称得上是化石。

科学家通过研究化石，就能知道古代的地球上有哪些动物、植物，当时的环境是什么样的，气温是高还是低，等等。

你瞧，化石是不是地球的日记本呢？

地球的日记本是怎样制作出来的？

虽然地球的日记本能记录很多东西，但想要完成这些特殊的日记，可不是一朝一夕的事情，必须非常有耐心，因为每一页日记都需要花费若干万年的时间。

地球为了制作化石日记本，想出了很多种方法，其中有三种最为普遍。

第一种，变成石头。古代的动物或者植物死后，遗体被掩埋在地下，身体柔软的部分比如皮肉会被细菌分解，而坚硬的外壳、骨头会被保留下来。不过，外壳、骨头中的一些成分也会慢慢流失，从而留下空隙。土壤中含有矿物质，这些家伙无孔不入，于是钻到外壳和骨头的中空部位，经过亿万年的变化，逐渐变成了石头。比如，恐龙的骨骼就是这样变成骨骼化石的。

第二种，密封防腐。在洛杉矶有一个沥青湖，里面全是黑漆漆、黏糊糊的沥青。远古时期，这个沥青湖堪称天然捕兽陷阱，很多动物都掉进去过。由于沥青具有密封性和防腐性，经过亿万年，掉进去的动物的骨骼依然保存完好。

第三种，冷冻防腐。地球有天然的大冰柜 —— 南极和北极。几百万年前，猛犸象生活在西伯利亚等北方寒冷的地区。科学家在西伯利亚的冻土冰层中，发现了完整的猛犸象遗体，这些大家伙是几万年前被地球保存在日记中的。

既然煤是石头，它为什么能燃烧？

在石头界，化石是最有"文化"的，钻石是最值钱的，宝石是最有"颜值"的……然而有一种石头，是可以燃烧的！

为什么这种石头长得黑漆漆的，却能燃烧？

好看的石头千篇一律，有趣的石头万里挑一。

在石头界，有一种石头长得一点也不好看，皮肤特别黑，黑得发亮。但奇怪的是，人类非常喜欢它，因为它总是燃烧自己，温暖别人。

它就是煤！

准确地说，煤是一种可以燃烧的固体有机岩石。虽然是岩石，但它的主要成分是碳、氢、氧、氮、硫和磷等元素。

131

正是由于这种特殊的"体质"，煤可以发光发热。

煤身兼数职。比如，钢铁厂"发热部"主任、发电厂"燃烧部"主任、炼焦厂"干馏炉"高级工程师，等等。

总之，煤在冶金、发电、化工等行业扮演着不可或缺的角色。

不可思议，原来煤炭参加了"改造行动"

煤很久以前也是普普通通的石头，在石头界不被人注意，很不起眼。它不甘心默默无闻，于是参加了"改造行动"，使自己焕然一新。

"改造行动"总共分三步：第一步泥炭，第二步成岩，第三步变质。

煤"出生"的时候并不是石头，而是远古时期的植物被埋藏在地下，经过复杂的化学变化而变成的泥炭或者腐泥。这就完成了第一步。

俗话说，"烂泥扶不上墙"。煤不甘心一辈子当"泥"，一咬牙一狠心，它钻到了更深的地壳中，开始了第二步改造。在地壳中生活和工作，温度超级高，压力超级大，但煤靠着毅力坚持了亿万年，经历了各种考验，终于通过成岩作用，由泥炭或腐泥变成了褐煤，完成了第二步改造。

褐煤虽然能发光发热，但容易碎，燃烧时有很浓的烟，大家都讨厌它。因此，煤又进入了第三步改造，继续在地壳中历练。在经历了更严酷的高温高压"天劫"之后，褐煤脱胎换骨，无论是构造，还是化学成分都发生了质的变化，完成了第三步变质作用，成为了无烟煤。

至此，煤成功变成了受人喜爱的东西。

为什么说石油是古代海洋生物的"精华"聚集而成的？

石油被称为现代工业的"血液"，生活中到处都能看到石油产品，比如汽油、衣服中的化纤等，都来自石油。你可能不知道，石油实际上是地球这个化学家花了几亿年才合成的。

神秘的化学家地球是如何合成石油的？

大约几亿年前，地球上长成了大量的植物，这些植物长得特别快，很快就把大气改造了。紧接着迎来了寒武纪生物大爆发，地球上一下子挤满了各种奇形怪状的动物。这样又过了三亿多年，恐龙出现了，并很快霸占了地球。它们中的一些把植物当成主食，大吃特吃。

地球当然不愿意让恐龙们来"糟蹋"了，于是地球来了一场翻天覆地的运动，把植物藏在了地壳之下。随着时间的积累，藏在地壳下的植物不断沉积，形成了厚厚的一层，这个沉积层就像榨菜籽油时的菜籽饼一样，被压得越来越紧，温度和压力也升高了。

嘿，还别说，地球这一番操作下来，真的"榨"出油来了。

沉积层在高温高压下，先变成了蜡状的油页岩，接着又变成了黏稠的液体或者气体。这些液体和气体特别会"钻空子"，沿着地壳的裂缝向上渗透，钻到岩石缝隙中，就形成了油田。

研究表明，地球用动植物炼油，一次至少需要 200 万年的时间。

地球还真是有耐心呀！

中国在汉朝时就在使用石油了？

你知道"石油"这个名字是怎么来的吗？

石油虽然是液体，但主要成分不是水，而是各种烷烃、环烷烃、芳香烃等复杂有机物，主要包含碳、氢等化学元素，所以极易燃烧。经过现代工业的提纯和精炼，石油能制成汽油、柴油、润滑油等多种产品。

早在汉朝时期，中国人就已经发现并使用石油了。

东汉时期的史学家班固在《汉书》中记载，高奴（今陕西省延长县）这个地方有一条河叫洧水，河里的水能够燃烧。西晋的《博物志》中记载，在甘肃酒泉有一条泉水，水上有"肥"，像肉汁一样，放在碗里能够燃烧，火焰明亮。唐朝的《酉阳杂俎》中提到，高奴县有石脂水，像漆一样，点燃之后可以当灯用。

其实，这些古书中记载的可以燃烧的液体就是石油。

宋朝的科学家沈括看到书中的这些记载，觉得很奇怪，于是经过实地考察，弄清楚了这种可以燃烧的液体的特点，于是为其取名为石油，并记录在了《梦溪笔谈》中。

"点石成金"是把石头变成金子吗？

在很多小说和电视剧中，"点石成金"是很厉害的仙人才会的法术，让人十分羡慕。其实，人类在几千年前就独创了一套厉害的法术，轻松就能把石头变成金子。

为什么说矿石要经历"千锤百炼"的魔鬼训练？

前面我们已经认识了很多厉害的石头，比如化石，钻石，宝石，以及煤等。

其实，这些家伙都属于矿石。想要成为矿石，必须经历"千锤百炼"的磨难。这到底是怎么回事呢？

矿石是一种特别的石头，它的身体里隐藏着某种对人类很有用的成分。

矿石包括两大家族，分别是金属矿石和非金属矿石。在

137

金属矿石家族中，金矿石无疑是最耀眼的明星。

然而所有的矿石在出生的时候都很不起眼，哪怕是金矿石也平平无奇。

为了让自己变得更引人注目，对社会更有用途，矿石就需要参加"点石成金"的魔鬼训练。

金矿是如何从"丑小鸭"变成"万人迷"的？

就拿金矿石来说，想要成为金光闪闪的"万人迷"，在魔鬼训练中至少需要挺过四道关卡！

第一关：粉身碎骨。金矿石出生时体型比较大，为了通过考验，必须先"瘦身"，把自己锻炼成细小的颗粒。

第二关：惊涛骇浪。通过第一关之后，金矿颗粒需要在各种化学溶液中经历惊涛骇浪的冲击，从而去除身体内的杂质。

第三关：自我救援。通过第二关之后，金矿颗粒几乎都溶解在了溶液中。第三关的重点就是自我救援，需要金矿靠自己脱离溶液。这时就需要用到很多逃生技巧，比如置换法、炭吸附法、离子交换法等。其中，置换法是指金矿借助金属银（或铜），通过置换的化学反应，从溶液中逃出来。

第四关：脱胎换骨。金矿通过第三关后，就可以使用电解法、还原法等多种"法术"，改变自己的身体素质，完全去除体内的杂质，完成脱胎换骨的转变。

经历四道关卡的"千锤百炼"后，金矿终于完成了"点石成金"的历练，从普通的石头变成了熠熠生辉的金子。

火箭和导弹想要飞上天，都离不开这种"土"！

建造摩天大厦，制造飞机、高铁、坦克、轮船，都离不开金属。可以说，金属是现代社会的"骨骼"。可是这个骨骼很脆弱，必须通过一种"土"才能变强硬。

你知道这种土是什么吗？

为什么说稀土元素是金属的"维生素"？

金属在我们的生活中扮演着很重要的角色，不过金属不喜欢独来独往，更喜欢和朋友们"拉帮结伙"地做事情。

以铁为例，铁是银灰色的，如果铁和碳组成团队，就会变成钢，一下就变强了。如果铁和碳再邀请锰、铬等"兄弟们"加入，那么形成的钢会更强，具有不生锈、耐磨损等特质。也就是说，金属是喜欢"群居"的家伙，热衷团队协作，而不擅长当孤胆英雄。

虽然"钢铁小队"平时实力都还可以，但如果到了太空中、深海中，或者地壳深处，"钢铁小队"就吃不消了。因为这些地方的环境要比地面残酷多了。

想要在这些环境下完成任务，"钢铁小队"就需要服用"维生素"来强壮身体，而这种维生素就是"稀土"。

稀土家族是由元素周期表中的镧系和钪、钇共 17 种元素组成的。

稀土之所以能改善"钢铁小队"的体质，让它们变得更强壮，原因在于稀土能改变金属内部的构造，让它们拥有更强的强度和更好的机械性能。

稀土元素是如何给航天器"补充营养"的？

稀土元素是航天工业的"外聘专家"，经过它们指导的航天产品，性能都得到了很大提升。

就拿火箭这个快递员来说，火箭去太空"送快递"，要想不迷路，准确把"外卖和快递"送到地球轨道，离不开导航。导航就像指南针，而指南针中最重要的就是磁铁。指南针想要指向准确，磁铁就必须稳定。

火箭快递员以前使用的指南针磁铁是铁氧永磁材料，不仅不可靠，还占地方。后来稀土元素中的"专家"钕来帮忙，制作了钕铁硼磁铁，比铁氧磁铁强几十倍，号称"永磁之王"，能让火箭快递员的指南针更加准确。

当火箭快递员进入太空，准备停车卸货时，必须要准确地"倒车入库"，停在预定的"车位"——轨道上。这时"专家"钐就发挥作用了，它制作的钐钴永磁材料用在陀螺仪上，能有效控制电机的速度，精确调整火箭的方向，使火箭快、准、稳地停入"车位"。例如，我国神舟飞船对接时使用的对接系统的捕获锁、对接锁等都是用稀土永磁电机驱动的。

走，去两极看太阳"放烟花"！

据说太阳要在地球的南极和北极放烟花了。别不相信，太阳每隔一段时间就会放烟花。

快点，我们一起去看看吧！

地球在南极和北极安装了霓虹灯？

你可能会感到奇怪，为什么地球的南极和北极会时不时闪烁着非常绚丽的光？就好像地球在那里安装了霓虹灯一样。

其实，那些闪光不是霓虹灯，而是太阳在那里表演"烟花秀"呢！

这种"烟花秀"有一个好听的名字 —— 极光。

极光的造型多种多样，有苗条的带状、弯弯的弧状、成片的幕状，还有像树杈的放射状。

143

太阳喜欢在很高的地方放烟花，这样能让更多的人看到。所以，极光一般出现在距离地面 90~130 千米的舞台上。如果太阳心情好，还会把舞台搭得更高，甚至达到 560 千米。

放极光烟花时，太阳提供材料，地球负责摆造型和点火

虽然这场烟花秀是太阳主导的，但地球也发挥了很大作用。因为烟花秀的成功举办必须满足三个必要条件：空气、磁场和高能粒子。太阳负责提供"高能粒子"，而"空气"和"磁场"则需要地球来准备。

放烟花前，太阳必须铆足劲"生产"高能粒子，这对于太阳来说是小菜一碟。太阳吃了很多氢在肚子里，所以它的大肚皮中无时无刻不在进行核聚变，产生大量的能量。这些能量就以光和高能粒子的形式从它的"嘴"里喷出来。

太阳可不会"乱喷"，它必须冲着地球喷。虽然从太阳"嘴"里喷出来的高能粒子多少带点"口水"，但为了烟花秀，地球还是忍了。

太阳的高能粒子带着很大的能量，一般人可接不住。但地球有妙招，它拿出磁场，就像交警的指挥棒一样，轻松指挥高能粒子，想让它们往哪里飞，就往哪里飞。

既然是在南极和北极放烟花，地球就得让这些高能粒子

飞到两极地区。接着，地球就用空气当"着陆垫"，让高能粒子轻松降落。高能粒子在降落的过程中，与空气中的分子、原子发生碰撞，释放出各种颜色的光，就形成了烟花秀——极光。

所以说，在这场烟花秀中，太阳负责准备材料，地球负责摆造型和点火。

浪漫的流星雨竟然是它吐出来的垃圾?

流星雨是一种特别美丽的天文现象。说出来你可能不信,流星雨看似美丽,实际上是某个家伙在天上丢的垃圾。

这个家伙到底是谁呢?

彗星为什么被人们叫作"扫帚星"?

在很多魔法故事中,都有一个女巫骑着魔法扫帚在天上飞来飞去。女巫有没有不好说,但"魔法扫帚"在天上可是有很多呢!它有一个特别的名字 —— 彗星。

在太阳系里,彗星也是太阳众多小弟中的一员,它的长相十分特别,而且精通"变形术"。在离太阳很远的地方,太阳大哥管不着它,它就特别不注意个人卫生,把自己搞得好像一个"垃圾堆",一个由冰块、氨冰、甲烷冰以及许多固体尘埃粒子组成的"脏雪球"。

可是如果太阳大哥召唤它，它在逐渐靠近太阳的过程中，就会变形，由原来的"脏雪球"变成拥有彗核、彗发和彗尾的翩翩少年，从天空中飘然划过。

远远看去，彗星就好像一把大扫帚，所以人们又叫它"扫帚星"。

实际上，彗发和彗尾是彗星在接近太阳时，从"嘴"里喷出来的。彗星由于受到太阳高温炙烤，体温不断升高，体内的冰块融化，继而变成水蒸气。水蒸气越积越多，彗星的肚子都快撑爆了，最终坚持不住，将水蒸气连带其他脏东西一起从"嘴巴"里喷了出来。

流星雨真的是彗星吐出来的垃圾吗？

我们已经知道彗星肚子里有很多脏东西，在靠近太阳时，会将它们从"嘴"里吐出来。这些脏东西有些在太空中飘散，有些则会飞向地球。

在这些脏东西里，岩石碎屑比较重。由于飞行速度非常快，岩石碎屑就像子弹一样"噗噗噗"击向地球，击中了地球的大气"棉袄"。

好在地球的大气"棉袄"不光保暖，还有防弹的作用。这是怎么回事呢？

原来，在彗星"吐"出的岩石碎屑穿过大气棉袄的过程中，大气中的空气分子就像哨兵一样，紧急出动，拦截碎屑的入侵。空气分子和岩石碎屑相互撞击，打得不可开交，发出了耀眼的火光，从空中划过。这就是我们看到的流星。

　　所以说，流星雨其实是彗星吐出来的垃圾。

闪电都是细长的，不能是球形的吗？

雷雨天气就像大气安排的一场大戏，雷声的嗓门最大，闪电最闪亮，而雨点则是伴舞，一众角色连番上场，好不热闹。

在这场大戏里，最耀眼的莫过于闪电啦！

闪电真的是两朵云彩之间相互"放电"产生的吗？

想要主持好这场雷雨大戏，可不是那么简单的事。

大戏开场前，大气早早就开始宣传造势了，它先找来风，把"雷雨"的消息到处吹；接着它又找来很多云彩，把太阳挡住。

不过，云彩可不是省油的灯，它们闹哄哄的。有的云彩带正电，有的云彩带负电，两种不同的云彩谁也不服谁，很容易打起来。

突然，一朵正电云和一朵负电云相互拉扯，扭打起来。随着它们的接触，正电与负电之间形成很强的电压差，达到了惊人的几百万伏特。这么强的电压，直接把大气击"倒"，产生了刺眼的光芒和爆炸声。

这些光芒就是闪电，而爆炸声就是雷声。

为什么球状闪电的身材是球形的？

在闪电家族中有一个奇葩，那就是球状闪电。其他闪电的身材都是瘦高的，只有球状闪电不注重身材，胖成了球。

球状闪电又叫球闪，是一种在雷暴天气时出现的、圆滚滚的发光发亮的球形闪电，民间称之为"滚地雷"。它通常只在雷暴天气时才会出来玩耍，其他时间很难见到它。

别看球状闪电胖嘟嘟的，可别忘了它是闪电哦，碰到它也会被电到。

球状闪电的直径一般在 10 至 100 厘米之间，最大的能达到好几米。有时是橙红色的，有时是红色的，有的时候还会带蓝色光晕，总之看上去非常亮。

球状闪电除了会空中悬浮术之外，还能在天上飞来飞去。它最喜欢钻洞，经常跑到别人的窗户里、烟囱里或者门缝里，在别人家的屋子里转一圈，又偷偷溜走。

　　它喜欢搞恶作剧，比如发出"嘶嘶"声、"噼里啪啦"声等。这时，千万不要碰它哦，因为它带着很强的能量，能烧毁眼前的很多东西。

　　球状闪电离开之后，会在空气中留下臭臭的烟雾，太调皮了吧！

古代巨人留下的脚印在哪里？

你相信世界上存在巨人吗？如果不信，快跟我去这个海滩看一看吧，因为我在那里发现了巨人留下的脚印！

北爱尔兰海滩上的巨人脚印

去过北爱尔兰旅游的人，大多都去过贝尔法斯特西北边80千米处的大西洋海岸，在这个神奇的海滩上，有数万根巨型石柱，远远看去就像巨人走过留下的脚印。

这些石柱大多数是六边形的，也有四边形的。当地人给这些石柱取了有趣的名字，比如，四边形的叫"烟囱帽"，六边形的叫"夫人的扇子"，是不是很形象呢？

这些石柱非常整齐规则，一根一根插在海滩上，绵延了几千米长，有的石柱高出海面12米，有的则隐藏在海面以下。

传说，这些石柱是爱尔兰巨人麦库尔建造的，他踩着这些巨型石柱打算和自己的老对手盖尔比比谁厉害。后来，盖尔被麦库尔巨大的身材吓到了，灰溜溜地逃跑了，这些巨大的石柱就保留了下来，被人们称为"巨人之路"。

"巨人之路"是怎样形成的？

　　现代地质学家对"巨人之路"的石柱进行了仔细研究，发现石柱的主要成分是玄武岩，而玄武岩是由岩浆变成的。

　　我们知道，岩浆患有严重的"狂躁症"，情绪十分不稳定，动不动就发火。

1.45 亿年至 6600 万年前，地球正处在白垩纪时期，当时大西洋板块刚"出生"，特别爱闹腾，惹恼了地壳下的岩浆。岩浆一下就从地下喷出来，所过之处都燃烧起来。

岩浆看到了大海，于是跳进海里给自己降温。这一跳不要紧，岩浆高温的身体瞬间被冷却，在身体逐渐僵硬的同时，岩浆的皮肤出现了裂纹，慢慢地，顺着纹理变成了规则的六边形。

最初的巨人之路就是这样形成的。

起初，岩浆变成的石柱高度都差不多，随着时间的推移，这些石柱被海水不断冲刷，风也在它们身上扫来扫去，渐渐地，露出海面的石柱就被打磨成了现在参差不齐的样子。

九寨沟的五彩池是大自然画画的调色盘吗?

在四川省的黄龙景区,有一个巨大的"调色盘",传说是大自然画画时留下来的。真的是这样吗? 走,我们一起去瞧一瞧!

听说黄龙景区里卧着一条龙?

黄龙景区在四川省阿坝藏族羌族自治州松潘县,这里是岷山山脉的南边。如果从天空中往下看,会发现整个黄龙景区五彩斑斓,在雪山峡谷中蜿蜒前行,就像一条黄色的龙,这也是黄龙景区名字的由来。

在这条黄色巨龙的旁边,分布着许多大大小小的接近圆形的水池,水池五彩斑斓,约有 700 个,就像黄色巨龙嬉戏玩耍的澡池子一样。

不过要说这些水池是澡池子有点缺乏美感，因为这里不光有水，而且色彩斑斓，它们大环套小环，高低错落排布开来，简直就像大自然描绘黄龙景区美景之后留下的调色盘。因此，这些水池又有五彩池的美称。

五彩池竟然是由水垢形成的？

悄悄告诉你一个秘密，别看五彩池这么漂亮，实际上里面都是水垢呢！

怎么，你不信呀？

当初大自然看到黄龙地区非常适合"画画"，于是就想在这里画一幅山水画，但没有调色盘，怎么办呢？于是它决定自己制作一个。可是周围没有现成的材料，大自然经过仔细考察，发现这里的泉水是硬水，其中含有丰富的水垢——碳酸钙等矿物质。

硬水从地下流出来，由于温度升高、压力减小，所以溶解在水中的矿物质就脱离了水分子的"束缚"，从水里"逃"了出来。这些矿物质开始在水下慢慢沉积，经过千万年的积累，就形成了如今的五彩池。

在地质学上，这种碳酸钙等矿物质沉积在地面的现象叫作钙华。而由钙华制造出来的水池就叫钙华池，此外还有钙华滩、钙华瀑布等。

五彩池的颜色是怎么来的？

碳酸钙是大理石的主要成分，但大理石明明是白色的，为什么形成钙华池就五彩斑斓了呢？

实际上，五彩池的颜色主要是由两个因素造成的。

钙华池中富含 Ca^{2+}、Mg^{2+}、HCO^{3-} 等离子，它们喜欢七色光中的蓝紫光，而排斥红橙光。红橙光被它们反射出来，进入我们的眼睛，所以水池看上去就是黄色、橙色、红色的。

此外，水池里还生活着一群"长期租户"，它们就是各种藻类和苔藓。这些家伙会光合作用，在"吃"阳光时，也很挑食，有的喜欢黄绿光，就把蓝紫光踢开；有的喜欢蓝紫光，就把黄绿光踢开。由于它们对光的选择性吸收和反射，就产生了缤纷多彩的颜色。

海市蜃楼是大气搞的障眼法？

大气是一个脾气古怪的家伙，心情不好的时候脸色变得很快，一会儿风，一会儿雨。而心情好的时候，又喜欢捉弄人，时不时就搞障眼法。

海市蜃楼就是大气最拿手的障眼法。

光作为"短跑健将"，竟然也会水土不服？

我们知道，光是世界上跑得最快的"短跑运动员"，它在真空中1秒钟能跑约30万千米，可以说是迄今为止速度最高纪录的保持者。

可是，光也有自己的短板，那就是在真空以外的环境下比赛时，会速度减慢。比如，光在空气中的速度接近最高纪录，而在水中的速度只有最高纪录的四分之三，在玻璃中就更慢了，只有最高纪录的三分之二。

另外，光最擅长"直线加速"，如果参加"地形赛"，它的路线就会跑偏。比如，光参加空气－水地形赛时，它从空气中跑到水里，奔跑路线就会在空气和水的交界处发生偏折，导致光偏离原来的比赛路线。这种现象是由于光在不同环境中奔跑时，速度不同造成的，因此又叫作折射现象。

为什么说大气和光是表演障眼法的好搭档？

很久以前，人们以为海市蜃楼是天上神仙生活的地方。其实，大家都被骗了，这是大气施的障眼法。

大气喜欢捉弄人，不过要表演这种障眼法，光靠自己是不行的，还得有光的帮忙。

大气表演障眼法的秘诀是把其他地方的东西"搬"到人们眼前。我们之所以能看到物体，是因为光照射到物体上，又被反射到我们的眼睛里。所以，大气想要把远处的东西"搬"到我们眼前，没有光是办不到的。

不过大气知道光喜欢走直线，但地球是球形的呀，如果光一直走直线，人们就看不到很远很远地方的东西了，所以大气必须得让光"走弯路"。

当光在大气中跑步时，由于不同高度的空气的密度不同，光就会发生折射"走弯路"。于是，原本位于很远的地方的大楼反射的走直线的光不能进入人们眼里，而由于大气让光发生偏转，走了弯路，大楼的反射光就神奇地进入人眼中，被人们看到了，这样就形成了海市蜃楼。

哪些地方更容易成为大气表演障眼法的舞台？

最容易出现海市蜃楼的地方就是海上。因为在这里，大气最容易"搞鬼"。

海上的气温分布不均匀，靠近海面的地方水汽多，空气又湿又冷；而远离海面的地方，由于被阳光照射，空气温度高并且相对干燥。这样就形成了温度和密度的差异，光在海面上的空气中跑步时，难以走直线，折射非常厉害，更容易形成海市蜃楼。

　　另外，在沙漠中也常有海市蜃楼，不过人们在这里看到的海市蜃楼通常不是高楼大厦，而是绿洲。

　　沙漠中的情况和海上相反，由于沙土被晒得很烫，就像火炉一样烘烤着地面的空气，所以靠近地面的空气的温度非常高，而高空的空气的温度相对较低。这样就有了温度和密度的差异，容易形成海市蜃楼。